"十四五"国家重点图书

古汉字中服饰文献

整理与研究

陶辉 李斌 著

王政 肖蝶 绘图

中国纺织出版社有限公司

内 容 提 要

本书站在以古观古的高度，采用古汉字字源分析的方法，以期在先秦时期华夏服装起源与文化问题上得到更加合理的解释。一方面，通过古汉字字源学真切地感受古人"衣"生活的场域，提出一些创新观点；另一方面，通过服装相关的古汉字字源学分析与文本信息、考古实物三维印证的途径，证实或证伪一些观点。本书分为四篇，共六章，首先，从中国服装的起源及其文化入手，确定中国服装起源于劳动相关需要的观点；然后，分别从首服、主服（礼服、常服及兵服）、足服三个维度，系统深入地探讨其具体起源及其文化，以古人的辉格观与今人的反辉格观相融的立场，追寻先秦时期华夏服装起源与文化的基准点与关照点，还原华夏服装艺术与文化的本原。

图书在版编目（CIP）数据

古汉字中服饰文献整理与研究 / 陶辉，李斌著．--
北京：中国纺织出版社有限公司，2024.11
"十四五"国家重点图书
ISBN 978-7-5229-1318-6

Ⅰ．①古…　Ⅱ．①陶…　②李…　Ⅲ．①汉字－古文字
－研究　Ⅳ．①H121

中国国家版本馆 CIP 数据核字（2023）第 247418 号

责任编辑：宗　静　胡　蓉　　特约编辑：金　昊
责任校对：高　涵　　　　　　　责任印制：王艳丽

中国纺织出版社有限公司出版发行
地址：北京市朝阳区百子湾东里 A407 号楼　邮政编码：100124
销售电话：010—67004422　传真：010—87155801
http://www.c-textilep.com
中国纺织出版社天猫旗舰店
官方微博 http://weibo.com/2119887771
北京雅昌艺术印刷有限公司印刷　各地新华书店经销
2024 年 11 月第 1 版第 1 次印刷
开本：787×1092　1/16　印张：13.75
字数：245 千字　定价：168.00 元

作者简介

陶辉

女，教授，硕士研究生导师，武汉纺织大学服装学院院长。IFFTI国际服装技术院校基金联盟教育分委会委员。主要从事中国传统服饰文化研究、服装设计理论与时尚可持续发展研究、服装设计高等教育等方面的研究。主持教育部人文社科项目、湖北省哲学社会科学重大项目、湖北省教育科学规划重点项目等9项，服务社会项目10余项。发表学术论文50余篇，出版图书6部。先后获得 湖北省高等学校教学成果二等奖，中国纺织工业联合会高等教学成果一等奖、二等奖6项，武汉市第十八届哲学社科优秀成果奖1项，湖北省高等教育优秀社科成果奖1项。

李斌

男，博士，教授，硕士研究生导师，主要从事服饰艺术与文化、中外服装史、中国古代纺织工程、服装设计等方面的研究。主持教育部人文社科项目、湖北省教育厅等省部级项目5 项，主持完成省级精品课《中华古代织机虚拟仿真课程》，出版专著10余部，发表学术论文130余篇，其中高水平专业学术论文30余篇。先后获得湖北省高等学校人文社科优秀成果奖二等奖1项，湖北省人文社科优秀成果奖三等奖 2项，2021年入选武汉市江夏十大专才。

众所周知，甲骨文、金文等古汉字原本是汉语言文字学中的冷门研究领域，近年来引起汉语言文学研究方向的学者们的关注，逐渐成为"热点"，同时也取得了一些重大的研究成果。然而，由于知识背景的差异，以古汉字为视角，还原中国古人的生活场域却一直是学术界研究的"盲点"与"冷门"。

具体到服装史研究领域，中西方学者站在各自的领域和维度，提出了十余种关于服装起源的学说，但是，这些关于服装起源的假设其本质均是站在辉格史观的立场。苦于人类早期历史文献的缺失与考古文物的缺憾，服装起源的研究处于假说推测阶段。但是，基于古汉字字源学视角下分析中华服装的起源及其文化具有独特的优势：①古汉字是一种类似图画的文字，必然是最接近古人生活的场域，采用古汉字字源学的视角来研究服装起源问题，能反映服装起源的本真；②汉字作为世界上唯一没有中断过的表意文字，作为服装起源问题研究的利器，其深厚的文化底蕴必将增强国民的文化自信，提升民族认同感。

一、国内外研究现状

针对中国服饰文化起源及其发展的问题，国内外研究现状呈现较大的差异性。虽然国内外研究已经取得一定的成果，但也存在着一些问题。

1. 国外研究现状

国外学者对中国古代服饰的研究虽然取得一些成果，并发表或出版过一些相关的论文与著作。然而，对于中华服饰起源的问题并未取得显著的研究成果，这是由西方学者身处的场域所决定的。①语言文字与政治文化背景上的障碍导致西方学者处于"他者"的视野，无法在中国服装史视界内部进行有效深入的研究。②受西方文明中心论的影响，西方学者是站在西方服装史的立场来研究中国服装史的。

西方学者关于服装起源的学说不下十余种，比较有代表性的有护体说、保暖说、性吸引说、遮羞说、装饰说等。但是，其实质是以服装产生的必然性作为服装起源研究的前提。事实上，着装是人类多条进化路线中的一条分路径，这些代表性的服装起源学说是对服装最初功能的一种反推与假设。

2. 国内研究现状

在中华服饰文化层面上，国内有众多学者进行过大量研究，如沈从文、黄能馥、袁仄、华梅等。其研究特点主要有三：①文献学的角度，从古代相关的典籍中对中华服饰的起源、形制、色彩、纹样进行描述性研究，总结其发展的规律。②考古学的角度，从现有的考古报告入手对中华服饰进行实物研究，对其采用的面料、剪裁方法及服装上的织造、刺绣、印染纹样所采用的技术进行分析，更多地将纺织与服装结合起来综合研究。③人类学的角度，从现存客家人的服装入手，站在"他者"与"我者"的适度角度将其服饰推至先秦时期（旧石器时期—前221年）。

笔者认为，这三种研究视角各有其缺点。文献学视角下，虽然历代有《舆服志》《礼记》《仪礼》等相关资料，但缺少相关的图像信息，且有些记载存在着一些模糊性甚至相互矛盾的地方；考古学视角下，由于先秦时期距今久远，只有少量战国时期（前475—前221年）汉族服饰出土，虽能提供战国时期相关服饰的具体形制，但无法系统地展示其整体；人类学视角下，历史是必然性与偶然性共同作用的结果，采用民俗服饰的研究方法又明显带有历史辉格主义的色彩。因此，目前，服装史学界对于中华服饰文化起源问题的解释存在着两种趋势：第一，借用西方学者关于服饰起源的观点，套用到中华服饰文化的起源研究上，西方文明中心思想严重。第二，引用中国古籍的相关文献，将相关神话与传说当作中华服饰起源的解释，或语焉不详或一笔带过，使服饰文化的本源研究失去应有的科学支撑。

二、研究内容

本书的研究对象可分为以下三方面：①古汉字中服饰相关文字的搜集、整理与分析；②基于古汉字字源学视角下原始服装起源于携带工具需要的辨析；③阶级社会各种类型服饰产生、发展变化的历程。具体将研究对象分为六个部分来探讨。总体框架简述如下。

第一部分：基于字源学的视角搜集、整理、分析与服饰相关的古汉字

搜集甲骨文、金文甚至篆体等古文字中与服装相关的文字，并将它们按首服、

主服、足服、佩件进行分类，同时将服装相关描述色彩、造型的古汉字一并进行搜集整理，尽量做到全面而系统。一方面，通过对古人的专著、字典搜集整理古汉字中与服饰相关汉字的解释，如《释名》《说文解字》《康熙字典》等。另一方面，搜集整理今人有关古汉字的研究专著与论文，如《戬寿堂所藏殷墟文字》《甲骨文可释字形总表》《甲骨文字典》《西周金文礼制研究》《中国服装起源的再研究》等。笔者认为，站在古今对服装相关古汉字搜集整理的基础上，运用古文字、古文献、出土实物三维印证的分析方法，必然会得到较为科学合理的观点。

第二部分：中国原始社会服装起源的本质

古汉字字源学和哲学相结合的研究思路也许是正确解决服装起源问题的有效路线。从古汉字字源学上看，与服装相关的古汉字能充分证明服装起源于携带工具，它是原始人类生存的一种有效手段。从哲学（特别是马克思主义哲学）上看，一方面，根据"唯物主义世界观"的观点可知，服装出现的时间应远早于服装意识。因此，审美意识只能是促进服装发展的动因，而不是服装起源的本质。另一方面，根据恩格斯"劳动创造人本身"的观点，服装何尝不是劳动所创造出来的。基于古汉字字源学和哲学两维的交叉分析，笔者赞同服装起源于携带工具的需要，其最初的形制应为皮质的腰带，随着人类的进化与发展，最终在不同的地区产生各具特色的成型服装。

第三部分：中国古代首服的起源及其文化

笔者初步认定，首服最初是原始人类获取食物的重要手段。一方面，首服曾经作为打猎时的伪装工具。从甲骨文"帽"与"免"的多种写法能看出"帽"与"免"的形制均为带有"角饰"的首服。毫无疑问，先民们将动物的毛羽骨角饰于头上、身上，将自己伪装成动物，以便更容易接近动物、蒙蔽动物，从而能够战胜动物，在生存竞争中获胜。另一方面，首服曾经作为打猎时的直接工具。从甲骨文"𤯍（蒙）"字的结构可知，原始人曾用"𠔿（冒）"去猎获"𠁣（鸟）"类，随着生产工具的改进、生产力的提高，原本作为捕猎工具的首服逐渐发展为礼仪文化中的重要道具，成为权利与义务的象征。到了商周时期，冠礼制已经非常完备，形成一套过程烦琐、等级森严的礼仪制度。

第四部分：中国古代礼服的起源及其文化

关于古代华夏族礼服的起源及其文化，笔者认为，华夏族通过"交领右衽""束发着冠"的民族形象来标识自我，并不是从种族共同的生理特征进行区分，先秦时期的楚人❶、越人❷等均在春秋战国时期（前770—前221年）逐渐融入华夏族。因此，华夏族及其后来的汉族均具有强大的包容性和延展性。从其文化本质上看，"交领右衽""束发着冠"的服饰形象是华夏族建构出来的一种文化。事实上，自远古至汉代，华夏族至少在平民阶层大量存在着"交领左衽"的服饰现象，从古汉字"衣"的多种字形"👘、👘、👘、👘、👘"，结合出土的先秦时期陶俑上的服装形制来看，最初华夏族服装并没有严格的左右衽的区分，"交领右衽"的服饰形制是文化上的一种建构现象。具体来看：①华夏族以"仁"的精神作为文化的核心，以礼仪作为精神的外在形式，服饰作为形式的必要道具，构建一种有次序、仁爱的社会。"披发左衽，华夷之辨"反映了华夏族从未以生理特征作为民族的尺度，而是以是否接受"礼"的文化为标准。如果异族人以"礼"的标准来指导和规范自己的生活，那么，从文化的角度看这类人群完全可以被接纳为华夏族。②正是在这一特殊的民族认同模式下，华夏族得以迅速在古代中国取得主导地位，在人口数量上以压倒性的优势打败其他民族，使异族成为真正意义上的少数民族。儒家❸以服装的左右衽作为区分本族与异族的标志正是这种思想的体现。③正是在华夏创造出高度文明的基础上，中原地区在文化上呈现高度的文化自信，儒家的大儒们将"交领右衽，束发着冠"的民族形象上升到区分族群的层次，在意识形态上建构出以服装的左右衽作为区分本族与异族的标准，深刻体现出华夏族的民族包容性。

第五部分：中国古代常服与兵服的起源及其文化

中华民族的主体汉族是一个极具包容的民族，在汉民族形成、发展的过程中融

---

❶ 楚人是楚国的主体民族。楚国前后延续800年，历经40余代君王，极盛时"地方五千里，带甲百万"，在先秦历史长河中留下浓墨重彩的一笔。楚人在丹淅流域频繁活动，在这里留下了众多的遗址和文物。楚人是多元的，在与黄河、长江流域远古先民的长期交往、争战与融合中，终于在荆楚地区形成有共同语言、共同经济生活、共同文化和共同心理素质的楚人。楚人就是以楚地而得名。

❷ 古越人在远古至秦代一直在长江以南的沿海一带及越南北部地区繁衍生息。在先秦古籍中，对于东南地区的土著部落，常统称为"越"。在此广大区域内，实际上存在众多的部落，各有种姓，故不同地区的部落又各有异名，其中"吴越"（苏南、浙北一带）、"东瓯"（浙南）、"闽越"（福建一带）、"扬越"（长江中下游、江淮之间，包括江西、湖南局部）、"南越"（广东一带），而"西瓯"（广西一带）、"骆越"（越南北部和广西南部一带）是京族、黎族等先民。因此，"越"又被称为"百越"。百者，泛言其多。

❸ 儒家学派是先秦诸子中对后世影响最为广泛和深远的一个学派，由春秋末期孔子首创，为历代儒客尊崇。孔子的言论经门人整理为《论语》，是研究孔子思想的主要依据。儒家学说以"仁"为中心，提倡"祖述尧舜，宪章文武"，崇尚"礼乐""仁义"，倡导"忠恕"和不偏不倚的"中庸"之道。政治上主张实行"仁政""德治"，重视伦理道德教育。

合了周边大量的少数民族。中国古代常服与兵服则明显反映出中华民族的交融性，古汉字中的袍、裤、蹀躞、两裆、香囊均能反映出这种交融性。笔者认为，先秦时期在服装史上出现了一个奇异的现象。一方面，汉族周边的大量少数民族首领、贵族在汉族先进的政治、经济制度的吸引下逐渐易服易色融入汉族当中，扩大了汉族的种群；另一方面，汉族平民则在与少数民族的接触过程中，借鉴、吸收大量少数民族服饰形制，更好地适应生产、生活的需要。因此，中国古代一些具体服装类型的起源极可能与周边的少数民族（现存或业已消失的民族）有着一定的密切联系。这些服装的起源非常值得我们站在民族交流、融合的角度进行分析探讨。另外，兵服的出现相对于其他服装应该比较晚，"胡服骑射"就是中国历史上典型兵服改革，反映了华夏民族之间在服饰上相互学习的事实。笔者认为，先秦时期任何一次服饰改革并不是突发性、偶然性以及英雄人物天才式的发现，在此之前必然会有一个少数民族服饰向汉族迁移的漫长过程。因此，系统深入地运用古汉字字源学，对先秦时期汉族服饰进行研究对于分析汉族传统服饰发展过程中少数民族服饰曾经起到的重要作用具有积极的意义，提供了研究先秦时期汉民族与周边少数民族融合问题的一条新的路径。

第六部分：中国古代足服的起源及其文化

讨论足服的起源，首先要从古汉字字源学中蕴含的皮革处理工艺入手，然后再具体分析各种类型的足服。笔者认为，篆文"鞼（鞄）"是原始社会时期对兽皮处理相关的文字之一。"㐭"（指粮仓，代财物），在原始社会时期没有货币，打的猎物与采摘的果实等相当于他们的财物。"革"突出双手形状"𠬞"，用"𠬞（手）"将兽皮进行鞣制、敲打、晾晒，并做成衣服或足服。在原始社会后期，鞋履出现了身份等级与文化意义，金文"履（履）"中，"𠂤"指有身份、有职责的人，穿着船形鞋去就任。此时的船形鞋是一个代表身份符号的工具，说明鞋履在当时发展出了阶层等级的意义，具有特殊的文化含义。在考古文物中，也出土过许多穿着鞋的陶器、陶偶等，说明以鞋履区分身份等级的现象可能较为普遍了。篆文是在金文后面出现的一种文字，篆文"屧（屦）"，用木块垫置于脚底，对脚板起保护作用，说明原始社会除了兽皮鞋之外，还有木质材料的鞋履，同时以木块垫脚对脚板进行保护的观点与神话学中鞋履起源保护说有相通之处，从而对保护说起到了辅证作用，也在一定程度上说明了木质形制的鞋履出现在皮制鞋履之后。

三、本研究的预期目标

笔者认为，讨论任何一个事物的产生不能采用动因分析模式，而应采用价值分析模式。动因分析模式完全是今人站在当代价值取向的基础上对古代事物产生的一种推断，虽然具有一定的合理性，但辉格史观也非常明显。然而，价值分析模式则完全不同，我们必须回到古人的生活场域，从价值的角度来分析事物产生的原因。因此，这种分析模式可以消解辉格史观带来的负面影响，找寻到历史的本源。中华服饰起源的研究也可采用这种价值分析模式，在马克思主义物质决定意识理论的指导下，站在以古观古的高度，在辉格与反辉格之间保持必要的张力，采用古汉字字形分析的方法，找到合理推测的基准点，然后采用多学科融合相互举证的方法，以期在中华服饰起源问题上能找到更加合理的解释。

本研究在学科建设发展方面，可以补全中国服装史中起源的问题，起到补史和纠史的作用。本研究在资料文献发现利用方面，从古汉字字源学与文本信息相互印证的循环论证中，一是通过古汉字字源学真切地感受古人生活的场域，并与文献资料进行比对；二是对中国边远地区的少数民族的服装进行考察，提取、还原中国古代服装遗存的基因，从艺术人类学的角度进行考察，追溯中国古人服装起源的镜像，尝试一种服装史研究的新路径。

四、研究思路

本研究的总体思路是解析—印证—建构。①基于古汉字源学分析方法，将与服装相关的古汉字（甲骨文、金文、篆体）从其象形、会意等角度来解析中国古代各类型服装的本原，寻找其起源的本义。②在马克思主义哲学"物质决定意识、意识反作用于物质"理论指下，与当前历史人类学、文物考古等方面的相关研究成果进行印证，验证解析与服装相关古汉字得到的结论。③基于解析、印证的基础上，修改不合理的结论，重新建构中国古代各类服装起源的体系。

本书的研究视角是基于古汉字字源学的视角，结合历史人类学、文物考古的理论与方法，深入地探讨中国原始社会服装起源及阶级社会各种具体服装产生的历史、社会、文化等方面的原因。

本书的研究路径如图1所示。第一阶段为资料搜集阶段。一方面，围绕中国古代服饰的文献与图像资料等文本信息以及出土的服饰文物资料两方面的内容搜集文本信息。另一方面，采用古汉字源学的方法搜集整理与中国古代服饰相关的古汉字资料。通过这一阶段资料的搜集、整理，初步完成厘清中国古代服饰的形制、色彩、纹样等方面的任务。第二阶段为中国古代服饰本原、思想文化及民族精神之间关系的解析、印证阶段，采用文本信息与古汉字字源学互证的方式，抛弃伪信息，从而系统、合理地解析并印证中国古代各类服饰起源的本质。第三阶段为中华服饰文化起源理论的建构阶段，融合马克思主义哲学、科学技术史、考古学、艺术人类学的相关研究成果，判断是否有新发现，进而形成中华服饰文化起源的新见解。正是在这种具有合理性和可操作性的论证—判断—假设的循环论证中，完成中华服饰文化的本原研究。

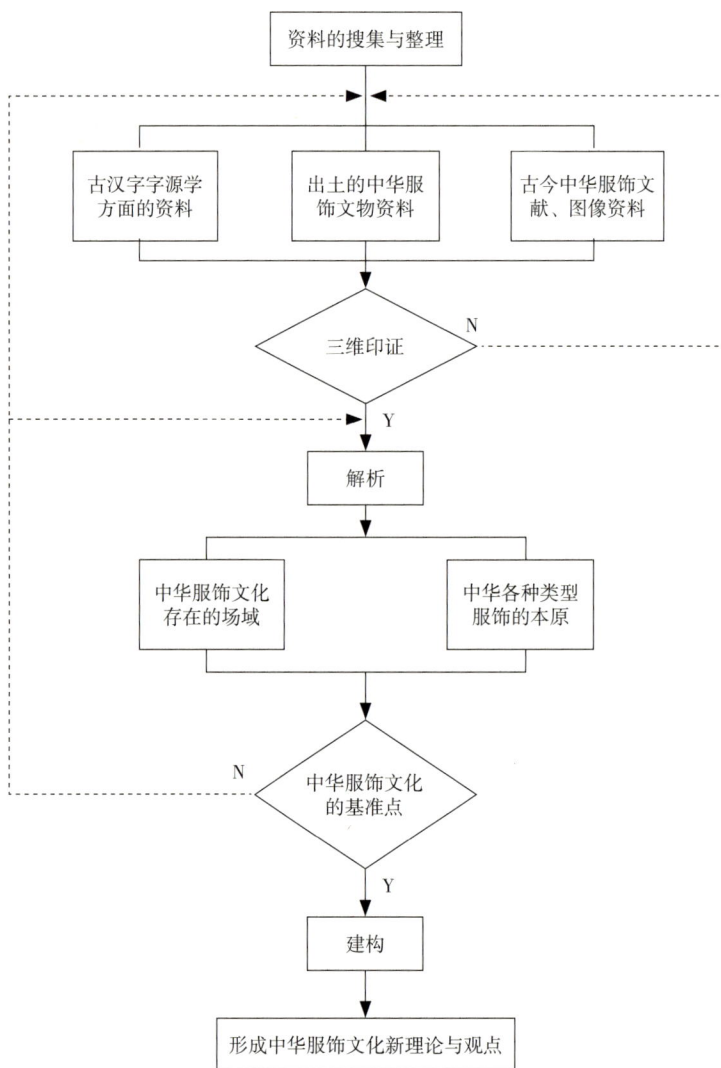

图1　研究路径

陶辉
2024年1月

目录

〔 足服篇 〕

起源篇

任何一门学科都有两个终极问题，一个是这门学科研究对象的起源，另一个则是它的未来。正如著名印象派画家高更（1848—1903）的名画《我们从哪里来？我们是谁？我们到哪里去？》所揭示的主题一样，人类对过去与未来的关照是个永恒的命题。同样，服装作为与人接触最多的一种物品并不是与生俱来的，而是随着人类从猿到人进化的过程中逐渐被创造出来的，它是人类走向文明的重要标志。学术界关于服装起源的观点有很多种，诸如保暖说、护体说、巫术说、标识说、性吸引说、劳动说等。综观诸多服装起源的观点均是学者们站在各自的学科背景下，而提出服装本原的一种假说，带有严重的辉格史观。事实上，对于服装起源的研究带有辉格史观是无法避免。一方面，人类起源的时间要远远早于有文字记载的年代，有关于服装起源的记载也是古人站在他们的视角对服装起源的辉格解释；另一方面，基于服装的易腐坏性，以文物形式存在的远古服装并不能保存至现代，无法有效地进行初态服装的实物溯源。然而，汉字作为一种仍然存活至今的古老文字，未曾中断，且一脉相承。其古汉字构字方法中的象形，类似于绘画的形式，能很好地记录古人的生活场域。因此，运用古汉字字源学的方法去探究中国服装起源及其文化问题虽然带有一定的辉格史观，但它更加接近服装起源的本原。

第一章

中国服装的起源及其文化

　　针对中国服装起源及其文化的问题，必须站在人类进化进程的视域下，运用马克思主义"劳动创造人"的基础理论，揭示劳动在服装产生过程的巨大与重要作用。本章首先在分析服装起源诸多学说本质的基础上，批判地看待服装起源的主流学说；其次，基于古汉字字源学的研究方法，返回到华夏先祖们的生活场域，论证服装起源于携带工具的需要——腰带的观点；再次，对服装起源皮服说进行深入的讨论，确定服装的初态为原始皮质腰带；最后，对先秦时期服装的社会功用进行系统的探讨，揭示中国原始社会—奴隶社会—封建社会，华夏服装的经济、政治、文化等方面的社会功能。

第一节 ｜ 服装起源的主要学说

　　针对服装起源的问题，国内外学术界观点不一，众说纷纭，主要有以下几种具有代表性的观点：①站在人类心理需求的角度，有服装起源审美说（遮羞说、性吸引说等）、巫术说、标识说等。②站在人类生理需要的角度，有服装起源保暖说、防虫说、护体说等。③站在人类进化的角度，有服装起源劳动说、工具说。笔者认为，造成服装起源众多学说的原因有如下几点：①不同学科的学者站在各自学科背景下，有意或无意地拔高了各自学科在服装起源中的价值与作用。如美学研究领域一般会认同服装起源审美说或性吸引说，宗教民俗学研究领域一般会认同道德说或巫术说，生物学研究领域可能会认同保暖或护体说，人类学与马克思主义哲学研究领域可能会认同劳动说或工具说，等等。②服装起源于人类文明产生的萌芽期，没有相关的文字记载，服装起源只能依靠口口相授与后世文字出现后的文献资料以及目前的考古证据进行反推，辉格史观严重。③采用人类学的研究方法同样也存在着问题，即用"现代原始人"的生存方式推演"真正原始人"的着装价值与目的，其结论可能与本原有着天壤之别。毕竟"现代原始人"并没有跃迁到文明阶段，且处于封闭的生存环境，可能正是由于缺乏交流与服装的刺激才没有进阶成文明，停留在"文化"阶段。然而，服装史学界针对服装起源的问题，往往是列举其他学科的观点，并没有给出纺织服装学科内审下的看法。笔者认为，服装起源问题是纺织服装史方向无法回避的问题，它是这一研究领域的基石与基准点，没有牢固的磐石与准确的基准点，纺织服装史就无法健康地发展下去。因此，纺织服装史研究领域需要在学科内审的视角下，分析与批判各种服装起源的观点，进而提出自己对服装起源的观点。

一、服装起源人类心理需求说

服装起源心理需求说是从原始人类心理需求的角度入手来进行反推服装起源目的与作用，具体细分，它又包括服装起源审美说、巫术说、标识说等。

1. 服装起源审美说过度提升美学在人类进化中的地位

笔者认为，服装起源审美说主要包括装饰美观说、性吸引说、遮羞说。服装起源装饰美观说直观地表达审美需求是服装起源的本质，性吸引说、遮羞说则是服装装饰美观的目的。因此，性吸引说与遮羞说都属于审美说。

（1）装饰美观说

服装起源装饰美观说认为，服饰的初始，是为了让自己看起来更美观。爱美是人类的天性，人作为高级动物，有着超乎于一般动物的社会意识，在人类着装伊始就考虑到服饰的美感，注意把美和功能密切结合[1]。然而，笔者认为，这种把人的主观意识作为事物起源的观点，是典型的主观唯心主义看法，体现了人类中心论的思想萌芽。苏联著名哲学家康斯坦丁诺夫 Φ.B.（1901—1991）在其主编《苏联哲学百科全书》中写道："人类中心论是一种同宗教和唯心主义有联系的反科学观念。"[2]尽管服装为人类所特有的一种文化现象，但其最初的起源并不是为了满足人类的精神需求出现的。如今服装一般具有实用性和装饰性双重性质，但笔者并不认为这两种性质在服装出现伊始就同时具备，服装作为一种服务于生存内容的外在形式到具有自身审美性质的独立形态，这种从具体到抽象的过程，一定经过了漫长的演进发展阶段。服装起源于审美需要说实质是服装的装饰性功能先于实用性功能，把两者的关系本末倒置，其实质是荒谬的。

（2）性吸引说深受泛性主义的影响

服装起源性吸引说认为，原始人为了吸引异性，于是出现了作为装饰物的服装来装扮自己。著名的现代艺术社会学奠基人之一格罗塞（1862—1927）曾在《艺术的起源》一书中指出："如果性部的掩蔽真是由与生俱来的羞耻引起的，那就可惜用的手段太差了，因为这样遮掩并不适于转移这个部分的注意，倒反容易引起对于这个部分的注意。事实上也真不能怀疑原始人使用性器官掩饰物，除了故意引人注意之外，还有其他什么目的……总之，原始人身体遮护首先而且重要的意义，不是一种衣着，而是一种装饰品，而这种装饰品又和其他大部分的装饰一样，为的是要帮助装饰人得到异性的喜爱。"[3]为了证明这一观点，有不少学者给出论据，比如，在动物界雄性孔雀为了求偶而打开自己的尾屏，以此来吸引雌性孔雀；南太平洋诸岛上的一些原始部族的男性，仍然在裸体的身上系着一个直径5～6厘米，长约40厘米的黄色芦秆做的性器装饰鞘（图1-1）。南美的印第安人也有这种装饰的习惯，而且在上边镶嵌着宝石[1]。笔者认为，这种把服装发展归因于与"两性关系"相联系的观点深受泛性主义的影响。泛性论认为："人性的本能和欲望所具有的心理能量，是人的全部活动的原动力，

图1-1　原始部落巴布亚岛人 ❶

认为一切都受性的支配，一切行为的动机都可归结为性本能的冲动。"[4]性史的研究告诉我们：所有对性器官重视而产生的崇拜与禁忌，都必须产生于人类进化过程中与大量高等哺乳动物相似的"一年只有一次发情交配时期"的消失，而性活动不只作为一种生殖本能之后。生殖本能前提下的性活动，决不可能导致本能活动之外的非本能目的所联系的逻辑行为[5]。由此可见，这种把原始的性冲动决定一切的说法本身就是粗暴、且不理性的判断，具有非常强的片面性和危害性。一方面，泛性主义用于解释人类个体心理问题，或许有其合理之处，但如果用来解释人类群体发展的问题就具有片面性。事实上，泛性主义 ❷ 大师西格蒙德·弗洛伊德 ❸（1856—1939）在阐述泛性主义时所使用的基本概念"本我""自我""超我"大多是出自发挥泛性论

---

❶　图片来源：搜狐网。

❷　西格蒙德·弗洛伊德是泛性论的集大成者，他创造"力比多"等一系列新词。大多出自发挥泛性论思想的需要。他认为力比多是包含在"爱"字里的所有本能力量，这种性本能力量必须获得施展，若受到压抑，就会导致人得精神疾病。这种性本能力量可以转移或升华，人类社会的发展与文化创造，全是性本能乔装打扮向外发泄的方式。发展到弗洛伊德的泛性论已成了性欲决定主义。他甚至把人世间的社会关系，如各类社团、教会、军队，更不用说亲属关系，均认为是由力比多做纽带联结起来的，无限地泛化性活动，把人际关系和社会活动均性化归宿。

❸　西格蒙德·弗洛伊德，奥地利精神病医师、心理学家、精神分析学派创始人。1873年进入维也纳大学医学院学习，1881年获医学博士学位。1882—1885年在维也纳综合医院担任医师，从事脑解剖和病理学研究。然后私人开业治疗精神病。1895年正式提出精神分析的概念。1899年出版《梦的解析》，被认为是精神分析心理学的正式形成。1919年成立国际精神分析学会，标志着精神分析学派最终形成。1930年被授予歌德奖。1936年成为英国皇家学会会员。1938年奥地利被德国侵占，赴英国避难，次年于伦敦逝世。他开创了潜意识研究的新领域，促进了动力心理学、人格心理学和变态心理学的发展，奠定了现代医学模式的新基础，为20世纪西方人文学科提供了重要理论支柱。

思想的需要而创造出来的，缺乏一定的实证性与可验证性。另一方面，泛性主义的观点将人类发展归因于"性冲动"，显然将人类降维到动物界，没有看到人类本身的特殊性。因此，服装起源性吸引说明显不符合服装产生的价值。

（3）遮羞说过度抬升了原始人类的道德水平

有学者将服装起源遮羞说归为道德说单列出来，然而，笔者却认为应该将道德说归于审美说。众所周知，原始人类道德观念出现的时间比较晚，人类形成之初是没有道德规范可言的。从人类婚姻制度经历群婚—辈行婚—族外婚等就能看出道德规范是在漫长的进化过程中逐渐形成的。显然，在没有道德观念之前，人类的行为只能用美（善）与丑（恶）进行区分，汉语词语美与丑、善与恶成对出现，并且"美与丑"往往放在"善与恶"的前面，似乎也能证明原始人类将道德外化为审美。因此，笔者将服装起源遮羞说或道德说归于审美说。以辉格的视角来揣测服饰的起源，遮羞说很容易就得到人们的认可。最早关于遮羞说的说法，源于《圣经》的记载，最早期的人类亚当与夏娃赤身露体，一丝不挂，却不觉得羞耻。后来在蛇的诱惑下食用智慧果，从而产生人类最初的羞耻感，于是就用无花果树叶编成裙子遮蔽身体[6]。显然，《圣经》是将人类放在上帝之下、万物之上的中心位置，将智慧与道德作为区分人与动物的尺度。最终，学术界撇开神话的因素，形成服装起源于人类的道德感和羞耻感之说，即随着人类智能的不断发达，逐渐开化文明，懂得了礼仪和羞涩，于是产生了用以遮身的服装[7]。然而，笔者对此存有异议。一方面，如果"羞耻感"能够促使原始人类穿上衣服，那么，没有"羞耻感"的原始人是否就没有穿衣服必要。事实上，文明社会即使大奸大恶、没有任何"羞耻感"之人也会穿衣，显然，着装行为是一种生活规范，它与道德并没有最直接的联系；另一方面，对于裸态的原始人类来说，文明尚且还未开化，"羞耻感"也并不是人类与生俱来的观念。相反，笔者认为，正是因为人类的"穿衣"行为才促进了文明的进步，进一步使人类有了羞耻的观念。从马克思主义哲学的角度来看，自我意识是主体我对客体我一切主观的能动反映。"羞耻感"这种意识性产生于个体对自己以及自己与周围世界的关系里所存在的一种清晰、明确的理解和自觉的态度，而不是无意识或潜意识。而羞耻说是强调自我意识的能动性、创造性的哲学学说，具有严重的主观唯心主义，过度地抬升了人类在自然界中的地位，具有人类中心论的倾向。

2. 巫术说反映了原始服装道具的功能

服装起源巫术说认为人们出于对图腾的崇拜和对巫师的信任，效仿巫师的装扮，也促成了一种原始服饰的诞生、流行[1]。事实上，巫术需要道具，而服装则是其重要的道具之一。由于原始社会生产力水平低下，人类对于一些自然现象缺乏正确的认知。因此，他们把超出自己认知范围的事物归结于一种超自然的力量。本来就身处恶劣生存环境的原始人，巫术观念成为他们勇气与信仰的重要来源。他们在身上涂鸦、文身的行为成为对图腾的崇拜；用贝壳、兽皮、动物的骨骼、羽毛等装饰自己以求得超乎自然的神力来保护自己，从而得到一些心理慰藉。未开化的原始先民们会举行巫术活动，燃薪以求神明。在烟火缭绕之中，祭以人、羊、牛之首；或以酒洒地；或劲歌狂舞，以求神灵祖先之魂保佑。并且在这些巫术活动中人们的装扮，如身体上的文身、涂色、披挂和穿戴都显现出服装雏形已经诞生，它们都表现出原始人对装饰的强烈愿望[8]。正如法国三弗雷勒斯山洞里的原始巫师像（图1-2），画面上的男子，身披鹿皮，头顶戴着一对牡鹿角。脸似猫头鹰，耳朵被修饰为狼，上肢像熊臂，此外还拖着一条粗粗的马尾。他在这里祈求动物的神灵保佑他们狩猎时能满载而归，并鼓励他的听众们去勇敢地面对种种危险[9]。又如青海大通县上孙家寨遗址出土的原始社会舞蹈纹彩陶盆（图1-3），舞者应该是参与某种巫术仪式，其形象为头饰鸟羽，体侧都有一尾状物，大约是模拟动物的一种装饰[10]。这些证据似乎证明了服装起源与巫术有着某种必然的联系。然而，笔者认为，服装起源巫术说虽然有一定的合理性，但仍然无法解释服装起源的本质。一方面，巫术说仍然没有脱离意识决定存在的唯心主义观点，但巫术说把服装的起源与原始人的生存需求联系在了一起，相较来看比遮羞说、性吸引说等审美需求学说更接近服装起源的本质，即使巫术说依旧认为服装是一种外在象征性的形式，但还是无意识地从侧面反映了原始服装道具的功能。另一方面，原始人类服装与巫术产生时间也无法准确地确定，服装起源巫术说的预设前提是巫术要早于服装产生。这一前提本身就存在着很大的争议。事实上，在亚马孙流域的有些原始部落以及澳大利亚土著部落中，那里的人几乎全身赤裸，他们也有巫术，但他们却并没有服装产生。因此，服装起源巫术说还经不起太深的推敲。

图1-2 法国三弗雷勒斯山洞里的巫师像 ❶

---

❶ 图片来源：肖蝶手绘。

图1-3　原始社会舞蹈纹彩陶盆❶

3. 标识说体现了原始阶级意识的产生

服装起源标识说认为，人类的衣物最初是具有某种象征意义或标识功能，用颜色鲜艳、便于识别或稀有的物体装饰自身，用以象征自己的力量、权威与财富，后发展为装饰品。标识说与巫术说的出发点类似，都认为服装在最初具有某种象征意义。标识说认为服装伊始是作为某种身份象征来使用的，后演变为衣物和饰品。原始人类中的勇敢者、首领、富有者为了突出自己的地位和力量、权威与财富，用一些有象征意义的物件装饰在身上，诸如猛兽的牙齿、珍禽的羽毛、稀有的贝壳、玉石等。这种标识性的装饰是原始人的一种炫耀其地位与财富和显示尊严与勇敢的心理体现。另外，有的装饰具有识别氏族的作用，后演化为图腾[11]。图腾标志具有团结群体、密切血缘关系、维系社会组织和互相区别的职能，如南美印第安人（原为今秘鲁的的喀喀湖区附近的一个部落）以太阳神和月亮神作为自己氏族的图腾。因此，可以说图腾标识是最早的社会组织标志和象征。无论是在人类世界还是在动物世界，有群居生活就必然会存在阶级现象。如著名的动物家珍妮·古道尔（1934—）对黑猩猩进行长达十几年的观察得出结论：黑猩猩有一套族群间特有的社会统治等级制度，他们会为了得到首领地位、求偶而发生斗争[12]。那么，群居生活的人类发展到一定阶段也必然会出现阶级现象，用装饰物来突出自己权威、地位、财富的原始人无论是从什么出发点出发都有一个共同的归宿，就是想要展示自己与他人的与众不同，体现自己是这个族群中的强者，这无疑就是一种原始的阶级意识。

二、服装起源人类生理需要说具有严重的辉格史观

服装起源生理需要说包括保暖说（御寒说）、防虫说、护体说等。这些学说都是站在当代人类服装生理功能的基础上，对原始人类着装价值的推演。保暖说认为，原始人类为了抵御第四纪冰河期的寒冷气候而创造了服装。防虫说认为，人从爬行

---

❶　图片来源：肖蝶手绘。

到直立行走，原藏在人体下端末部的性器官被显露出来，为了不被外界伤害，特别是早期人类个人卫生欠佳，为防昆虫、蚊、蝇的侵扰，用腰布或条带物围在腰间，随人活动摆动来驱赶昆虫，进而把身体其他部位如法炮制地裹起来，便产生了服装[13]。护体说则认为，原始人类赤身裸体地在平原或森林中奔跑，而荆棘等带刺的植物会使人受到伤害。因此，原始人类需要用着装来保护身体。以上三种观点都是从人类的身体需求出发，而被大部分学者所接受与认同。然而，服装起源生理需要说却很容易被证伪。如达尔文（1809—1882）在考察生活在南美洲南端火地岛上的印第安人时，发现那里的土著居民是不穿衣服的，尽管气候寒冷、取暖设备极其落后，如果穿上衣服反倒会感冒[14]。澳大利亚早期的土著男女除了在很冷的冬天，是不穿衣服到处活动的，他们偶尔把某些野生动物的皮毛披在肩上，但皮毛非常小，它对人体的保护作用几乎可以忽略不计。下雨时，他们还小心地把它取下来，宁愿在寒风中瑟瑟发抖，身上的其他物品只有手镯、戒指和文身，所有的物品均无保护作用[15]。笔者认为，这些有预见性的行为不可能发生在还处于蒙昧时期思想并未开化的原始人身上，保暖说、护体说都是以现代人的思维推断原始人的着装动机，具有严重的辉格史观。

三、劳动说揭示了服装起源的本质

服装起源劳动说认为原始人类着装是劳动需要的结果，是人类进入文明的第一步[16]。人类进化起始于森林古猿，从灵长类经过漫长的进化过程，一步一步发展起来，经历了猿人类、原始人类、智人类、现代人类四个阶段[17]（图1-4）。最早期的服装应该是产生在智人类时期（距今25万—4万年前），而当时社会处于低级发展阶段，人类面临着十分恶劣的自然生存条件。因此，许多学者认为服装是原始人适应自然环境，抵御恶劣环境下威胁人类生存不利因素的一种工具。除此之外，原始社会生产力低下，主要是狩猎和采集经济，但由于狩猎与采集生产的不稳定性，获得生存资料对原始人来说并不是一件容易的事情。

原始人要想生存下来，就必须要提高生产效率。首先，人们发现

图1-4 人类进化过程图❶

---

❶ 图片来源：严雅琪，张玉琳，刘安定.服装起源研究解析[J].服饰导刊，2021，10（3）：1-5.

使用石头、木头、骨头等工具可以更快地捕杀猎物。而对原始先民来说，制作一件工具是困难的，但硬质工具如石器、木器等在外出狩猎、采摘时又非常重要。因此，需要将磨制、刮削好的工具随身携带。其次，远古先民在外出觅食时，必然要用除手以外的其他方式携带工具，因为手是开展所有活动的最关键和最重要的前提，将工具拿在手里是无法进行有效的狩猎、采摘等活动[18]。由此可见，如何携带捕猎工具是原始人类必须解决的重大问题。于是出现系于腰间以便携带工具的皮质腰带。最后，原始人类发现双手可以拿的东西有限，一次性不能吃完的果子或肉类无法全部带走，但是在食物来源匮乏的时期，食物对他们来说是非常珍贵的，于是原始人用兽皮或是大的树叶子作为携带工具包裹住食物携带回部落，从而提高劳动效率。采用古汉字字源分析法也证明了原始服装与包裹工具存在某种必要的联系。正因为携带包裹工具的出现，人体才有了被遮盖的机会，从而感受到遮盖所带来的保暖和保护作用，逐渐诱导出服装的产生。因此，笔者认为在劳动过程中，服装作为携带工具由一种不自觉的服饰行为，提高了原始人类对自然的生存适应能力，促进了个体存活率与种族的延续。

第二节 | 古汉字字源学视角下服装起源分析

关于服装起源的学说，学术界的观点不下十余种。比较有代表性的有护体说、保暖说、性吸引起说、遮羞说、装饰说等。然而，其实质是以服装产生的必然性作为服装起源研究的前提，辉格史观（以今观古）比较严重。事实上，着装只是人类多条进化路线中的一条分路径，它是人类进化到更加文明阶段的一种工具和手段。正如库克（1728—1779）在论及翡及安人时说，"他们情愿裸体，却渴望美观"[3]。很明显，这些代表性的服装起源学说是通过对服装最初功能的一种反推与假设[18]。近年来，贝尔纳（1901—1971）[19]提出的"服装起源于携带工具"的观点开始受到学术界的关注，由于贝尔纳只是用寥寥数语提出这一观点，陶园等[18]通过分析古汉字字源，运用结合事实的推测演绎法，论证了服装是作为盛器以工具的身份起源。笔者非常赞同这一观点和古汉字字源学论证的方法，并基于对服装起源常规路线的困境分析，站在反辉格史观（以古观古）的角度，以古汉字字源学为依据，以科学技术哲学为指导，为服装起源于皮质腰带的观点进行引发和深入研究。

一、服装起源常规研究路线的困境

服装起源常规研究路线主要包括文献学、考古学、人类学三条研究路线。然而，由于服装起源于人类进化之初，属于史前文明的范畴，距离现代时间比较久远，造成文献学资料观点相互矛盾、考古学研究文物缺失严重的状况。而人类学则是对现代"原始人"的语言、行为及社会属性的考察后，所进行的一种对真正原始人生存状态的反推。因此，这三条研究路线都有各自研究困境。

1. 文献学研究观点相互矛盾的困境

所谓文献学是指有关古代文献典籍阅读、搜集、整理、研究和利用的学问。中国现在还保存着浩如烟海的古文献，其中也有大量远古时期人类生活状况的记载。笔者总结其中与服装起源相关的文献，发现这些古文献中主要是服装起源保护说的观点。中国儒家和道家❶的古文献中有相当一部分持服装起源保护说的观点。如汉末刘熙❷（生卒年不详）的《释名·释衣服》（成书于210年前后[20]）所言："衣，依也，人所依以避寒暑也。"❸又如，《庄子·盗跖》（成篇于荀子之后司马迁之前[21]）中载："古者民不知衣服，夏多积薪，冬则炀之，故命之曰知生之民，神农之世，卧则居居，起则于于，民知其母，不知其父，与麋鹿共处，耕而食，织而衣。"[22]然而，儒家和道家关于衣的概念却有所不同：《释名·释衣服》中认为，衣是用来避寒暑的，并没有明确指出衣的材质一定为纺织面料；而《庄子·盗跖》中则明确指出织的才为衣。

另外，从服装起源的时间来看，儒道两家的观点相差甚远。由儒家经典《礼记·礼运》（成书时间有西汉[23]、东汉[24]、二戴之后郑玄之前[25]）篇中记载："昔者先王未有宫室，冬则居营窟，夏则居橧巢。未有火化，食草木之实，鸟兽之肉，饮其血，茹其毛。未有麻丝，衣其羽皮。"[26]可知，儒家学者认为服装起源于先民未使用火之前，然而，人类控制用火的历史距今已有50万年，甚至100万年以上的历史[27]。相反，道家《庄子·盗跖》中则认为服装起源于先民使用火之后的神农氏炎帝❹时代，

---

❶ 道家以"道"为核心，认为大道无为，主张道法自然，提出道生法、以雌守雄、刚柔并济等政治、经济、治国、军事策略，具有朴素的辩证法思想。

❷ 刘熙（生卒年不详），字成国，北海郡（今山东省昌乐县）人。东汉经学家，训诂学家。举孝廉出身，起家郎官，累迁交趾太守。建安年间，避地于交州。著书立说，传授学问，弟子包括程秉、薛综、许慈。建安末年，去世，著有《释名》《谥法》《孟子注》。其中，《释名》是我国重要的训诂著作，对于后代有很大影响。《孟子注》，今已不传。

❸ 刘熙.释名[M].北京：中华书局，2016：71.

❹ 炎帝，又称赤帝、烈山氏、神农氏，是传说中上古时期姜姓部落的首领。他和他的部落活动在姜水流域，也就是今天陕西宝鸡姜城堡附近的清姜河一带。炎帝种五谷、制耒耜、立集市、尝百草、制琴乐，为中华民族的生存繁衍和发展作出了重要贡献。他与黄帝一同被尊为中华民族的始祖。

即距今5000年左右。由于远古时代距今过于久远，从文献学角度看，服装起源的时间问题存在着相互矛盾的观点。

事实上，使用古文献对服装起源进行研究，还存在着一些问题。首先，需要对这些古文献出现的年代进行考证以确定其观点的时间下限。如《礼记》中有关服装起源的记载，只能反映《礼记》成书时代关于服装起源的一种观点，即古人以辉格史观来看待服装的起源。其次，需要对古文献内容的真伪及版本进行勘定。一方面，中国古文献数量虽然汗牛充栋，但其中也掺杂了一些伪书，都是古人假借远古的名人所作的一些书籍。据不完全统计，中国古代的伪书，经部有173部，史部有93部，子部有317部，集部有129部，另外尚存疑问之书，以及佛藏、道藏之伪书，也有493部，加在一起，共计为1205部[28]。另一方面，中国古文献的版本问题也是一大困扰。中国古文献的流传时间较长，由于抄写、印刷及重新编纂、增删等问题，产生了不同的版本。因此，对于其中涉及服装起源的记载还需要确定最早的版本，以便获得准确的信息。

2. 考古学研究文物严重缺失的困境

织物是极易腐烂的，找到中国人最早的服装文物显然是不现实的。然而，制作服装的骨针却能变为化石而长久保存下来。因此，骨针的发现对于研究服装起源的下限具有重要的意义。根据中国目前的考古发现，旧石器时代（距今约170万年—约1万年）晚期中国就已经出现了骨针，说明中国服装起源的下限应不晚于旧石器时代晚期。如1930年在北京郊区房山周口店龙骨山山顶洞人遗址中就发现了中国最早的骨针（图1-5），该骨针针长8.2厘米，只有火柴棒粗，针身微弯，刮磨得很光滑。一头是锋利的针尖，另一头是用极为尖利的器物挖成的针眼，虽发现时针眼已残，但不难看出它的原貌。骨针的发现证明山顶洞人已经有缝制衣服的能力，不再赤身露体了[29]。而山顶洞人的年代，根据对同期出土兽骨的C^{14}检测，其年代应为距今11000年左右[30]。也就是说中国服装起源的下限应远早于距今11000年以前。

此外，在中国境内比山顶洞人更古老的原始人类遗址中并没有发现骨针，但这并不能说明这些原始人类就没有服装。因为最初

图1-5　山顶洞人的骨针 ❶

---

❶　图片来源：中国国家博物馆官网。

的服装很可能就是直接将兽皮披裹在身上的形制，并不需要用针来缝制。因此，采用考古学的方法只能确定服装起源的时间下限，无法进一步深入下去。

3. 人类学研究以偏概全的困境

人类学、民族志积累了大量现代"原始社会"着装的资料。从这些资料来看，大部分资料似乎能为服装起源审美说、标识说等提供一些合理的证据。笔者认为，究其根源人类学的研究路线通常是针对某些现存的原始部落中"原始人"所进行着装行为的研究。然而，这种研究路线存在着一些先天缺陷。首先，人类学路线所研究的并不是史前时代的原始人，而是现代"原始人"。这些"原始人"虽然可能保留了某些史前时代原始人的思维特征，但两者相差几万甚至几十万年的时间，现代"原始人"的着装动机和史前原始人的着装动机根本无法完全契合。其次，现代"原始人"的发展状态远没有达到文明的状态，并且他们的生存环境又相对较为封闭和单一，只能算是人类文明进程中的选择之一。赤裸的现代"原始人"可能正因为缺乏着装动因的刺激而无法启动文明的进程。因此，用现代"原始人"的行为方式去解释人类服装起源的问题显然有以偏概全的嫌疑。

二、古汉字字源学方面的分析

中国古代的造字法有"四体二用"之说，"四体"即象形、指事、会意、形声，"二用"即转注、假借[31]。特别是象形、指事、会意能够反映造字的根本意图，尤其是在甲骨文、金文、篆体中都有深刻地反映。因此，将与"衣"有关的这些古代汉字进行字源分析，对于寻找服装的起源具有重要的研究意义，可以从中获知服装起源的一些信息。

从中国古汉字的字源分析上看，服装的起源似乎与工具有着密切的关系，贝尔纳[19]在《历史上的科学》一书中就已提出这一观点，只是未曾深入探讨。根据古汉字字源学研究方法，笔者尝试对与服装起源于工具的部分古汉字（表1-1）和反映服装种类与材料相关的部分古汉字（表1-2）的字源分析进行了更细致的分类。由表1-1可知，"衣"在作为字根时，表达的是包裹的意思。如将采集的果实（果）用衣服（仓）包住被称为"裹（裹）"字；男子（壮）远行时打包裹物（仓）叫"装（装）"字等。当然，"衣"除了被作为携带工具外，还可被作为打猎的工具。如"奋（奮）"从现代汉字的角度看，似乎与"衣"没有任何联系，但如果从该字的古汉字字源分析则充分反映了"衣"在远古时期可能兼作为一种捕鸟的工具。因此，中国古代汉字字源分析成为服装起源工具说的重要辅证材料，这也是西方拼音文字所无法比拟的。

表1-1　辅证服装起源于工具的部分古汉字字源分析表

现代汉字	字源	字形分解	造字本义
衣	仒（甲骨文）	ㅅ+ㅓ（两片弯折的片状物）	装东西的盛器
裹	𤲿（篆体）	仒（衣）+果（果）	古人用衣服包从山上采的野果
奋	𤲿（金文）	仒（衣）+隹（鸟）+田（田）	用衣物全力捕捉田野草丛中的鸟雀
装	𧝓（篆体）	壮（男人）+仒（衣）	古代男子为远行打包束袋

表1-2为服装种类与材料相关的部分古汉字字源分析。由表1-2可知，首先，古汉字反映了中国远古时期制作服装的材料非常丰富，有毛皮、葛、麻、棕等材料。如"仒（裘）"就是在"仒（衣）表面有一层毛（彡），即皮毛的衣；"𧘇（衰）"则是用棕毛制作的衣；而"褐（褐）"的制作材料为葛、麻之类。其次，古汉字又反映了中国远古时期服装的一些形制。如"裙（裙）"准确反映了"君（男子）"腰间的遮羞布"巾（巾，布）"为裙的原型，而无袖开衩的"衫"则为"衫"等。最后，根据表1-2所示的这些与服装种类与材料相关的部分古汉字的字源分析，笔者大胆推测最初的服装材料应该为皮革材料。原因如下：①"裘（仒）"是"衣（仒）"的表面有毛（彡）者为之，那么无毛的皮革就是最初衣服的材质，正所谓"皮之不存，毛将焉附"。②如果最初的服装材料为葛、麻等植物纤维，那么"褐（褐）"应该为"衣"字的古汉字的最初字形。综上两点，中国最初的服装材料应该可推断为皮革材质。

表1-2　服装种类与材料相关的部分古汉字字源分析表

现代汉字	字源	字形分解	造字本义
裘	仒（甲骨文）	仒（衣）+彡（毛）	毛皮大衣
衷	𧘇（篆体）	仒（衣）+中（中，里面）	穿在里面的内衣
衫	衫（篆体）	仒（衣）+彡（彡，布条）	无袖管的开衩上衣
裳	裳（篆体）	尚（高级）+仒（衣）	正式服装，下身类似裙的衣物
裙	裙（篆体）	君（男子）+巾（巾，布）	古代男子的下装
衮	衮（篆体）	仒（衣）+公（公，王侯）	古代王公侯爵穿的礼服
衰	衰（篆体）	仒（衣）+𠚕（大量向下披垂的棕毛）	古人将棕毛朝下的棕片连缀成"棕衣"
褐	褐（篆体）	仒（衣）+𦰩（藤）	用葛、麻制作的粗布短衣

那么，从中国古汉字字源学的角度看，原始服装雏形是何种形制呢？笔者认为，甲骨文巾（巾）和带（带）就能说明服装的原始形制。一方面，从巾字的象形上看，就像一块遮盖大腿至膝部的遮羞布，而这块布的原料毫无疑问应该是皮质的，其遗制可以在中国古代服饰中的蔽膝中看到其端倪。另一方面，从带字的象形上看，带（带）最初是系于腰间，并联结前巾（山）和后巾（m）的皮质腰带。事实上，前巾与后巾的作用最初可能并不是为了遮羞，而是便于工具的携带。原始的工具均是石、木、骨等材质制作，如果用腰带将其直接或间接系于腰间，原始人在奔跑时这些工具会击打到身体的脆弱部位（生殖器、臀部、大腿根部）。因此，前巾和后巾的出现就非常有必要，它们能起到保护身体免受携带工具的伤害。基于巾和带的甲骨文分析（表1–3），笔者倾向于原始服装的形制为一条腰带加上前巾和后巾组成，甲骨文带（带）字就是其形制。

表1–3　原始服装形制相关的部分古汉字字源分析表

现代汉字	字源	字形分解	造字本义
巾	巾（甲骨文）	∣（带子）+∏（一块下垂的面料）	遮挡前胯部的遮羞布
带	带（甲骨文）	山（前巾）+m（后巾）+X（前巾和后巾之间有扣结的皮条）	扎在腰间用以系裙的扁长的皮条

三、哲学方面的分析

服装起源研究的哲学路线是对着装的本质、条件和目的所作的哲学角度研究，这种哲学性研究最终将是指导服装起源研究的方法论。而正确的方法论，一般会得出较合理的结论。

1. 着装的本质

认识服装的本质有三种维度。一是将着装视为人类生存发展需要所引发的，它是人类社会发展到一定的社会阶段才产生的，由此可揭示服装起源是存在决定意识的结果。二是将着装视为人类审美艺术需要所引发的，它进入社会中时是以美学的对象而出现，由此导致的是对着装的美学本质的揭示，最终的结论是服装起源是审美意识作用的结果。三是将着装视为人类心理需要所引发的，它的起源是为了满足人类个体差异的心理需求，最终导致的也是意识决定存在的结论。

笔者倾向于着装视为人类生存发展需要所引发的观点，根据亚伯拉罕·马斯洛（1908—1970）的需求层次理论，人的需求从低到高依次为生理需求、安全需求、社交需求、尊重需求和自我实现需求。马斯洛的这一观点与马克思"人们为了能够'创造历史',必须能够生活,但是为了生活,首先就需要衣食住及其他东西。因此第一个历史活动就是生产满足这些需要的资料,即生产物质生活本身"[32]的观点不谋而合。毫无疑问,原始人类过着朝不保夕的日子,生理需求的满足必然是他们的第一要务。而服装的雏形皮质腰带,作为提高食物获取效率的有效工具起到至关重要的作用。

其实,从中国古人"衣食住行"的排列顺序就能说明"衣"在中国古人心目中的地位最高。现代中国人普遍认为,中国古人之所以将"衣"的地位排到"食"的前面,主要是中国从古至今都是礼仪之邦,非常重视衣冠制度。其实不然,笔者认为,之所将"衣"排到"食"之前,是因为"衣"曾经是原始人类最重要的生存工具。首先,"衣"作为一种获取生存发展的工具,排在"食"前面是非常符合逻辑的,没有"衣"这种重要工具的存在,"食"的获取就没有可靠的保障。其次,当人们解决了"食"的问题,继而解决安全的问题——"住"就理所应当了。最后,当安全问题解决之后,人类的拓展生存发展空间手段——"行"就凸显出来。显然,笔者有关"衣食住行"排列顺序的解释完全符合马斯洛的人类需求层次理论和马克思"生产物质生活本身"的理论。因此,笔者大胆推测,从"衣食住行"的排序上看,服装必然是人类进化过程中的重要生存工具。

2. 着装的条件

在研讨着装的条件时,一般都提及服装材质、服装制作工艺和着装动机三个方面。首先,从服装的材质方面看,学界一般认为,最初北方寒冷地区使用皮服,而南方温暖地区则使用卉服。然而,笔者并不这么认为。从中国古汉字的字源学角度看,作为农耕文明为主体的汉民族,其最初的衣料材质应为皮料,随着植物纤维技术的发明,其衣料主体才由皮料转化为植物纤维制品。同时,使用植物的滕叶作为身体的遮盖物或装饰物还不能算得上真正意义上的服装。一方面,滕叶如果不经过一定的工艺处理根本无法长久保存,无法作为身体常用的附属物存在。另一方面,滕叶所制的身体遮盖物与皮毛相比也无法显示个体的身份和地位。如在东非,首领戴臂章和用长颈鹿尾巴做成脚环以区别于一般成员[8]。由此可知,作为热带地区的东非,气温炎热,但在显示首领身份时还用动物的皮毛标识而非滕叶。其次,从服装制作工艺上看,骨针虽然能作为关键的工具,然而骨针只能运用到皮毛或纤维织物上,无法运用到滕叶上。皮毛在服装上的运用要远早于植物性纤维织物,服装工艺起源对于皮毛的运用是显而易见的。最后,从着装事实与着装动机的关系上看,服装实物产生要远早于着装动机。因此,着装动机无法用来合理解释服装起源的问题,所作的解释也是一种辉格的解释。

3. 着装的目的

着装的目的并不是其动机而是其价值。马克思主义哲学认为，物质决定于意识，意识反作用于物质。因此，服装的起源要远早于服装意识的产生。根据达尔文（1809—1882）的进化论❶，人类是由猿人进化而来，并且全身覆有毛发。同时，现代分子生物学在人类学中的运用继续强化现代人从非洲起源并向其他地区扩散的论述，通过高通量现生人群的遗传变异分析，进一步推断早期现代人群走出非洲的时间和到达世界各地的节点[33]。在180万—200万年前人类才走出非洲，在欧亚大陆迅速扩散[34]。

非洲处于热带、亚热带的地区占总面积95%以上，即使在人类诞生之初的第四纪（距今300万年以前）其气候也没有寒冷彻骨的地区。因此，原始人类完全没有着装御寒的需要。那么，促使原始人类着装因素到底是什么呢？笔者认为，服装的价值只有站在人类进化的过程中才能窥见其本源。恩格斯（1820—1895）曾指出劳动创造了人本身，其实劳动也创造了人类的服装。服装的雏形原始皮质腰带在人类进化过程中起到过积极的促进作用，而成型的服装又是人类扩展生存空间的必要手段。

（1）从人类进化的角度看原始皮质腰带的重要作用

皮质腰带曾经在人类进化过程起到过积极的促进作用。无论何种文明或文化，不管是高度发达的文明古国，还是处于赤裸状态的"现代原始人"，虽然在服装上千差万别，但拥有腰带却是他们共同的特征。所以，合理地看待皮质腰带曾经发挥过的作用，要站在人类进化的视域下，进行合理的推断。

首先，脱毛是人类进化的第一步。人类属于杂食性的灵长类动物，肉食在人类进化过程中起到关键性的作用。为了能有效地捕获到猎物，持续奔跑成为人类最初的法宝。而持续奔跑又需要人类的散热机制发生根本的改变，人类逐渐开始用皮肤进行有效的散热，成为所有陆生哺乳动物中唯一用全身皮肤散热的动物。从而，人类以赤裸的形象出现在非洲大草原上。

其次，制造工具是人类区别于其他动物的标志。但所使用的工具需要携带，打猎

---

❶ 进化论，生物学术语。是对物种起源的一种猜测而提出的一种假说。达尔文主张，生物界物种的进化及变异，系以天择的进化为其基本假设。此外，并以性别选择和生禀特质的遗传思想来作辅助。1859年，达尔文的《物种起源》出版，震动了整个学术界和宗教界，强烈地冲击了《圣经》的创世论。达尔文的《物种起源》提出生物进化论学说，对宗教"神造论"和林奈与居维叶的"物种不变论"发起一场革命，震动当世。由于进化论违反《圣经》里的创世论，所以自问世以来，一直是宗教争论的焦点。

的工具不仅包括石矛、投石索等，还包括切割动物尸体所用的石刀、木刀、骨刀等。因此，需要有效的携带工具。携带工具方式有两种：一种是借助线状软物质将工具串联绑扎到身上，另一种方式则是用片状软物质直接包裹绑扎在腰间[18]。笔者认为这两种携带工具的方式都能在中国传统服饰中找到其痕迹，如金銙蹀躞带（图1-6）就是兼两种携带方式于一身的工具。蹀躞带原为西域❶游牧民族服饰中的重要佩件，其上挂有刀、针筒、砺石等工具。从历史发展的眼光看，蹀躞带去除装饰性，只保留功用性，那么它的原型皮质腰带和包裹物就是一种有效的携带工具，它应该是服装起源的本原。只不过在人类进化的过程中，原本核心的物件最终成为服装的配件。

最后，皮质腰带的产生促进了人类的进化。笔者认为，皮制腰带的产生是人类服装起源的原点，它最初也是一种劳动工具。德国著名的艺术史家格罗塞指出，原始腰带通常没有装饰，大概是实用的意义大而装饰的目的小[3]。而这种腰带的第一功用是携带小件的武器和工具，第二功用是作为止饿的裤带[3]。由此可知，服装的雏形腰带就是人自己生产物质生活的一种形式。它是人类在提高生存概率的动机下智慧的创造，是人摆脱动物状态的一种有力的手段，也是人取得自由的物质确证。

图1-6　金銙蹀躞带❷

（2）成型的服装是人类扩展生存空间的必要手段

服装不仅是人类提高生存概率的重要工具，还是人类扩展生存空间的必要手段。原始人类毛发逐渐退化充分说明了在进化过程中生存策略改变的重要性。然而，毛发的退化使原始人类以赤裸的形态出现在非洲大草原上。随着人口的增长和生存空间的缩小，一部分原始人类为了更好地生存，分批次陆续离开非洲大陆，向其他大

❶　西域，是指汉朝以后对玉门关、阳关以西地区的总称，始见于《汉书·西域传》。有二义：狭义专指葱岭以东而言，广义则凡通过狭义西域所能到达的地区，包括亚洲中、西部，印度半岛，欧洲东部和非洲北部在内。

❷　图片来源：新浪网。

陆扩散。但是，其他大陆并非古代非洲草原那样温暖，毛发的退化又需要人类提高抗寒能力，特别是第四纪冰期（约始于距今200万—300万年前，结束于1万～2万年前）的寒冷气候，使原始人类面临空前的危机。人类只有在腰带的基础上发展出部件式服装才能有效地解决这次危机，安身洞穴，生火取暖，并以兽皮蔽体[35]成为在其他大陆生存的普遍手段（个别的低级原始文化可能没有发展到这一阶段，但从其人口和文化发展程度均可说明，没有服装的发明，无法从文化变迁至文明）。试想一下，如果没有服装的发明，人类将无法以文明的姿态扩展到全世界除南极洲之外的所有陆地上。因此，服装真正的成型是人类扩展生存空间的必要手段。

那么，最初成型服装的形制又值得人们深思。作为制作服装的重要工具骨针的出现对于研究服装起源具有非常重要的意义，1930年在北京市房山区周口店龙骨山山顶洞人（距今2.5万年左右）遗址中，发现的骨针充分说明，中国在旧石器时代的晚期已经利用兽皮等来缝制衣服，而缝制衣服的线可能是用动物韧带劈开的丝筋[36]。根据出土的骨针、骨锥等制衣工具，中国的服装史学者想象复原了一件原始人的服装（图1-7）。

图1-7 原始成型服装复原示意❶

由此可知，这种服装主要包裹躯干部位，采用皮革制成的绳带将衣服固定在身上，应该为原始服装的原型。当然，在全世界范围内旧石器时代晚期的遗存中，都有大量发现骨针的情况。如欧洲的克罗马农人❷、尼安德特人❸的遗存或大洋洲土著[37]、美洲印第安原始部落中均有骨针化石或骨针的发现。因此，笔者认为，在旧石器时代晚期，骨针在全世界广泛的出现充分说明这一时期原始人已经能够缝制出真正意义上的服装。

---

❶ 图片来源：网易网。
❷ 远在距今3万年前，欧洲大陆上出现了一种寿命不长（平均寿命不超过40岁）、智慧较高的早期人类，叫作克罗马农人，属于晚期智人，和欧洲人不是一个种群。
❸ 尼安德特人，简称尼人，也被译为尼安德塔人，常作为人类进化史中间阶段的代表性居群的通称。因其化石发现于德国尼安德特山谷而得名。尼安德特人是现代欧洲人祖先的近亲，从12万年前开始，他们统治着整个欧洲、亚洲西部以及非洲北部，但在两万四千年前，这些古人类却消失了。

第三节 | 基于古汉字字源学视角下皮服起源的考辨

　　服装起源是服装史学界无法回避的问题，学术界从其面料来源与动机两方面形成了众多学说。从服装面料来源角度看，有卉服说与皮服说之争[38]。从服装起源的动机角度看，主要又可分为两类：一是由实用功能的需要所引发的服装起源学说，如护体说、保暖说等；二是由心理需求所引发的服装起源学说，如巫术说、审美说、性吸引说、遮羞说、标识说等[16]。很显然，这些学说均是不同学科学者站在各自的知识背景下，提出的有关服装起源的学说，具有某些合理性。然而，站在科技哲学的角度上看，服装是人类进化过程中非常关键的科技因素之一，它是原始人类从文化向文明跃迁的积极促进力量。笔者认为，不能站在动因分析的基础上去解释服装产生的原因，动因分析必然会带有严重的辉格（以今观古的立场）解释，而价值分析则可以在辉格与反辉格（以古观古的立场）之间保持必要的张力，消弭辉格的影响，返回到远古人类的生存场域，科学地解释服装产生的价值和意义。因此，如何解构远古人类的生存场域成为服装起源研究的关键，远古历史记载的神话性以及服饰文物的缺憾性必然导致研究者难以真实地还原远古人类的生存场域。然而，中国古文字中甲骨文、金文、篆文前后相继，特别是其中造字方式中蕴含着大量服装起源的重要信息，它是研究远古时期中国服装起源及其文化不可多得的信息宝库。笔者倾向于陶园等[18]的"服装起源于携带工具的需要"的"劳动说"，以及沈从文的服装起源"皮服说"的观点[1]。因此，笔者拟从古汉字中原始皮革处理方法、原始服装皮革属性、原始皮服形制分析三个方面对服装起源劳动说与皮服说进行补强式与引发式研究。

一、古汉字中皮革处理的相关信息解析

　　甲骨文中蕴含着大量与皮毛处理相关的工艺信息，能窥视到上古时期祖先加工皮毛的情形。笔者认为，甲骨文皮革处理相关的文字（表1-4）均与"彐（克）"有着一定的联系。首先，甲骨文"彐（克）"字形上有两种解释：①身体蜷缩的人"彐"张着大口惨叫"丩"，表达了人因遭受剔肉剥皮的酷刑而惨叫。②表达剥取兽皮时，先在兽腿部割开一道口子"丩"，然后从开口处吹气，使得皮肉分离"彐"，再用刀划开。笔者倾向于第二种解释，理由有两方面：一方面，吹气剥皮法目前还可能在农村以及一些少数民族地区见到，事实上，笔者童年时在湖北农村也曾见到过用这种方式将屠宰后的猪剥皮；另一方面，这种剥皮的方法在清初蒲松龄（1640—1715）

写的《狼三则·其三》的故事中也出现过，屠夫暮行遇狼躲入田间休息处，"狼自苫中探爪入……惟有小刀不盈寸，遂割破狼爪下皮，以吹豕之法吹之"。由此可见，"吹豕之法"就是吹气剥皮法，同时它也是汉族传统的剥皮手法，最后蒲氏还发出"非屠，乌能作此谋也"的感慨。其次，从字形上看，"𣬓（皮）"按左右结构展开非常像左"𣥂（克）"右"𠬸（使皮肉分离）"，即将屠宰吹气后的兽类皮肉分离，即剥皮。事实上，《说文解字》中对皮的解释为"皮，剥取兽革者谓之皮"，❶似乎也能辅证这一点。再次，金文"𠦶（革）"字表达了用"𠬞（双手）"去除兽类皮上的毛。最后，从人类技术发展史的角度看，与"皮"相关处理应当最先施加在动物身上，而非人类自身，施加在人类身上要等到阶级社会才有可能大规模使用。因此，远古时期皮革相关的处理均是在动物身上进行。

表1-4　甲骨文中与皮革处理相关的文字字源学分析表

现代汉字	字源	字形分解	造字本义
克	𣥂（甲骨文）	①ᗡ（张着大口惨叫）+𠂔（"人" 𠂔的变形，指身体蜷缩的人）②ᗡ（兽腿割开的口子）+𠂔（长撇代表兽皮，小圈即吹气时兽皮鼓起的形状）	①古人杀人剔肉祭天，祈求消除天灾②兽腿处开口吹气剥皮的方法
皮	𣬓（甲骨文）	①𠬸（抓住）+𠂔（蜷曲着人）+ᗡ（惨叫）②𠂔（"克"字的变形）+𠬸（使皮肉分离）	①受刑者遭受活剥的酷刑②将吹气后的兽类的皮肉分离
革	𠦶（金文）	𠂔（是"克"字的变形）+𠬞（双手）	手持工具除去兽皮上的兽毛

事实上，考古学发现也证明了人类早在上万年前，就开始了对皮毛的使用。如在法国南岸的阿玛他地遗址中发现了一把40万年前的骨锥，服装史学界普遍认为，它是原始人类进行兽皮拼接的最早工具。又如在12万年前的尼安德特人与距今3.5万年的克罗马农人的活动遗迹中，均发现过石质刮刀[39]。刮刀的出现说明了原始人类已经具有刮取皮毛和骨头上的碎肉与脂肪的工具，皮毛加工技术有了一定发展。此外，中国北京周口店山顶洞人与山西峙峪人遗址中发现了骨针。骨针的发现反映原始人类开始使用纤维进行纺纱线，用于缝缀皮料。通过对山顶洞人骨针直径的测量可知，最粗部分的直径为3.1～3.3毫米。毫无疑问，山顶洞人的石刀无法切割出直径小于3.1～3.3毫米的皮带，而动物的毛与植物纤维的直径远远低于3.1～3.3毫米，它们基本都是微米级[40]。由此可知，早在40万年前人类就已经开始了对皮毛的使用，通过骨锥与皮条有了简单的皮革连缀工艺。同时在纺织品还未出现的时代，原始人已经开始通过骨针使用纤维纱线进行毛皮服饰的缝制。

---

❶　许慎.说文解字[M].北京：九州出版社，2001：175.

此外，成语"茹毛饮血"验证了原始社会口鞣皮革方式的存在。"茹毛饮血"语出《礼记·礼运》："昔者先王未有宫室，冬则居营窟，夏则居橧巢。未有火化，食草木之实，鸟兽之肉，饮其血，茹其毛。未有麻丝，衣其羽皮。"❶由此可知，"茹毛饮血"本初应该为"饮血茹毛"。笔者对此句话一直疑惑不解，既然原始人吃着野兽的肉，喝着它的血，为什么还要用口含着野兽的皮毛？笔者认为，"茹毛"本质是原始人对毛皮加工处理的一种方法，它其实是用物理的和化学的方法对皮毛进行柔化处理的过程。一方面，原始人通过物理的方法对皮毛进行揉、捏、搓等方法对其柔软度加以改善。同时，他们在物理方法的基础上加上了一些不知其本质的化学方法。如因纽特❷妇女通过牙齿啃咬的办法使毛皮柔软[39]。事实上，用牙齿咬嚼皮板，使其变软的过程中，人体唾液与皮质必然会发生一定的化学反应，正常人体唾液的pH为6.6～7.1，还含有唾液淀粉酶、黏多糖、黏蛋白、溶菌酶、钠、钾、钙等。无论唾液的pH呈弱酸性还是弱碱性，均能对皮革产生类似酸鞣或硝鞣的效果。毫无疑问，口温、唾液、咬嚼就形成了复杂的物理化学作用，使得动物的毛皮达到一定的软化效果。另一方面，中国古籍中也有原始人用口来处理皮毛的记载，如宋代（960—1279年）学者罗泌（1131—1189）《路史》中言："古初之人，卉服蔽体。次民氏没，辰放氏作，时多阴风，乃教民搴木茹皮以御风霜。"❸虽然《路史》中持服装起源于卉服的观点，但却提及"茹皮"之事。辰放氏是中国古代传说中的人物，其所处的年代是中国的原始社会时期。"搴木茹皮"中搴木即拔取树枝，将生皮支撑张开并阴干形成干皮，然后用牙齿对干皮进行啃咬，达到柔化干皮以便服用的目的。又如《玉篇》："茹，柔也。"❹充分反映了"茹毛饮血""搴木茹皮"本质是对皮毛柔化处理的事实。

二、古汉字中原始服装皮革化的解析

古汉字中存在一些原始服装皮革化的文字信息，主要可以从甲骨文"衣"与"裘"字形比较、篆体"褐"（表1–5）的会意构字规律中窥见一二。一方面，从甲骨文"衣"与"裘"的字形比较可以看出，"裘"是"衣"表面有

❶ 孙希旦.礼记集注[M].北京：中华书局，1989：587.
❷ 因纽特意为"极寒之地"，特指一年四季犹如严寒，是广义的叫法，其中包含南极圈、北极圈和一些特殊寒冷之地。因纽特人，生活在北极地区，黄种人，分布在从西伯利亚、阿拉斯加到格陵兰的北极圈内外，分别居住在格陵兰、美国、加拿大和俄罗斯。先后创制了用拉丁字母和斯拉夫字母拼写的文字。多信万物有灵和萨满教，部分信基督教新教和天主教。住房有石屋、木屋和雪屋，房屋一半陷入地下，门道极低。
❸ 罗泌.路史[M].北京：中华书局，1985：14.
❹ 胡吉宣.玉篇校释[M].上海：上海古籍出版社，1989：2625.

"⅍（毛）"的服装，那么在原始社会古人还没有织造类似毛皮的起绒织物技术的前提下，有毛的衣是裘，那么衣必然是革，即皮质的。事实上，中国古文献中也有大量关于服装最初材质的记载，均指向皮毛。如《礼记·礼运》中古人"饮血茹毛"的记录，又如《韩非子·五蠹》"古者丈夫不耕，草木之实足食也；妇人不织，禽兽之皮，足衣也"❶等。

表1-5 "衣""裘""褐"的古汉字字源分析表

现代汉字	字源	字形分解	造字本义
衣	仌（甲骨文）	⌃ + ⅂（两片弯折的片状物）	装东西的盛器
裘	仌（甲骨文）	仌（衣）+ ⅍（毛）	毛皮大衣
褐	褐（篆文）	褐（衣，衣服）+ 葛（曷，即"葛"，葛藤）	葛布制作的衣服

另一方面，从甲骨文"衣（仌）"与篆体"褐（褐）"构字方式的比较来看，甲骨文"衣（仌）"是象形文字，篆体"褐（褐）"则是会意字，反映了"褐（褐）"的出现要远远晚于"衣（仌）"。否则"褐（褐）"字的结构就不会用会意的方式来指称这种类型的衣物，即用"藤（葛）"为原料制成的"褐衣（褐）"。通过对甲骨文"衣""裘"以及篆体"褐"的比较分析，深刻反映了衣最初的面料必然是以皮毛为主，否则"褐（褐）"字不可能采用会意的构字方法来表达。因此，通过甲骨文"衣"与"裘"字形比较、篆体"褐"的会意构字规律分析至少在理论上验证了衣最初的皮毛属性。

三、原始皮服的形制分析

原始皮质腰带是服装起源的原点，它曾充当过携带工具，促进了人类的进步与发展。原始皮服的形制可以从甲骨文"糹（带）"字的结构窥见其发端，其真正的形制可以从成语"天衣无缝"中得到启示。

1. 原始皮质腰带携带工具的功用是皮服起源的开始

在人类的进化过程中，皮革曾经起到过重要的推动作用。而原始皮质腰带的出现，则是人类从蒙昧跃迁到文明的起点。众所周知，制造工具是人类脱离灵长类动物的重要标志，随着人类工具的增多，如何有效携带成为当时人类最大的技术困境。当原始人类开始有意识地用石刀将动物的皮革切割成带状，人类文明的进程又加快了一步。皮质腰带的出现就能解决携带工具的需要，通过串联或包裹的方式可以将小件的石器、木器或骨器有效地携带。因此，原始皮质腰带的本质就是一种携带工

---

❶ 韩非.韩非子全译[M].张觉，译注.贵阳：贵州人民出版社，1992：1028.

具的工具，它是服装产生的原点，也是服装起源劳动说的基准点。篆文"裹"与金文"佩""挂"反映这一种遗存，由表1-6可知，原始的"仒（衣）"最初是一种包裹工具，并不是特指人身上所穿的衣，包裹人或物的都可能被称为"衣"；佩是将"巾（巾）"悬挂于人的腰间，作为动词而存在；"挂（挂）"则是将石制的工具系挂起来。毫无疑问，在包裹、系挂时必须要用到带，而原始人最初使用的带为皮质的可能性极大。简言之，衣最初是包裹之物，而皮质腰带则是人所特有之物，只是在服装发展融合过程中，原本核心的部件逐渐退居于次要位置。

表1-6　古汉字中反映佩挂包裹相关文字字源分析表

现代汉字	字源	字形分解	造字本义
裹	裹（篆体）	仒（衣）+ 果（果）	古人用衣服包从山上采的野果
佩	佩（金文）	亻（反写的"人"）+ 丮（"丮"的变形，执持）+ 巾（巾，遮羞）	佩戴遮羞巾
挂	挂（金文）	厂（厂，即"石"）+ 圭（圭，玉串）+ 又（又，用手抓）	将石制串联的工具，系挂起来

2. "天衣无缝"式结构启示了原始皮服的形制

作为远古人类携带工具的原始皮质腰带曾经是服装起源的原点。"带（带）"字的甲骨文由"屮（前巾）"与"m（后巾）"加上"X（前巾和后巾之间有扣结的皮条）"组成，反映了原始皮质腰带加上前后巾构成服装原始实际的形制，其作用是为了有效安全地携带尖锐的工具[16]。但是那时还没有出现衣或服装的称谓，算不上成形的原始皮服形制。笔者认为，"天衣无缝"式的服装形制可能是真正意义上原始皮服的形制。成语"天衣无缝"语出北宋（960—1127年）《太平广记》卷六十八郭翰条目，对织女所穿的天衣进行如下描述："徐视其衣，并无缝。翰问之，谓翰曰：'天衣本非针线为也。'每去，辄以衣服自随。❶"事实上，"天衣无缝"揭示了原始皮质服装形制上是无须缝制的。首先，纺织面料最原始服装的形制是"天衣无缝"式。毫无疑问，织女的形象必定是出现在纺织技术发明之后，否则"织女"的称谓就不合理。最原始的纺织面料服装形制是贯头衣或披挂服，据辛店彩陶上见到的剪影式人物形象（图1-8）推测，当时的古人织出两个身长的布料，相叠后在叠痕中间挖一个圆洞，穿时可将头从中伸出，前后两片，以带束之成贯口衫[41]。因此，原始社会时期的纺织面料服装符合"天衣无缝"的形制。此外，披挂式也能实现"天衣无缝"，虽然早在山顶洞人时期就已经出现骨针，只能说明人们已经知道运用缝制的手段来拼接面料

---

❶ 李昉，等.太平广记（第二册）[M].北京：中华书局，1961：421.

或缝补衣物，并不能肯定原始人已经掌握了模块化的制衣手法。古罗马❶服装中的托加❷就是一种典型的披挂式服装，充分说明技术与运用之间存在着巨大的代沟。

图1-8 穿贯口衫的原始人（甘肃辛店彩陶纹饰）❸

其次，纺织面料最原始的服装形制为贯头式或披挂式充分说明了比纺织面料出现更早的原始皮质服装形制上也是无须缝制的。根据马家窑文化遗址发现的舞蹈纹彩陶盆的时代分析以及舞者服饰（图1-9）可知，它们的时间次序为：流失在日本的史前舞蹈纹彩陶盆→青海大通县上孙家寨遗址出土的舞蹈纹彩陶盆（马家窑文化❹马家窑类型）→甘肃省会宁县头寨子镇牛门洞村遗址出土的舞蹈纹彩陶盆与甘肃省武威市新华乡磨咀子遗址出土的舞蹈纹彩陶盆（马家窑类型和半山类型之间）→青海省同德县宗日遗址出土的舞蹈纹彩陶盆（半山与马厂类型之间）[42]。很明显，流失在日本的舞蹈纹彩陶盆与青海上孙家寨出土舞蹈纹彩陶盆中舞者形象为头饰似是发辫或饰物，尾饰为腿旁翘起的尖状物。舞蹈史学界一般认为，头饰与尾饰为鸟羽所为。然而，头饰采用鸟羽容易理解，将其插入发髻上就能轻易做到，而尾饰采用鸟羽既麻烦又很难达到舞者尾饰方向一致的情况。因此，笔者倾向于纺织史学界田自秉（1924—2015）对舞蹈者的发式和服饰的看法："头上有辫发……值得注意的是在

❶ 古罗马，是指从公元前9世纪初在意大利半岛中部兴起的文明。古罗马先后经历罗马王政时代（前753—前509年）、罗马共和国（前509—前27年）、罗马帝国（前27—476年/1453年）三个阶段。
❷ 托加长袍是最能体现古罗马男子服饰特点的服装。它是一段呈半圆形长约6米、最宽处约有1.8米的羊毛制兼具披肩、饰带、围裙作用的服装。穿着时一般在内穿一件麻制的丘尼卡，然后将托加搭在左肩并围绕全身。
❸ 图片来源：严雅琪手绘。
❹ 马家窑文化，1923年首先发现于甘肃省临洮县的马家窑村，故名马家窑文化。主要分布于黄河上游地区及甘肃，青海境内的洮河、大夏河及湟水流域和凉州的谷水流域一带。马家窑文化是仰韶文化庙底沟类型向西发展的一种地方类型，曾经称甘肃仰韶文化。考古认为人口压力、农业经济与狩猎、采集经济的结合是马家窑文化从仰韶文化中分化出去的主要原因。出现于距今五千七百多年的新石器时代晚期，历经了一千多年的发展，有石岭下、马家窑、半山、马厂等四个类型。马家窑文化是齐家文化的源头之一。

每一个人物的体侧都有一尾状物，大约是模拟动物的一种装饰。"[10]

（a）流失在日本　（b）青海上孙家寨　（c）甘肃牛门洞村　（d）甘肃磨咀子　（e）青海宗日

图1-9　马家窑文化遗址出土的各种类型舞蹈纹彩陶盆中的舞者形象❶

　　笔者认为，流失在日本的舞蹈纹彩陶盆与青海上孙家寨出土舞蹈纹彩陶盆中舞者身着皮服的可能性最大。首先，模拟动物的装饰直接运用动物的皮毛最容易办到，直接将整块动物的皮革或皮毛（包括尾部）通过捆扎与披挂的方式就能做到。其次，马家窑文化遗址出土的各种类型舞蹈纹彩陶盆中的舞者衣着形象的嬗变，反映了远古衣着面料从皮毛到纺织面料的转型。据考证，随着马家窑文化的农业定居生活的提高，纺织业已经得到长足的进步，纺轮与骨针等纺织生产工具在马家窑遗址中普遍发现，有的遗址出土的数量相当可观充分证明了这一情景[43]。逐渐摆脱了以动物皮毛为主作为服装面料的现状，甘肃牛门洞、磨咀子，青海宗日出土的舞蹈纹彩陶盆就已经没有尾饰，同时舞者人数增加到9~13位，充分说明了纺织技术的提高促进了衣料的转型和人口的增加。

第四节 | 古汉字字源学视角下服装的社会功用考辨

　　依据服装相关古汉字的意义，可将中国古代服装分为主服、首服、足服三大类。由古汉字的字形分析可知，从远古时期到先秦时期中国服装分类逐渐细化，并且在社会生活中充当着重要社会功用。原始社会服装起着凝聚力量的社会功用，奴隶社会服装起着文明教化的社会功用，同时，阶级社会服装还充当统治手段的重要工具。

一、中国原始社会服装起到凝聚力量的功用考辨

　　现代社会服装充当凝聚力量作用的现象已经表现得淋漓尽致（如制服、官服、军服等），其实在远古时期亦然，甲骨文"美"字的字源分析能很好地说明服装凝聚力量的功用。中国古文字学界普遍认为，"美"字与羊有关。甲骨文中的"美"字，

---

❶　图片来源：严雅琪手绘。

许慎（约58—约147年，一说约30—约121年）云："美，甘也。从羊，从大。羊在六畜主给膳也。"[44]然而，笔者对此种观点有一定的疑问。首先，关于"美"的概念出现时间绝对早于"美"的文字。"羊大为美"强调的是物质方面的丰足状态，并不能充分反映"美"这种高度抽象化的概念。其次，最初的甲骨文是一种象形文字，类似于用画画的形式表达事物。从甲骨文"𦍋（美）"字的字形上看，它更像一个头戴羊角的人的形象。众所周知，人是万物的尺度，对于高度抽象化的概念往往是从对自身状态中追问产生，而非用动物的形象来表达。因此，头戴羊角的人具有美的特征。那么，头戴羊角的又是什么样的人？笔者认为，这种头戴羊角的人应该是部落酋长或祭司、巫师之类的人，他们被赋予美的形象。正如弗雷泽（1854—1941）所言："许多国家，在各种时代，都曾存在过集祭司与帝王于一身的人物。他们具有半人半神、或半神半人的性质。"[45]而原始部落首领或祭司、巫师通过头戴羊角来区别普通人标识自己的身份。事实上，远古时期部落首领或祭司起到凝聚力量的作用。正如法国三弗雷勒斯山洞里的巫师像，画面上的男子，身披鹿皮，头顶戴着一对牡鹿角，脸似猫头鹰，耳朵被修饰为狼，上肢像熊臂，此外还拖着一条粗粗的马尾。他在这里祈求动物的神灵保佑他们狩猎时能满载而归，并鼓励他的听众们去勇敢地面对种种危险[9]。笔者认为，抛开神话迷信的成分，祭司怪异的服装和仪式能起到聚集力量的作用，通过与众不同的服装使部众相信自己已经获得了超自然的力量，并运用神秘的仪式坚定部众的信念和鼓舞其士气，进而达到凝聚力量的目的。

二、中国奴隶社会服装的文明教化功用考辨

从古汉字字源学角度上看，服饰起到文明教化的作用。表1-7为服装起到文明教化功用的部分古汉字字源分析表。由表1-7可知，服装起文明标志功用的古汉字有"初""卒""裸""褒"等字。如"初"字，粗看似乎是与衣和刀具有关系。但是，甲骨文"初"字最早的写法为"𧘇"，即"大（大、人）"包裹在"𧘇（衣）"里，表达人身上穿着衣服。当然，有的甲骨文"初"字的包围结构调整左右结构，即形成"𧘇"。然而，篆文"𥿄（初）"误将金文的"𠃊（人）"写成"刀（刀）"。隶化后，楷书"初"字将"𧘇（衣）"写成"衤"。因此，说明在造字之初服装早已出现，古人将穿着服装作为进入人类社会的条件之一，反映了服装是文明开启的标志。

表1-7　服装起到文明教化功用的部分古汉字字源分析表

现代汉字	字源	字形分解	造字本义
初	𧘇（甲骨文）	𧘇（衣）+ 𠃊（人）	原始人制衣穿衣，遮羞保暖，开启人类文明

续表

现代汉字	字源	字形分解	造字本义
卒	（甲骨文）	（衣，服装）+ （爻，交错捆绑）	死亡后敛尸备葬
裸	（篆体）	（亡，无，没有）+ （口）+ （执，抓）+ （衣，服装）+ （月，肉，代身体）	脱光衣服，暴露身体
亵	（金文）	（执，抓、摸）+ （衣）	在别人衣服里面即身体上抓摸，调戏作弄。在古人眼里，触摸他人身体，是极不尊重的行为
袂	（篆文）	（衣，袖）+ （"诀"的省略，开口道别）	作揖告别时两只袖口连在一起
哀	（金文）	（衣，孝服）+ （口，哭）	披麻戴孝哭丧

同样，古汉字中与服装相关起到教化作用的文字又有"袂"和"哀"。从篆体"袂（ ）"字形上看，"夬"的甲骨文为" "，其中" "是玉玦，" （赠）"" （受）"，即离别时赠玦，寄意重逢。笔者认为，到了先秦时期随着礼的兴起，离别时人们相互作揖，即将两只袖连在一起。因此，" "就演化为离别时赠玦并手向怀中呈作揖状" "。那么，金文"哀（ ）"则是用于哭丧时穿的服装，充分反映了服装起到教化的作用。那么，哀悼死者的丧服质量如何呢？根据《仪礼·丧服》中相关的描述，哀悼父母用布3升、祖父母用布4~6升、兄弟姐妹7~9升、父母辈亲属10~12升、远房亲戚7升❶。而升则是织物的密度单位，1升为80缕，即织物幅宽上有80根经纱。我们不难看出，丧服的用布升数不固定，在某种程度上反映了哀悼者和被哀悼者关系的疏密，即越亲密的关系，所用丧服的质量就越差，显示为越悲痛[46]。

三、中国阶级社会服装的统治手段考辨

众所周知，服装在阶级产生之后就逐渐成为阶级压迫的工具。中国历来就有将服装放在治理天下的重要地位，据《周易》中记载："黄帝尧舜垂衣裳而天下治。"[47]那么，垂衣裳怎么能与治理天下联系起来？正如三国时期（220—280年）经学家王弼（226—249）对"垂衣裳"的解释："垂衣裳以辨贵贱，乾尊坤卑之义也。"[48]由此可知，中国古人早就将服装表达身份、等级、规矩作为统治的思想。

---

❶ 彭林.仪礼全译[M].贵阳：贵州人民出版，1997：423.

1. 先秦时期的主服体现了一定阶级性和功能性

从主服角度看，先秦时期的主服可分为礼服和常服，表1-8为反映先秦时期服装种类的部分古汉字字源分析。毫无疑问，"袞（袞）"就是典型的礼服，然而，对于"袞"字的解释学术界却意见不一，不乏相互矛盾之处。《说文解字》："袞，天子享先王，卷龍繡於下幅，一龍蟠阿上鄉。"[44]按《说文解字》中"袞"字的解释，有的学者认为，袞是绣为龙纹的礼服[49]。然而，笔者对这一观点不敢苟同。一方面，甲骨文"龙（龙）"和金文"龙（龙）"的象形和"厶"没有相似性；另一方面，《说文解字》中对"厶（公）"的解释则是"平分也。从八，从厶。八猶背也。韓非曰：背厶爲公。"[44]因此，笔者认为，"厶"并不是"龙"的象形，"袞"也不是绣有龙纹的礼服，而是在处理祭祀、祭祖等公共事务时，祭者所穿的一种礼服，至于是否绣有龙纹还需要进一步考证。此外，希（希）从象形上看为交织的布帛，用于帝王权贵夏季服装制作的面料，说明服装面料、结构的阶级性也影响着汉字的发展。

表1-8　反映先秦时期服装种类的部分古汉字字源分析表

现代汉字	字源	字形分解	造字本义
袞	袞（金文）	介（衣）+ 厶（公，王侯）	古代王公侯爵穿的礼服
希	希（篆文）	爻（爻，交织状）+ 巾（巾，布帛）	古代专门为帝王权贵精工纺织的经线宽疏、轻软透气的细葛布
裳	裳（篆体）	尚（受欢迎的）+ 衣（衣）	受欢迎的下裙
裙	裙（篆体）	君（男子）+ 巾（巾，布）	古代男子的下装
布	布（金文）	父（父，持斧劳动的男子）+ 巾（巾，麻棉织物）	远古劳动的男子衣不蔽体，仅以一块麻织品勉强遮蔽下体
袍	袍（篆体）	衣（衣）+ 包（包，裹）	古代一种包裹全身的连体装
衷	衷（篆体）	衣（衣）+ 中（中，里面）	穿在里面的内衣
衫	衫（篆体）	衣（衣）+ 彡（彡，布条）	无袖管的开衩上衣

有关先秦时期礼服的形制，可以从"裳（裳）"和"裙（裙）"看出端倪。首先，"裳"是受欢迎的下裙，即成人普遍穿着的。而"裙"的原型则是"君（男子）"腰间的遮羞布"巾（巾，布）"。由此可知，礼服的形制应该为分体式的。其次，根

据成语"上衣下裳"可知，上半身的服装为"衣"，下半身的服装为"裳"，即裙。最后，从"衣"和"裳"的重要性上看，古人应该认为"裳"要比"衣"重要，强调着等级性。先秦时期礼服纹样的表现手法为"上绘下绣"充分能说明这一点。当然，从侧面也能反映最初"裳"等同于"衣"，只是随着时代的发展，"衣"发展成为特指上半身服装的概念。

至于常服，古汉字的造字本意也反映了其功用性和阶级性。首先，常服可以反映出人的性别和身份，譬如金文"布（ ）"为手持斧，下身着遮羞布的人形象。显然，布反映的是男性的身份，从侧面也说明了遮羞布最初是一种生产工具，并为男性所使用。其次，"袍（ ）""衫（ ）""衷（ ）"的象形反映了先秦时期随着服装功能的分化，服装种类也丰富起来。" "为包裹全身的连体衣，在周代（前1046—前256年）袍作为一种生活便装，而不作为礼服，军队战士也穿袍[50]。"衷"字在《说文·衣部》中的解释是"衷，裏亵衣"，而亵则是"私服。《诗》曰是亵袢也"。[44]不难看出"衷"有缠裹的意思。因此，先秦时期内衣应该是选用柔软的面料简单缠裹身体。同时，这种内衣的使用也是非常普遍的，正如《诗·秦风·无衣》所言："岂曰无衣，与子同泽。"[51]据汉代（前206—220年）郑玄（127—200）解释，因为这种亵衣紧贴身体，可以吸收体内排出的汗泽，故以"泽"字命名[52]。无袖开衩的" "则为"衫"，为社会各阶层通用的便装。但由于不符合汉族传统冠服制度，很长时间都被视为"服妖"[53]。综上所述，从古汉字字源学方面可看出，先秦时期的服装种类已经很完善，处处体现着阶级性和功能性。

2. 先秦时期的首服足服体现了身份地位

首服和足服是中国古人表达身份地位或象征礼仪的装束，表1-9反映先秦时期首服足服的部分古汉字字源分析。从首服上看，甲骨文" （冒）"本意就是戴在头上的帽子。笔者认为，最初的帽子极可能也是一种生存工具，带球结的角饰非常像动物的角，原始人类狩猎时戴着用动物的角制作的帽子，配合身上穿着皮毛伪装成动物而接近猎物，从而能有效地获取猎物。随着人类狩猎技术的进步，帽子的原始功能也逐渐退化。到了先秦时期，戴帽逐渐演化为一种成人的标志。如篆体" （冠）"即成人将" （帽）"用手抓" "住戴到自己" "头上，表示已经到了弱冠之年（成人礼）。先秦时期，随着战争的激化，士兵的帽子也演变成头盔。如篆体" （兜）"即为 （脸部） （包裹）起来的护具。从足服上看，金文" （屦）"" （履）"也有象征身份地位的体现，" （屦）"是" （支撑）"" （人）"的" （脚）"用于" （出行）"的工具。而" （履）"则是" （行走）"去" （上任）"的官员所穿的鞋子。众所周知，先秦时期的中国古代社会，当时绝大部分百姓都被束缚在土地上，而能穿上屦和履的人也绝非普通百姓，应当为贵族缙绅之辈。

表1-9　反映先秦时期首服足服的部分古汉字字源分析表

现代汉字	字源	字形分解	造字本义
冒	（甲骨文）	∩∩带球结的角饰＋头套的形状	戴在头上的帽子
冠	（篆体）	（冃，即"冒"，帽子）＋（人）＋（寸，抓）	古代男子成年（20岁）礼，手持帽子戴在头上
兜	（篆体）	（兒，即脸部）＋ 、（包裹起来）	古代头盔中的一种，环护头部的护具
屦	（金文）	（足，脚）＋（尸，人）＋（彳，出行）＋（支，支撑、承垫）	保护脚板，有助于越野登山的鞋子
履	（金文）	（足，行走）＋（页，头，代表思虑、职责）	穿着船形鞋上任

3. 先秦时期服装充当一般等价物的考辨

笔者认为，服装曾在先秦时期充当一般等价物的功能。首先，从篆文"币（弊）"的象形上看，"（扯碎）""（巾或丝帛）"，用于赏赐给下属，而甲骨文""（敝）"按《说文》中所言："敝，帗也。一曰败衣"[44]。其实，"敝"字形就是"（手持器械）"将"（巾、丝帛）"扯碎的含义，那么在其下又加个""就显得重复了。笔者认为，币极可能是用工具将""（指代丝帛）"制成衣服""（指代衣服）"，充当一般等价物功能。一方面，从""（遮羞布）"的大小和形制上看，统一形制、大小的巾儿乎都能适用不同身高的人。另一方面，中国古代服装形制均为宽衣博带，尺寸取中的服装大多数人也能穿着。因此，服装有成为一般等价物的基础。其实，中国古代帝王每年有赏赐臣子金银、布帛衣服的惯例。如果服装不曾充当一般等价物，帝王也不会在能充当一般等价物的金银、布帛基础上还赏赐服装。其次，服装面料和粮食的储备反映了国家的强弱。从金文"裕（）"字看是由"（衣）"和"（谷，粮食）"组成，有学者认为，衣谷都有代表充裕。然而，笔者认为，衣中包裹谷物用来说明财富充裕，虽然从侧面也反映了衣最初是作为携带工具而存在，但也极可能"（衣）"和"（谷，粮食）"曾经充当过一般等价物，用于人类最初的商品交换。

起源篇小结

通过对现有服装起源学说中具代表性的观点进行系统的研究，主要从心理需求、生理需要以及人类进化的角度对服装起源研究进行了分类综述，进而对各类学说所存在的利弊进行了分析。得到以下三条重要结论：①心理需求说认为服装起源的实质是独立的象征性能先于实用性功能，认为服装意识早于服装存在，强调的是自我意识的能动性、创造性的哲学学说，是唯心主义的观点。②生理需要说中的某些观点强调的是服装起源于实用性功能，但"现代原始人"并没有跃迁到文明阶段，这些预见性的行为不可能发生在还处于蒙昧时期思想并未开化的原始人身上，因此关于生理需求论的学说是以现代人的思维推断原始人的行为动机，具有严重的辉格史观。③站在人类进化的视角上对服装起源进行研究，服装的产生是作为携带工具而发生的一种不自觉的服饰行为，并且结合唯物主义世界观和恩格斯"劳动创造人本身"的观点，得到唯有劳动说揭示了服装起源本质的观点。

针对服装起源问题连线史学、人类学和哲学三条研究路线，会得到不同的结论。整体上看，人类学研究路线具有先天缺陷。究其根源，人类学研究路线针对的是现存"原始人"的服装行为。然而，现存的"原始部落"绝大部分还处于低级的"文化"阶段，远没有进化到"文明"阶段，基本是穿着过少而装饰过多，相对于其他文明，其进化几乎是停滞状态。因而，采用人类学的研究路线得出的结论明显给人先入为主、居高临下的感觉。由于服装起源于史前时代，当时并没有文字，文献学的研究路线显然是针对古人对原始人着装动机展开的研究，由此得到的结论必然也带有古人的辉格史观。笔者认为，字源学和哲学相结合的研究思路也许是正确解决服装起源问题的方法。从古汉字字源学上看，服装的起源与携带工具和审美有着密切的关系，但两者何者为先则无法确定。然而，哲学（特别是马克思主义哲学）的研究路线却可以帮助我们确定两者的先后次序。一方面，根据马克思主义"物质决定意识"的观点可知，服装出现的时间应远远早于服装意识。因此，审美意识只能是促进服装发展的动因，而不是服装起源的根源。另一方面，根据恩格斯"劳动创造人本身"的观点，服装何尝不是劳动所创造出来的。基于史学、人类学以及哲学多学科交叉式分析，笔者大胆推测服装起源于携带工具的需要，其最初的形制应为皮质的腰带，随着人类的进化与发展，最终在不同的地区产生各具特色的成型服装。

关于服装起源问题中面料与形制的问题，笔者赞同陶园、于伟东提出的研究方法，即运用古汉字字源学对远古人类生存场域进行情景分析，并结合古文献与考古实物进行三维印证的方法做深入式的补充研究。笔者基于服装起源于携带工具的核心观点，站在古汉字（甲骨文、金文、篆文）字源学的视角下，分别从原始皮革的处理方法、原始服装的皮革属性、原始皮服的形制三个方面展开论证。从原始皮革的处理方法上看，原始人类利用石质刀、刮刀、骨锥等运用"吹气剥皮法"与"口鞣皮革法"等获取与处理皮革，为皮服的制作提供物质准备；从原始服装的皮革属性上看，甲骨文"衣"与"裘"字形比较、篆体"褐"的会意构字规律能够辅证原始服装的皮革化的趋势；从原始皮服的形制上看，甲骨文"巾"与"带"的形态虽然提供了原始皮服推测的基准点，但真正意义上皮服形制应为"贯头式"或"披挂式"，它们是在纺织技术发明之前较科学与合理的皮服形制。

　　基于古汉字字源学视角考察中国古代服装文化可知，远古至先秦时期是中国服装起源、成型的关键时期。由图1-10可知，在远古时期服装起源阶段，携带工具的需要导致原始皮质腰带产生，在原始腰带"蝴蝶效应"的影响下，原始人类的生存能力得到很大的提高，促进了人类文明的诞生。同时，在宗教信仰和实用功能的促进下，原始皮质腰带逐渐分化为首服、主服和足服三大部件。进入私有制阶级社会（先秦时期）后，统治阶级意识到服装能起到维护其统治的作用。导致先秦时期的主服明显具有功能性和阶级性的特点，首服、足服突显身份地位的作用。同时，服装还曾充当过一般等价物的功用。

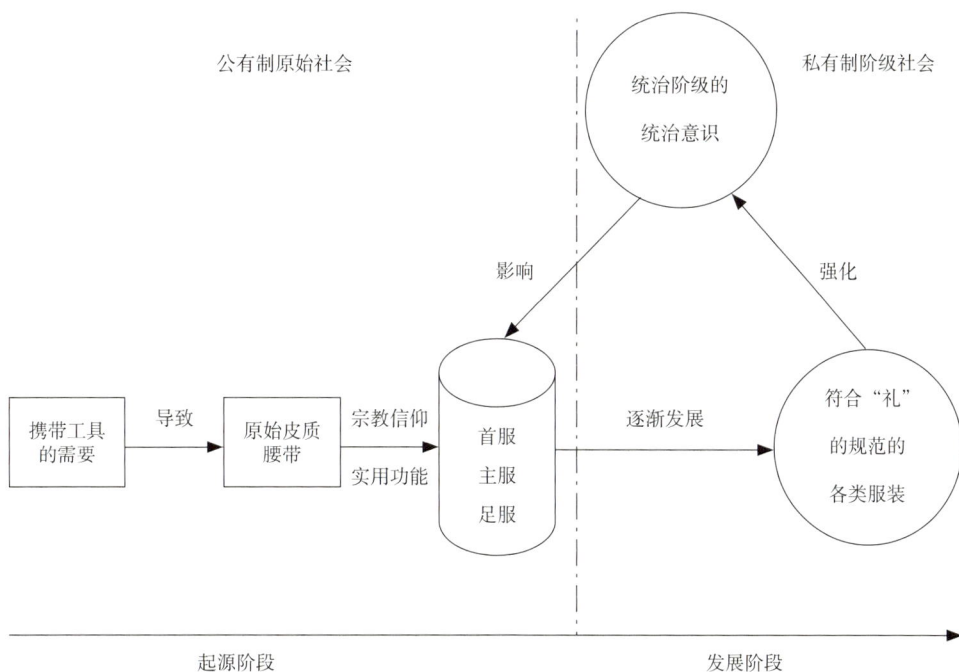

图1-10　古汉字字源学视角下中国服装起源发展图

参考文献

[1] 朱华. 服饰起源的种种考古依据 [J]. 丹东纺专学报, 1996（3）: 31–35.

[2] 康斯坦丁诺夫 Φ. B. 苏联哲学百科全书: 第一卷 [M]. 上海: 上海译文出版社, 1984: 572.

[3] 格罗塞. 艺术的起源 [M]. 北京: 商务印书馆, 1984: 42, 69, 71–72, 87.

[4] 段凌燕. 简析弗洛伊德主义 [J]. 文学界（理论版）, 2010（5）: 266–267.

[5] 陈绶祥. 遮蔽的文明——服饰起源论 [J]. 民族艺术, 1992（2）: 193–209.

[6] 佚名. 新旧约全书 [M]. 南京: 中国基督教协会, 1989: 3.

[7] 张竞琼, 孙晔. 中外服装史 [M]. 合肥: 安徽美术出版社, 2012: 68.

[8] 乔洪, 张序贵. 服装起源之我见 [J]. 丝绸, 2003（10）: 51–53.

[9] 斯塔夫里阿诺斯. 全球通史 [M]. 上海: 上海社会科学院出版社, 1999: 72.

[10] 田自秉. 中国工艺美术史 [M]. 上海: 东方出版中心, 1985: 15.

[11] 冯泽民, 刘海清. 中西方发展史 [M]. 北京: 中国纺织出版社, 2015: 7–8.

[12] Eugene Linden. 猿猴与人类: 奇妙的亲属 [J]. 陶家祥, 译. 世界科学, 1992（10）: 23–27.

[13] 范福军. 服装起源诸论浅析 [J]. 四川丝绸, 1998（2）: 47–50.

[14] 张乃仁, 杨蔼琪. 外国服装艺术史 [M]. 北京: 人民美术出版社, 1993: 9.

[15] 王小红, 陈丽霞. 关于人类服装起源各种学说中的保护学说研究 [J]. 考试周刊, 2015, 80: 158.

[16] 李斌, 杨振宇, 李强, 等. 服饰起源的再研究 [J]. 丝绸, 2018（9）: 98–105.

[17] 张媛媛. 利用"树式思维"辨析进化论教育中的常见误区 [J]. 生物学教学, 2019（7）: 63–64.

[18] 陶园, 于伟东. 基于工具携带作用的服装起源研究 [J]. 丝绸, 2015, 52（5）: 71–75.

[19] 贝尔纳. 历史上的科学 [M]. 北京: 科学出版社, 1959: 36.

[20] 吴锤.《释名》成书考辨 [J]. 南京航空航天大学学报（社会科学版）, 2005, 7（2）: 57–61.

[21] 王景琳.《庄子》内篇孔、颜形象考论: 兼谈《庄子》的成书时间 [J]. 孔子研究, 1991（3）: 49–54, 115.

[22] 庄周. 庄子全译 [M]. 张耿光, 译. 贵阳: 贵州人民出版社, 1991: 541.

[23] 姜亦刚.《礼记》成书于西汉考 [J]. 齐鲁学刊, 1990（2）: 21–24.

[24] 钱玄. 三礼通论 [M]. 南京: 南京师范大学出版社, 1996: 34–48.

[25] 黄娜, 潘斌, 郑雨欣.《礼记》成书再考 [J]. 四川教育学院学报, 2007, 23（11）: 30–32.

[26] 吕友仁, 吕咏梅. 礼记全译·孝经全译 [M]. 贵阳: 贵州人民出版社, 1998: 428.

[27] 张岩, 郭正堂, 邓成龙, 等. 周口店第1地点用火的磁化率和色度证据 [J]. 科学通报, 2014, 59（8）: 679–686.

[28] 陈初定.试析中国古代伪书之产生[J].河南图书馆学刊,1984(4):57-60.

[29] 贾南坡.周口店遗址[J].文物,1978(11):89-91.

[30] 安志敏.中国晚期旧石器的C^{14}断代和问题[J].人类学学报,1983,2(4):342-351.

[31] 陈顺芝.六书与汉字构形[J].江西师范大学学报(哲学社会科学版),2005,38(2):46-49.

[32] 马克思.马克思恩格斯全集:第3卷[M].北京:人民出版社,1956:32.

[33] 高星.朝向人类起源与演化研究的共业:古人类学、考古学与遗传学的交叉与整合[J].人类学学报,2017,36(1):131-140.

[34] 吴新智.人类起源与进化简说[J].自然杂志,2010,32(2):63-66.

[35] 叶立诚.服饰美学[M].北京:中国纺织出版社,2007:68.

[36] 黄能馥,陈娟娟.中国服饰史[M].上海:上海人民出版社,2004:18.

[37] 刘丽君.澳大利亚土著文化及其滞后原因[J].汕头大学学报(人文科学版),1997,13(6):51-58.

[38] 容观琼.释"岛夷卉服,厥篚织贝"——兼谈南方少数民族对我国古代纺织业的贡献[J].中央民族学院学报,1979(3):56-60,76.

[39] 黄向群.中国皮草工艺[M].北京:中国纺织出版社,2015:13,22.

[40] 于伟东.纺织材料学[M].北京:中国纺织出版社,1996:6.

[41] 华梅.中国服装史[M].天津:天津人民美术出版社,1989:5.

[42] 蓝凡.中国史前舞蹈纹彩陶盆的新考释[J].民族艺术研究,2020(6):75-87.

[43] 中国社会科学院考古研究所.中国考古学·新石器时代卷[M].北京:中国社会科学出版社,2010:324.

[44] 许慎.说文解字[M].北京:九州出版社,2001:61,157,473-479,516.

[45] 詹·乔·弗雷泽.金枝[M].北京:中国民间文艺出版社,1987:6.

[46] 李强,杨锋,李斌.基于中国古代纺织服饰史研究的孝文化考辨[J].湖北工程学院学报,2015(4):26-30.

[47] 黄寿祺,张善文.周易译注[M].上海:上海古籍出版社,2001:572.

[48] 黄煌."垂衣裳"与儒家礼制[J].周易研究,2011(4):84-89.

[49] 王国安.图说汉字[M].北京:中央编译出版社,2010:361.

[50] 黄能馥,陈娟娟.中国服装史[M].北京:中国旅游出版社,1995:27.

[51] 郭超,夏于全.传世名著百部之诗经[M].北京:蓝天出版社,1998:86.

[52] 王长宏.浅谈中国古代内衣文化[J].哈尔滨学院学报,2004:123-124.

[53] 宁稼雨.《世说新语》与《晋书》中"服妖"现象解析[J].山西大学学报(哲学社会科学版),2008(5):12-18.

首服篇

　　"首"即头部，中国古人认为"首"代表人的尊严，是人最重要、最醒目的部位。首服则是中国古人头部的配饰，不仅有着保暖和装饰的作用，也是男子成年的仪式和身份等级的象征，甚至还曾作为人类生存的手段以及精神沟通的桥梁。首服作为一种重要的服装配饰和文化载体，前人在其结构、工艺、发展等问题上已有深入研究，但其起源仍有待今人进一步发掘，尤其是产生年代及原因，还有各类首服起源时的意义与延续。学术界关于首服起源的观点并不多，主要有保暖说、装饰说、精神需求说等，其实质更多是基于辉格史观提出的假说，得出的观点是因保暖、遮风挡雨、防沙防晒等需求而出现首服，仍然不能解释为什么不同类型的实用需求都产生了相似形制的首服。事实上，对于首服起源的研究带有辉格史观很难避免，一方面，人类的起源肯定早于文字出现的时代，古人的文献记载也是在他们的视角上的辉格解释；另一方面，首服的易腐坏性使得实物难以保存至今。然而，由于有古汉字这样的古老文字，其历史源远流长保存至今，我们可以通过其象形文字的演变来探析当时古人的生活场域。因此，运用古汉字字源学的方法去探究中国首服起源及其文化问题虽然带有一定的辉格史观，但它更加接近首服起源的本原，为首服起源于人类的生存延续需求的观点进行引发和深入研究。

第二章

中国古代首服的起源及其文化

《汉语比喻词典》中定义，帽子是指戴在头上起到保暖、防雨、防风、遮光或装饰作用的用品。《释名·释首饰》曰："帽，冒也。"[1]中国古代最开始以"冒"指代帽子。明代（1368—1644年）王三聘的《古今事物考·冠服》中说道："《通典》曰：'上古衣毛冒皮。'则帽名之始也。"[2]上古时期人们全身披着皮毛，因此有了帽子。笔者认为，帽子在不同地区不同时期具有不同的形制，换句话说，许多头部服饰如头罩、缠头帕等，虽然形态、使用区域不同，但其功能大体相同，都是位于头部的能保护身体的物品，因此可以认为是广义的帽子。广义的帽子，即包括头罩、缠头帕等与普遍意义的帽子具有相似功能的头部服饰。很少有学者进行帽子起源方面的研究。至今为止，对于该问题，仅有乌兰[3]、潘春慧[4]等人进行特例分析，即针对某一类型的帽子分析其起源，而杨帆[5]、王家国[6]、孙有霞[7]等人的探讨则是基于辉格史观，得出的观点是因保暖、遮风挡雨、防沙防晒等需求而出现帽子。然而这仍然不能解释为什么不同类型的实用需求都产生了相似形制的帽子。因此，笔者认为应该站在反辉格史观的角度深入探索帽子的起源，即基于考古发现来推断帽子出现时间，根据古汉字字源学分析帽子出现原因，再逐个分析其是由于实用需求、装饰美学、精神需求、文化传承而出现的可能性，以得到更具有说服力的答案。

第一节 ｜ 首服出现的时间与目的

众所周知，物品的出现必然早于其定义的产生，首服出现的时间必然早于古籍中首服定义的出现时间，进一步推断在"帽"字出现之前就已经产生了帽子。我们利用甲骨文中与首服相关的"帽""冠"等古汉字来推断首服的出现时间与使用目的。

一、帽子出现的时间

由于丝棉麻皮制作的帽子具有不可保存性，目前很少挖掘出这类材质的古代帽子，只能根据留存的陶俑、器物图案中的帽子来推断帽子的产生年代。公元前10世纪的新疆扎滚鲁克古墓里已经有高尖帽[8]，随县曾侯乙墓出土的乐器上有头戴高冠向两旁弯曲的人图案[9]，曾侯乙墓是战国初期的墓，葬于公元前433年或往后，说明在战国之前已经出现了帽子。周锡保（1910—1984）的《中国古代服饰史》[10]里提供的安阳殷墟出土的玉人像（图2-1）与安阳四盘磨村出土的商代（约前1600—前1046年）石造像头上都戴着帽子，可以得知帽子起源的下限为商代。同时，根据图2-1可以看出，此时的巾裹不具备防晒、遮阳、防沙、保暖的作用，仅仅是为了固定头发[11]。周汛（1935—）《中国历代妇女妆饰》[12]中提供了陕西临潼邓家庄出土的6000年前新石器时代仰韶文化庙底沟类型时期的陶俑戴着圆帽，进一步将帽子的起源时间往前推进到公元前4000年左右。

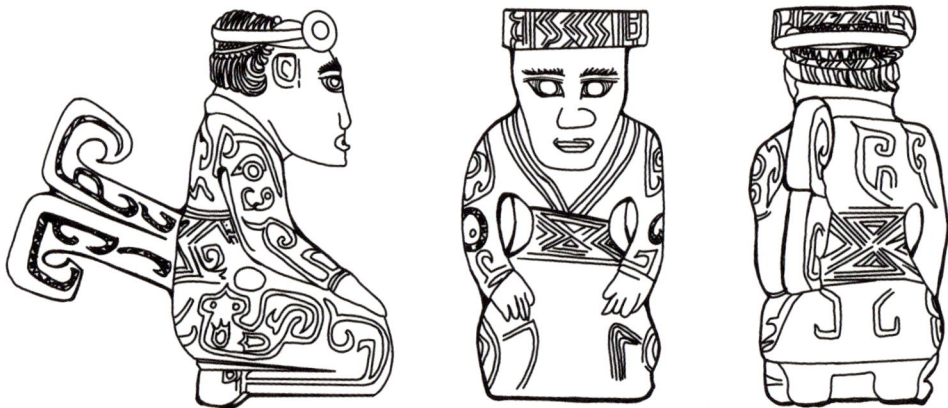

图2-1　安阳殷墟出土的商代玉人像❶

二、首服出现的目的

考古发现可以推断出首服出现的大致时间，却不能以此得知首服的出现原因。过去学者们对首服出现的原因主要持有以下三种观点：①保暖说，古时先人们宿野地居洞穴，严寒的天气是巨大的威胁，因此先人将兽皮穿在身上、戴在头上用以保暖。②装饰说，帽子作为一种非生存必要的物品，被认为是由于装饰需要而创造出来的。③精神需求说，正如需要等价物而创造钱币，钱币也始终作为等价交换物而使用，帽子一直作为身份象征、文化载体，最初也可能由于精神需求而被创造出来。这三种学说都有一定的理论支撑，但笔者认为，根据唯物主义哲学观，先有物质后有意识，物品都是先出现而后才有衍生的象征、装饰意义，因此笔者更倾向于实用说。然而，北方严寒地带的先人可能为保暖而制造帽子，南方湿热地带的帽子则不太可能因此而产生。由于帽子出现在文字产生之前，那么最早的文字可能将提供其来历。

1. 古汉字字源学视角下的首服类文字演变

众所周知，从商代到秦代（前206年结束）使用的汉字都称为古汉字，包括甲骨

❶　图片来源：王政手绘（参考周锡保的《中国古代服饰史》里提供的安阳殷墟出土的玉人像）。

文、金文、篆文这些象形表意文字，因其保留了象形特征，可以溯源这时期的文化，从而找到起源的新信息[13]。明末闵齐伋（1580—？）撰写的《六书通》[14]中的"帽"字写作"冃"，"冃"是"冒"的本字，表示将帽子套在头上，而"冒"又是"帽"的本字。杨帆[5]认为，帽子是由围在脖子上的"巾"逐渐上移而产生的，笔者不太赞同这个观点，因为对于"巾"的起源笔者更倾向于服装起源工具说[13]，即"巾"最初是由腰带演变而成的，而后位置逐渐上移。而杨正权[15]认为，古代僚人❶的"桦皮为冠"说明人们最早是将树皮顶在头上作为帽子。笔者认为，帽子的出现必然源于人们的需求，远古时期人们最迫切的需求是生存，因此帽子是作为人们寻求食物的工具而出现的可能性非常高。与狩猎的困难和草木的轻易获取相比而言，远古人类也许是用植物制作帽子，比如近代用于战争伪装的花草帽，其优良的隐蔽性同样可以帮助人类捕猎。结合甲骨文"帽"字推测的帽子角饰作用，笔者大胆推测第一顶帽子是远古人类使用草木树皮模仿兽首而制作的。

2. 帽子的产生是出于实用需求的可能性

毋庸置疑，帽子具有保暖防风等保护身体的作用。随着人类获取足够多的食物，必然产生防护的需求。杨正权认为，西南各族的缠头帕是为了保护头发不被荆棘勾挂，沙漠民族缠头帕是为了防沙[15]。笔者较支持这个观点，因为缠头帕的部分特性是普通帽子无法达到的，比如稳定性，帽子盖在头上，大风或其他勾挂物容易将帽子移动，缠头帕则缠在头上，牢固性更好，并且能将所有头发遮盖得严严实实，而除了北方严寒地区的帽子外，普通帽子只能盖住一半头部。实用需求必然与生活环境有关，那么帽子的产生在一定程度上也与自然地理条件相关。

从世界范围来看，寒带极寒地区因纽特人戴狼獾皮镶边的连衣帽，可以避免呼吸的水汽结冰；沙漠性干燥地区的头巾作为避光遮热的工具[16]；热带酷暑地区、多雨湿润地区、夏湿冬干地区里帽子并没有太大的实用意义，最多起到装饰的作用。而我国西南地区具有非常复杂的地形和"一山有四季"的立体气候，有山—坝、山—谷两种地貌，孕育着农耕业、半农半牧业、狩猎、畜牧业、刀耕火种等不同的生产方式，形成了奴隶制、封建领主制等多种社会形态和多种经济方式[15]，西南地区各个民族的帽子大体上分为皮帽和便帽，各民族居住地、生产方式及帽子类型的规律见表2-1。

---

❶ 僚人，古籍中多作"獠人"，音同"老"，曾长期生活在四川、重庆、广西、贵州、云南等区域。然而，从魏晋始见到宋元消亡，这个神秘族群彻底消失在历史长河之中。

表2-1　各民族居住地、生产方式及帽子类型[15]

民族	主要居住区	生产类型	帽子类型
藏族、普米族、傈僳族以及部分彝族、白族、纳西族	高海拔地区	畜牧、狩猎	皮帽（卷沿皮帽、毡帽等）
独龙族、怒族	山区	狩猎、畜牧业或刀耕火种	—
彝族、哈尼族	山区、半山区	半农半牧业	—
白族、傣族、回族	坝区	农耕业	便帽（草帽、箬帽）

　　笔者认为，气候可能促进了帽子的产生并决定其发展方向，如寒冷地区的民族为保暖而戴皮帽，并通过不断改变制造方式而提高御寒能力，温带地区的民族可能是为装饰或承载图腾而制造帽子。同时，生产方式也与帽子制作原料有关。坝区民族以农耕业为主，居住地地势平坦，植被丰茂，多用竹、草为原材料制作帽子，而高海拔地区的民族以畜牧业为主，植被稀少但毛皮材料丰富，因此常制作皮帽。同样，若是寒冷但植被丰富的地区，人们会使用植物制作厚重保暖的帽子。除此之外，植被环境也影响帽子的形制。比如山区的西南各族多山林灌木，树枝易勾挂头发，各民族因此用缠头帕包裹头部，而西北地区地势宽阔，植被稀少，各民族的帽子则小巧易脱，如维吾尔族和回族的帽子。因此，笔者认为，自然地理影响人们的实用需求，同时让人们使用不同原材料来制作抵抗自然条件的物品，其中包括帽子。

第二节　古汉字字源学视角下首服起源分析

　　笔者认为，应该站在反辉格史观的角度深入探索首服的起源，以古汉字字源学为依据，以科学技术哲学为指导，为首服起源于原始人类为获取食物将首服作为生存手段的观点进行引发和深入研究。同时，基于古汉字字源学视角下研究首服文化，其研究内容包括探析冕、弁、冠、帽、蒙、巾等先秦时期的主要的首服称谓在造字之初所代表的含义，分析它们的起源及历史发展，以及其字形结构随着时间推移后所代表的含义，透过这些研究内容再次印证首服起源的观点以及其背后所引申出的首服文化。

一、古汉字字源学视角下"冕"的起源分析

　　"冕"是中国古代非常重要的首服，它是先秦时期帝王、诸侯及卿大夫等参加祭祀典礼时最尊贵的礼冠。然而"冕"的起源现今仍有待考证，从古汉字字源学视角

下可以发现"冕"的字形演变过程，其构字方法（象形）很好地记录了古人的生活场域，映射了它最初的起源及历史发展。

1. "冕（免）"的起源分析

众所周知，"免"是"冕"的本字，上古时期（一般指夏朝之前）的"免"带有装饰性兽角，是上层贵族阶层的首服。表2-2为先秦时期"冕（免）"的部分古汉字字源分析表。其中甲骨文"🐾（免）"的构字方式为"🧍（人）"戴着"⋂（帽）"，它的帽子有"⋀⋀（角饰）"，这体现了"免"比"帽"高级，代表有角饰的高级帽子。到后来，篆文"🐾（免）"，误将甲骨文"🐾（免）"的"⋀⋀（角饰）"写成"𫝀（人）"。而之后的隶书"免"字，帽形完全消失。当"免"的"帽子"本义消失后，篆文再加"冃（冃）"，另造"冕"字代替"免"，这时传统意义上的"冕"才正式作为最尊贵的首服出现在古代历史长河中。从"冕（免）"的字源分析中，笔者认为："冕（免）"在先秦时期，只有身份地位较高者才能佩戴，其帽饰是带有装饰性意义的特定兽角，该兽角可能是古人对某种动物角有着图腾崇拜，他们常在诸如跳舞、祭祀等特定的场合或者仪式中佩戴，体现其权力、身份、地位的不同。

表2-2 反映先秦时期"冕（免）"的部分古汉字字源分析表

现代汉字	字源	字形分解	造字本义
免	🐾（甲骨文）	⌒（帽子）+ 𫝀（人）	戴在头上的帽子
	🐾（甲骨文）	⋂（帽子）+ 🧍（人）	人头上戴着有角饰的帽子
	🐾（甲骨文）	⋂（帽子）+ ⋀⋀（角饰）+ 𫝀（人）	表示"免"比"帽"高级，有角饰的高级帽子
	🐾（金文）	⌒（帽子）+ 𫝀（人）	承续甲骨文字形🐾
	🐾（篆文）	𫝀（人，误写）+ ⌒（头套）+ 𫝀（人）	误将甲骨文⋂（帽）的角饰⋀⋀写成"人（𫝀）"
	免（隶书）	缺	帽形完全消失
冕	縌（篆文）	糸（糸，蚕线）+ 冕	以"糸"系代"冃"冃，强调帽子的丝品流旒
	冕（篆文）	免（免）+ 冃（冃）	古代官员有旒的礼帽
	冕（隶书）	将篆文的冃写成冃，将篆文的冕写成免	当"免"的"帽子"本义消失后，篆文再加"冃"另造"冕"代替

2. "冕"和"帽""蒙"的区别

从古汉字字源角度上看，"冕（免）"属于更高级的首服，为权力阶层于正式场合穿戴，"帽""蒙"都属于生存手段，是捕猎时的伪装工具或者直接工具。首先，从"冕（冕）""帽""蒙"的字形演变对比中发现，虽然字形结构中都有帽子帽饰，但它们所代表的意义存在很大的区别。笔者认为，首先，"冕（冕）"的构字方式及角饰特点相比于"帽""蒙"更加高级，"冕"的帽饰为装饰性角饰，只有部落首领等有身份的人才能穿戴，用于祭祀舞会等正式场合，彰显其身份地位。其次，"帽"出于生存需要，服务于猎人，见表2-2，其甲骨文字形中的角饰更像是兽角直接装在了帽子上，可见其狩猎用途，且穿戴要求对身份地位没有限制，其角饰特点体现了古人对动物角有着天生的力量崇拜，即在狩猎中看起来不弱小，并让大型动物恐惧。最后，"蒙"也更多是在狩猎时穿戴，是打猎时的直接工具和伪装工具。甲骨文"𩇢（蒙）"即"𦉳（帽子）"套住"𧈢（小鸟或野猪）"，起到了捕猎工具的作用，篆文"𩇢（蒙）"即"𩇢（帽子）"顶着"𐐀（草或掩饰物）"，起到了捕猎时的伪装效果。由此可见，"冕"与"帽""蒙"的差别，也可以看出三者的不同用途，体现了最初"冕"的特殊和地位崇高，以及"帽""蒙"出于生存需求而产生的过程，它们的字形起源背后蕴含了深厚的首服文化。

3. "冕"的历史发展

古汉字中的象形文字是类似于绘画的形式，能很好地记录古人的生活场域，反过来，特定时期的古人绘画内容也可以印证古汉字的字形结构，从而表现其文字背后蕴含的特征及内容。笔者认为，在上古时期（一般指夏以前的时代），"冕"是部落首领或有身份地位的人才能穿戴的，它的字形结构中有带角饰的帽子象征着权力与地位，这一点从我国许多上古时期的壁画中可以发现。如图2-2所示为云南沧源岩画（上限可能在新石器时代或青铜时代，下限大约在春秋战国时期），其中出现了太阳神巫祝、宴会舞蹈、部落战争等场景，壁画中上古先民盛行用兽角作为头饰的风俗，其画中的大量头饰物以牛角为主体，并且牛角头饰较多戴在体型高大的显要人物头上，显示出角往往是作为权力、地位的象征而出现的。而古汉字中象形文字的发展是根据生活场域绘制的，甲骨文"𩇢（冕）"的构字形式与许多上古岩画的生活场域不谋而合，从而也更加印证了上古时期"冕"的独特及尊贵。据当地的考古分析，在崖画中，出现次数最多的动物当属水牛，且在现今的佤族❶村寨中水牛的头骨

---

❶ 佤族，中国少数民族之一，民族语言为佤语，属南亚语系孟高棉语族佤德语支，没有通用文字，人们用实物、木刻记事、计数或传递消息。佤族主要居住在中国云南省西南部的沧源、西盟、孟连、耿马、澜沧、双江、镇康、永德等县和缅甸的佤邦、掸邦等地，中国境内还有一部分佤族散居在保山市、西双版纳傣族自治州、昆明市和德宏傣族景颇族自治州等地。

也随处可见，说明水牛是当地名副其实的动物图腾，人们对水牛有着图腾崇拜并转移到首服上，也因而证明其壁画中戴牛角帽饰的意义有更多是宗教祭祀的因素。《帝王世纪》里说神农"人身牛首"[16]，实际上就是他的头上戴了角形装饰，这个角形装饰就是其地位的标志。

图2-2　云南沧源岩画（新石器时期）❶

毫无疑问，随着中国古代生产力与文化的发展，人戴有动物角饰的帽子（尤其是贵族），逐渐成为蛮夷的化身，"免"字的字形演变恰好印证了其过程。如表2-2可见，到了商周时期（约前1600—前256年），其刻在青铜器上的金文告诉我们，"免"和"帽"都已去掉角饰，随着社会生产力与文化的发展，首服"免"和"帽"已经去掉"兽角"，然后用"冕"正式代替"免"。笔者认为，这正是"冕"的由来。为了显示其文明高级性，篆文"𥈞（冕）"正式取消字形结构中帽子的兽角角饰并戴上"冃（冒）"，"冕"字延续了"免"作为尊贵首服的造字本义，它在商周作为尊贵礼冠的一种，作为最尊贵的首服在祭礼等重大场合使用。

"冕"的形制到了周代已发展出完善的体系，在先秦时期的冕服制度中，根据功能、形制的区别，分为六种服色。谓大裘冕、衮冕、鷩冕、毳冕、绨冕、玄冕。这六种冕服分别用于不同的场所，在纹饰和样式的使用上也有所区别。据《周礼·春官·司服》记载："王之浩服：祀昊天上帝，则服大裘而冕，祀五帝亦如之；享先王则衮冕；享先公飨射则鷩冕；祀四望山川则毳冕；祭社稷五祀则绨冕；祭群小祀则玄冕。"[17]大裘冕、衮冕、鷩冕、毳冕、绨冕、玄冕这六种冕适用场合与规格大致见表2-3。

---

❶　图片来源：王政手绘（参考部分新石器时期的云南沧源岩画）。

表2-3 先秦时期的六种冕服[18]❶

名称	形制图片	适用场合与规格
大裘冕		周天子祭祀上天的礼服，为冕服中最贵重者。用于帝王祭祀天。为冕与中单、大裘、玄衣、纁裳配套。纁即黄赤色，玄即青黑色，玄与纁象征天地的色彩，上衣绘日、月、星辰、山、龙、华虫六章花纹，下裳绣藻、火、粉米、宗彝、黼、黻六章花纹
衮冕		用于帝王祭祀先王。为冕与中单、玄衣、纁裳配套，上衣绘龙、山、华虫、火、宗彝五章花纹，下裳绣藻、粉米、黼、黻四章花纹
鷩冕		用于帝王祭祀先公、行飨射典礼。为冕与中单、玄衣、纁裳配套，上衣绘华虫，火、宗彝三章花纹，下裳绣藻、粉米、黼、黻四章花纹
毳冕		用于帝王祭祀山川。为冕与中单、玄衣、纁裳配套，衣绘宗彝、藻、粉米三章花纹，下裳绣黼、黻两章花纹
絺冕		用于帝王祭祀社稷。为冕与中单、玄衣、纁裳配套，衣绣粉米一章花纹，裳绣黼、黻二章花纹
玄冕		用于帝王参加小型祭祀活动。为冕与中单、玄衣、纁裳配套，衣不加章饰，裳绣黻一章花纹

❶ 图片来源：王政手绘（参考：聂崇义.新定三礼图[M].上海：上海古籍出版社，1985.）。

二、古汉字字源学视角下"弁、冠"的起源分析

冕是最尊贵的首服，其次分别为弁与冠。正如周锡保所言："弁与冠自天子至于士都得戴之，到周代冕与弁遂分其尊卑，即冕尊而弁次之。"[10]先秦时期，弁的地位仅次于冕，弁、冠乃天子至于士皆可佩戴，是贵族所穿戴的首服。笔者从古汉字字源学上分析其起源发现，"弁""冠"不仅在身份等级上不同，同时在成人礼仪式上也有所区别。

1."弁"的起源分析

"弁"字造词本义是正式场合或成人礼中的"戴冠"仪式，非常强调动作的仪式感。弁的称谓的出现最早可见《诗经·齐风·甫田》："婉兮娈兮，总角丱兮。未几见兮，突而弁兮。"[19]其含义是：漂亮孩子逗人怜，扎着小小羊角辫。才只几天没见面，忽戴冠帽已成年。由此可见，弁在先秦时期，最初代表戴帽子，即戴孩童成年时的首服。表2-4为先秦时期"弁"的部分古汉字字源分析表，其甲骨文、籀文❶、篆文的造字结构都表达着"𦥑（双手）"举着"𦥑（帽子）"，其字形结构强调动作的仪式感。因而弁的造字本义是动词，意为戴帽子，其造字本义是指古代男子年满二十岁时必须在宗庙中举行加冠的仪式，由父亲主持并指定贵宾为其行加冠礼，标志进入成年，从此享有成年人的社会权利与义务。所以，弁最初作为动词表示"戴冠"，强调戴冠的动作和仪式感，主要场合是古代男子的成人礼。

表2-4 反映先秦时期"弁"的部分古汉字字源分析表

现代汉字	字源	字形分解	造字本义
弁	（甲骨文）	𦥑（双手持举）+ ◻（帽子）	双手持举帽子戴在头上
	（金文）	◦（帽子）+ 𦥑（双手）	承续甲骨文字形
	（篆文－籀文）	（囊袋状的东西）+（双手）	双手举起囊袋状的东西戴在头上
	（篆文）	（帽饰）+（帽子）+（人）	人戴着有帽饰的帽子
	（篆文）	（套入）+（双手）	双手把帽子套入在头上

"弁"在后来更多作为名词，指代各类形制的弁冠，其仪式比起普通的冠更为正式、高级，且多为贵族、大夫等地位高者所穿戴。如《尚书·金縢》："王与大

---

❶ 籀文（zhòu wén），是古汉字中一种书体的名称，又称"大篆""籀书"。籀文起于西周晚年，春秋战国时期行于秦国，字体与秦篆相近，但字形的构形多重叠。许慎所著《说文解字》以小篆为正字，《说文解字》收录的籀文，可称为"《说文》籀文"。

夫尽弁。"[20]这里指王与大夫需戴弁；同时《左传·僖二十八年》中："子玉自为琼弁玉缨。"[21]指的是楚国贵族子玉（？—前632）制作精美马弁。可见，弁在先秦时期多为贵族、大夫所戴，其佩戴者地位更高、身份显贵。而弁最早作为周代男子的礼冠，有皮弁、韦弁、爵弁等多种形制，如表2-5所示，不同的材质与不同的礼服相配合使用于不同的场合，后泛指帽子。其中，皮弁是武冠，用于田猎或征伐时佩戴，爵弁是文冠，用于祭祀时佩戴，从《三礼图》所绘的皮弁和爵弁尤其是爵弁的样式来看，样式已经非常接近后来冕冠的样式。到了周代，弁已经有了细致的分类，且不同种类的弁具有不同的象征意义和功用，可以由弁确定服弁者的身份等级。看来周代的弁服制度已经形成并有具体之规制。周代的弁服已被赋予了深刻的阶级内容和文化内涵，服饰的政治功能日渐凸显，同时也为后世等级服饰制度奠定了基调[22]。

表2-5　先秦时期部分"弁"的形制❶与适用规格[10]

名称	形制图片	适用人群及规格
爵弁		礼弁中仅次冕冠的一种，形制如冕，无旒，前后平。以细布或丝帛制成，颜色如雀头，赤黑色，赤多黑少
皮弁		也称"皮弁冠"。周礼规定的天子、诸侯、大臣所戴冠帽的一种，主要用于天子视朝、诸侯告朔。长七寸，高四寸，制如覆杯
韦弁		周代天子、诸侯、大夫在兵事时所戴的礼帽
冠弁		周礼规定天子田猎时的冠式，在玄冠之上加形似皮弁的皮帽

❶ 图片来源：王政手绘（参考：周锡保.中国古代服饰史[M].北京：中国戏剧出版社，1984.）。

2."冠"的起源分析

众所周知,"冠"字没有甲骨文和金文,但是甲骨文中有一个形体,如表2-6中的"𠕁",似乎可以解读为"冠",它的甲骨文"𠂊(人)"戴有"⌒(斗笠般的帽子)",其构字理据与战国时期楚简中的"冠"字是相通的,因为楚简的"冠"字是由上部的"冃(帽子)"和下部的"人头(元)"构成的。而从后来"冠"字的篆文字形来看,又增加了"手形(寸)"的"寸",上部是"冖(帽子)",内部是"人的头(元)"。因为"寸"是表示人的手,故与手的动作有关,整体即表示用手将帽子戴在头上的意思。也就是说"冠"的造字的本义是个动词,指的是用手戴帽子,具有仪式感,最初作为古代男子成年礼的仪式存在。"冠"字《说文解字》卷七"冖部":"冠,絭也。所以絭髮,弁冕之总名也。从冂从元,元亦声。冠有法制,从寸。"《说文·糸部》许慎用"絭"(juàn)来解释冠,据《说文·糸部》:"絭,攘臂绳也。"[23]可见"絭"有束缚之义,冠是用来约束头发的首服,许慎将其解释为"弁冕之总名也"是正确的,但其中对"从寸"的原因的解释,即"冠有法制,从寸"并不符合字源学视角下的造字本义,许慎的意思是冠是讲究规格尺寸的,所以"从寸"。其实,"冠"字中的"寸"不是作为长度单位的寸,而是表示手,即用手去戴帽子的意思。后来人们更看中"冠"的名词义,于是"冠"更泛指我国古代首服的总名。

表2-6 反映"冠"的部分古汉字字源分析表

现代汉字	字源	字形分解	造字本义
冠	𡨄(楚简)	冃(帽子)+夭(头)	帽子戴在人头上
	𡩃(篆文)	冂(帽子)+𠂊(人)+寸(寸,抓)	手持帽子戴在头上
	𠔾(隶书)	冖(帽子)+元(头)+寸(手)	用手戴帽子
	冠(楷书)	冖(帽子)+元(头)+寸(手)	用手戴帽子
未知字	𠕁(甲骨文)	⌒(帽子)+𠂊(人)	人头顶着帽子

因而"冠"最初的意思是指"戴冠"。例如,《楚辞·屈原·涉江》"带长铗之陆离兮,冠切云之崔嵬"[24]。由于"带"和"冠"都是动词,而长铗即长剑,切云是现今学者普遍认为的高冠,原意即:带长剑,戴切云冠。又《孟子·滕文公上》:"'许子冠乎?'曰:'冠。'曰:'奚冠?'曰:'冠素。'"[25]这段话中四个"冠"字都是动词"戴冠"的意思。"戴冠"其背后引申出的服饰文化内涵,让"冠"一方面代表着男子成年冠礼,如《论语·先进》:"冠者五六人,童子六七人,浴乎沂,风乎舞雩,

咏而归。"[26]这里的"冠者"应该是指行过冠礼的成年人。又如《左传·成公二年》："二君弱，皆强冠之。"[21]这句是说还不到成年却勉强行冠礼。另一方面代表着"戴冠"的人地位尊崇，"冠"作为"首"的配饰，当它作为动词表达时，则也表示地位尊崇，居于首位。如《韩非子·难三》："夫尧之贤，六王之冠也。"[27]又如汉代王褒《四子讲德论》："今圣主冠道德，履纯仁，被六艺，佩礼文。"[28]这些"冠"都表达了人的地位不凡。

3. "弁"与"冠"的异同

《周礼·春官·司服》云："凡服尊卑之次，系于冠，冕服为上，弁服次之，冠服为下。"[17]可见，在周代弁冠就已有等级之分，即弁比冠更加尊贵，两者皆为贵族穿戴。两者在古汉字字源视角下，最初的含义都为动词，表达一种戴帽子的仪式，其中篆文"冠（冠）"指"人的手（寸）"戴"帽子（冖）"在"人的头（元）"上，故与手的动作有关，整体表示用手将帽子戴在头上的意思。而的金文"弁（弁）"指"弁（双手）"举着"°（帽子）"，更加强调戴帽子动作的仪式感。两者的造字本义都是指古代男子年满二十岁时的加冠仪式，标志其进入成年，从此享有成年人的社会权利与义务。但"弁"相比于"冠"，弁的字形结构中强调"弁（双手）捧帽子"，而"冠"则是"寸（单手）持举帽子"，由此可见，"弁"在古汉字字源学的视角下，在造字之初其形制相比于"冠"就更具有仪式感，其背后代表的身份地位也有所区别。笔者认为，"弁"在远古时期不仅代表着成年礼的仪式，还可能代表着某种正式的祭祀仪式或者一些非常重要的戴冠典礼，而冠的等级就相对要差一些，它属于士以上的一种常规的戴冠仪式，逐渐演变为各类冠帽的总称，并随着服饰礼仪制度的不断发展，到了后世作为一种常用的成人礼戴冠仪式的首服出现。

三、古汉字字源学视角下"帽""巾"的起源分析

"帽""巾"都是中国古代重要的首服的泛称，在先秦时期，首服"帽""巾"不同于"冕、弁、冠"需要贵族的身份才可饰戴，它们的穿戴人群大多为庶民百姓，古汉字字源学视角下反映了其造字起源时的生存背景，体现了其特殊的用途以及首服文化。

1. "帽"的起源分析

帽，亦作"冒"，指帽子，从古汉字字源学角度上看，首服"帽"是上古人类捕猎时的生存工具。表2-7反映先秦时期"帽"的部分古汉字字源分析，其中甲骨文"帽（帽）"由"∩∩（兽首状的角饰）"加上"冃（头套的形状）"组成，体现

了古人对动物角有着力量崇拜，即为了在狩猎中看起来不弱小，并让大型动物恐惧，因此在狩猎中戴装饰着凶猛兽角的帽子。考虑到兽首不易保存，这种头套可能是使用其他材料模仿带角兽首而制作的。因此，笔者认为，最早帽子的出现原因并不只是为了保暖，否则兽皮足矣，无须增加角饰，最有可能是为了模仿动物，即模仿大型动物的兽首，从而使狩猎者在野外环境中处于有利地位。前文解释过"免"与"帽"的区别，戴"免"的人地位高，且场合为舞宴祭祀等正式场合，戴"帽"主要是野外狩猎的人穿戴，不限身份地位。但从上古时期的社会分工及阶级差异来看，狩猎的过程危险且任务繁重，从事这类生产活动的人一般地位较低，又因戴"帽"的人与捕猎行为更加密切，可见，在上古时期，戴"帽"的人一般是从事生产活动的地位低的人。与此同时，甲骨文"蒙"字中用于罩住小鸟的是没有角饰的"帽"，表明捕鸟的"帽"并不需要角饰，说明带角饰帽子是在捕猎大型动物的时候才能发挥作用。随后人们生活稳定下来，"帽"字逐渐强调佩戴位置位于眼睛之上，角饰也被去掉。至篆文时期"帽""免"才加上"巾"或"丝"用以强调帽子的材料特征。

表2-7 反映先秦时期"帽"的部分古汉字字源分析表

现代汉字	字源	字形分解	造字本义
帽	（甲骨文）	（有带球结的角饰）+（头套的形状）	带球结角饰的头套
	（甲骨文）	（角饰）+（网）	头套形状写成"网"（罩），强调"冒"的"头罩"功用
	（甲骨文）	（角饰）+（头套）+（指事符号，表头部）	强调帽子在头上
	（金文）	（头套）+（目）	表示半套头部露出眼睛、戴在头上没有角饰的帽子
	（诅楚文）	（头套）+（目）	承续金文字形
	（篆文）	（头套）+（目）	承续金文字形

2. "巾"的起源分析

从古汉字字源角度上看，虽然笔者倾向于"巾"的原料为皮质的推论，但"巾"字的结构在某种程度指向草。表2-8为先秦时期"巾"的部分古汉字字源分析表，其中甲骨文"巾（巾）"为"草（屮）"的倒写，即表示"倒垂的草"，其造字本义正如其甲骨文字形一样，意为远古先民用于遮羞的草裙。笔者认为，巾在远古时期即为遮羞的草裙，满足氏族社会的日常需求，随着时间的推移"巾"逐渐上移，最终成为"头巾"，即我们熟知的含义。这一点可以从"裙"的字形演变中看到，篆文"裙（裀）"的出现逐渐代替"巾"原本作为草裙的造字含义，其造字结构为"君（君）"+"巾，布（巾）"，表示古代男子遮羞的布巾。正是如此，巾不再作为草裙的含义，逐渐上移成为头部的配饰，笔者认为，"巾（巾）"即倒垂的草戴于头部，非常有利于在狩猎中伪装，很可能与首服"帽""蒙"一样，属于狩猎中的伪装工具，并且由于穿戴"巾"像是穿戴"遮羞的草裙"，不管造型和材质都并不体面，所以这也是巾在先秦时期地位非常低的原因，大多是庶民百姓穿戴。

表2-8 反映先秦时期"巾"的部分古汉字字源分析表

现代汉字	字源	字形分解	造字本义
巾	巾（甲骨文）	Ψ（草），即倒写的草	表示倒垂的草，即远古先民用于遮羞的草裙
	巾（金文）	Ψ（草），即倒写的草	延续甲骨文
	巾（篆文）	Ψ（草），即倒写的草	延续甲骨文

正因如此，由于头巾多用于庶民，故出现以头巾称呼庶民的情况。如春秋战国之世，兵士常常以青色巾帕裹头，于是将士卒称为"苍头"，且古代将庶民称为"黔首"，也缘于裹在头上的头巾。黔为黑色，以黑色布帕裹头，是当时庶民百姓的普遍装束。与苍头、黔首相类似的称呼还有"黎民"，也从头巾引发而来。黎和黔一样，都是指黑色。古时平民不能戴冠，多是在发髻上覆以巾。在劳动生产之时又兼作擦汗之布，可谓一物两用。通常以缣帛为之，裁为方形，长宽与布幅相等，使用时包裹发髻，系结于颅后或额前。扎巾习俗的出现，最迟不晚于商周，据《周礼》《礼记》等书记载，男子年满二十，例应行加冠之礼，礼毕，即根据各人的身份选择首服，士以上的尊者可以戴冠，平民百姓则裹头巾[29]。

第三节 ｜ 中国古代首服文化

依据相关古汉字的意义，通过首服的起源分析引申出先秦时期古代首服的文化内涵，其中包括生存需求、精神需要、社会地位、成年礼制等方面。并且随着生产工具的改进、生产力的提高，原本作为捕猎工具的首服逐渐发展为礼仪文化中的重要道具，成为权利与义务的象征。到了商周时期，冠礼制已经非常完备，形成一套过程烦琐、等级森严的礼仪制度。并且由古汉字的字形分析可知，从远古时期到先秦时期中国首服分类逐渐细化，并且在社会生活中充当着重要社会功用。首服随着时代不断变化，从先秦时期发展而来的首服文化影响源远流长，不断影响着后世服饰文化的发展。

一、古汉字视角下首服起源的文化内涵

从古汉字字源学视角下看，先秦时期首服起源的文化内涵包括以下几点：即生存需要的延伸、精神需要的表现、社会等级的象征、礼制及成人仪式的体现。

1. 生存需要的延伸

笔者认为，最初首服的出现和发展源于古人的生存需要，这一点可以从上文中"帽、蒙"等字源演变分析中可见。故其背后折现出先秦时期古人从部落社会向封建礼仪社会发展的文化现象，即古人将自身衣物作为捕猎时的手段，其中就包括首服，且古人出于生存需要为抵御严寒及大风，从而制作首服起到保暖防风等实际用途。杨正权认为，西南各族的缠头帕是为了保护头发不被荆棘勾挂，沙漠民族缠头帕是为了防沙[1]。笔者倾向于这一观点，在当时，首服作为古人服饰的一部分，起到一种特殊的装饰功能和实用功能，最贴近人类延续和发展的客观规律。

远古时期人们最迫切的需求是生存，笔者认为，帽子的出现必然源于人们的需求，因此帽子作为人们寻求食物的工具而出现的可能性非常高。狩猎的困难与草木的轻易获取相比而言，远古人类也许是用植物制作帽子，比如近代用于战争伪装的花草帽，其优良的隐蔽性同样可以帮助人类捕猎。结合甲骨文"帽"字推测的帽子角饰作用，笔者大胆推测第一顶帽子是远古人类使用草木树皮模仿兽首而制作的，很大程度上是出于狩猎、保暖等实用需求，其原型最有可能是模仿兽首而制造的兽皮或树皮头套，目的是在狩猎时进行伪装。同时，从甲骨文"蒙"的字形分析来看，首服不仅作为打猎时的伪装工具，还作为捕猎的直接工具。这一点可以从甲骨文"🐦（蒙）"字的字形分析中看到，"🈁（帽子）"套住"🕊（小鸟或野猪）"，可见，帽子可以在捕猎时去套住猎物，从而帮助狩猎者抓取小动物。

早期的首服还体现了古人对动物的力量崇拜，将动物角作为帽饰从而成为捕猎的一种手段。由甲骨文"🦌（帽）""🦌（免）"的字形中的帽饰可见一斑，其字形中的兽角帽饰体现了古人对动物角有着力量崇拜，由于人天生崇拜强大的力量，为表现这种力量，古人将代表力量的动物角放到了帽饰上，这种帽饰文化反映了上古时期人们的一种生活方式，即在狩猎活动中为了看起来不弱小，或者让大型动物感到

---

❶　杨正权.论地理环境对中国西南民族服饰文化的影响[J].楚雄师专学报，1991（4）：39–47.

恐惧。因此，在狩猎中戴装饰着凶猛兽角的帽子，而其行为最有可能是为了模仿动物，即模仿大型动物的兽首，从而使狩猎者在野外环境中处于有利地位。

2. 精神需求的表现

众所周知，远古时期人们无法达到丰衣足食的生活状态，在困难时期则需要精神慰藉，比较著名的有图腾崇拜、天体崇拜、神话传说以及宗教信仰等。这一点从甲骨文"𡭴（兔）"的字形可以见得，戴"兔"的人跪求上天，亦为祈求上天庇佑，抑或是在做一种祈祷。因而首服的出现也逐渐成为这些精神需求的载体，笔者主要探讨因精神需求所产生的首服其背后所蕴含的首服文化。

普遍认为人类文化史上最古老的现象是图腾崇拜。图腾意为亲族，图腾崇拜也就是希望和某种动植物成亲缘关系，以获得该动植物的特性，如西藏山南市的猴图腾是族人希望拥有猴子的攀援本领。在额尔德木图看来，图腾可以看出当时人们的迫切需求，如某时期蒙古族的狼图腾是在狩猎时期产生和发展的。蒙古族在帽子上插鹰的羽毛或采用鹰的外形制作帽子，既表现萨满教的图腾崇拜，又具有实用功能和审美价值。除了少数民族，汉族也同样有图腾崇拜。传说是由有娀氏（今山西永济西）之女吞玄鸟卵而诞生了商族祖先[30]，而后玄鸟逐渐演变为神鸟凤凰，因此殷商民族的图腾就是凤凰，只有太后、皇太后、皇后在祭祀时才能佩戴凤凰头饰。后来平民女子也想当皇后，便称婚礼时所戴的冠为凤冠[31]。

殷商民族在首服上体现对图腾的信仰，而楚人则将首服作为沟通信仰的工具。"楚人信巫。"为了得到天神的旨意，楚人找到能与神沟通的中间者——巫。裴明相在《楚文化觅踪》[32]中描述巫的三种帽子：一种是黄色帽子，前有鸟首，后有鹊尾，另一种是上平细腰的黄色高顶帽子，还有一种帽子并没有详细描述。第一种帽子的鸟首鹊尾象征着让鸟雀将人们的愿望传达给天神，第二种帽子的高顶代表着人们希望接近天神。笔者认为，对于少数民族和殷商民族而言，首服是表达图腾信仰的一种工具，图腾可以体现在帽子上，也可以体现在服装、鞋袜之类的服饰上。对于楚人而言，头部作为人站立时的最高点，是他们追求与天神沟通过程中必选的位置，首服则为必选的载体。前者信仰图腾，希望得到图腾神的垂怜，体现出被动性；后者则是追逐自己的信仰，尽自己最大努力与神灵交流从而达成愿望，体现他们的主动性。因此，与楚人类似，远古人类也可能为了沟通信仰而制造戴在头上的首服。

3. 社会等级的象征

首服从一开始就具有了表明等级身份的基因，在新石器时代晚期就表现得非常突出。例如，良渚文化遗址中出现的羽毛大冠，显示出庄重和威严，这种冠式可能是巫师等神职人员在进行某种仪式时所戴，或戴这种冠的本来就是所崇拜的神人。先秦时期，首服就已经是等级区分最为主要的标志之一。首服的戴用也和一定的身份相联系，人们可以通过戴冠清楚地辨识其社会身份。其中，冕正是从古代氏族首领头上的兽角发展来的，冕作为冠的一种，主要在祭礼等重大场合使用。《仪礼·士冠礼》："周弁，殷冔，夏收。"❶意即先秦三代都是服用冕的，并且作为一种最为贵重的礼冠来使用[33]。到了春秋战国时期，从当时的人物形象来看，冕、弁、冠的等级区别更明确。《说文》中指出："冠有法制，故从寸。"段玉裁❷（1735—1815）注："析言之，冕弁冠三者制异。浑言之，则冕弁亦冠也，谓尊卑异服。"[34]冕是大夫以上贵族在祭礼场合和冕服配套使用的礼冠，为了区分等级，帝王、诸侯、大夫的使用有明确的详细规定。《说文》中又言："冕，大夫以上冠也。"段注："大夫以上有冕，则士无冕可知矣。"由此可见，"冕"毫无疑问是拥有最高权力者才可戴的首服。"弁"也是当时贵族所戴的表示尊贵之位的冠，它是次于冕的另一种较为尊贵的礼冠，有皮弁、韦弁、爵弁等多种形制，不同的材质与不同的礼服相配合使用于不同的场合，后泛指帽子。《荀子·富国》中记载："礼者，贵贱有等，长幼有差，贫富轻重皆有称者也。故天子袾裷衣冕，诸侯玄裷衣冕，大夫裨冕，士皮弁服。"❸这段话的意思是：所谓礼，就是贵贱有等级，长幼有差别，贫富地位高低有相应的规定。钱玄指出："冠，首服之总称……冕，首服之最尊者。"[35]综上所述，早在先秦时期，首服就已经是社会等级的象征，普通的冠一般作为贵族成年男子所戴的首服，其中冕为最为尊贵，弁次之，而普通平民无法佩戴"冠"，帽巾多戴用于士庶百姓。

4. 礼制及成人仪式的体现

在中国古代，首服的穿戴仪式成为男子成年的标志，同时古时成人礼是关乎国家及氏族兴盛的大事。男子成人行"冠礼"，即成人后可以为官，可以服役，从此之后可以为国家担当。女子的成年也同样重要，女子行笄礼后即示成人，可以嫁人

---

❶ 彭林.仪礼全译[M].贵阳：贵州人民出版社，1997：35.

❷ 段玉裁（1735—1815），清代文字训诂学家、经学家，字若膺（曾字乔林、淳甫），号懋堂，晚年又号砚北居士、长塘湖居士、侨吴老人，江苏金坛人。龚自珍外公。乾隆二十五年（1760年）举人，历任贵州玉屏、四川富顺、南溪和巫山等县知县，其中于乾隆三十八年（1773年）至三十九年（1774年），乾隆四十年（1775年）至四十一年（1776年）两任富顺知县。引疾归，居苏州枫桥，闭门读书。段玉裁曾师事戴震，爱好经学，擅长探究精微的道理，获得广博的知识。长于文字、音韵、训诂之学，同时也精于校勘，于诸家小学的是非都能鉴别选择，是徽派朴学大师中杰出的学者。

❸ 荀况.荀子全译[M].蒋南华，罗书勤，杨寒清，注译.贵阳：贵州人民出版社，1995：175.

生子，繁育后代，为国家培养人才和劳力，这是国家兴盛的必要条件。冠礼的重要性在很多古籍中可以见得，其中《墨子·节用篇》曰："昔者圣王为法曰：丈夫年二十，毋敢不处家。女子年十五，毋敢不事人。"[36]可见，古代男女只有在行过冠笄之礼后，才能得到社会的承认，才算是成年，才有结婚、生育的权利。在首服的加冠典礼上，古代的男子成人礼戴冠仪式多是戴弁或冠，其中弁的形制更为高级，可以从前文的"弁""冠"的字形分析中可见，"𦥑（弁）"的字形中"𦥑（双手）"举着"𦥑（帽子）"，更加强调双手托举戴帽的仪式感。而篆文"𩠐（冠）"指"𦓐（人的手）"戴"冃（帽子）"在"𠓜（人的头）"上。其单手托举的仪式感就没有"弁"强，这也从侧面反映了戴"弁"的人地位更加尊贵，"弁"在冠中属于更高级更尊贵的一种。而从古汉字字源分析的过程中也可以看出，首服在中国古代成人礼的重要性，它不仅代表着男子成年的标志，也展现着中国古代源远流长的首服文化。

二、先秦时期男子成人礼首服

按照先秦礼制，士族以下男子行冠礼是缁布冠或巾帻，士族大夫以上二加皮弁、三加爵弁、楚王作为诸侯可四加冕冠。缁布冠、皮弁、爵弁在称谓、含义抑或属性上与中原相同，可以看出中原文化对于楚地的影响。然而，在形制上，楚地男子成人礼首服有着自身的独特风格，我们需将其与文献中记载的先秦成人礼首服进行比较分析，厘清其原貌。

1. 先秦缁布冠形制与其政治权利体现

表2-9为缁布冠记载与出土资料。"始冠缁布冠，自诸侯下达"[37]，先秦楚地冠礼也不外乎这一点，冠礼日期等事宜在楚简中也有记载[38]。庶民初加冠表示成年，有着承担家庭责任的寓意，而对于士族而言，始加"缁布冠"，则授予其"士"的身份，标志着已跻身于士阶层，有了"治人""治世"的权利，可以领导群众，管理众人[39]。皇帝进行冠礼的寓意在于储君成人的亲政之礼，年幼的君主继位之初，外戚或大臣掌权，这是王权的旁落，成人后应将管理大权归还给君王，归政时间即皇帝举行冠礼之日，所以冠礼对于王权政治具有很强的稳定作用[40]。《左传》中也有与楚地相关的冠礼记载："宣公使求好于楚……彭名御戎，蔡景公为左，许灵公为右。二君弱，皆强冠之。"[41]"强冠之"说明这两位国君不足加冠之年，而出师前勉强行礼。可见楚地虽远中州，但于各地的政治文化交流中也受到传统冠礼制度潜移默化的影响。《礼记·玉藻》中也记载"玄冠朱组缨，天子之冠也；布冠缋緌，诸侯之冠也"❶。

---

❶ 陈澔.礼记[M].上海：上海古籍出版社，1987：168.

一项缁布冠可见天子与诸侯之分别，充分说明先秦周礼下缁布冠的政治属性，先秦楚地冠礼中强烈的政治意味和士族资格属性也可从缁布冠体现。

表2-9　缁布冠记载与出土资料

形制与图像来源	冠帽图像
缁布冠图像（根据新定三礼图整理绘制）冠体、武、缺项、青组缨四部分组成，武于冠体下塑体固冠，缺项绕于颈上四角绕于武上，缨带固发，青组缨结于颌下固定	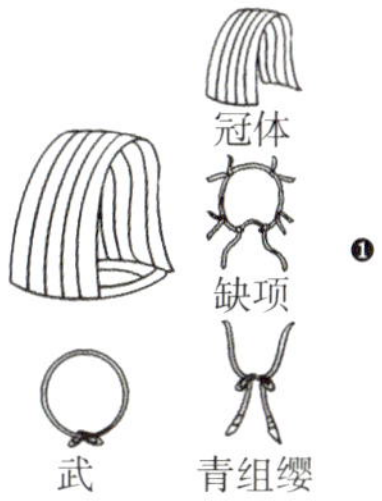
长沙楚墓彩绘漆着帽结缨人物像（部分）形制如右图，呈现小帽式冠体结构，上有进贤冠式展筒，下颌系结	
进贤冠像（据后汉书·舆服制整理绘制）	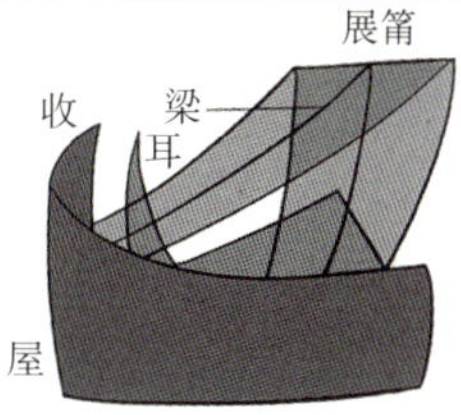
荆州博物馆玉人与陶俑像 椭圆形的小帽形制，直径比头略宽，帽檐垂下	
西汉马王堆出土漆缅纱冠	

❶~❹ 图片来源：吴倩倩手绘。
❺　图片来源：搜狐网。

"彼都人士，苔笠缁撮"[19]，学者们认为楚俑所戴的小圆冠接近于中原的矮冠，很可能是文献中记载的楚地冠礼所用缁布冠[42]。这种小冠在楚地出土的人俑、绘画中都很常见。此冠即庶人所加之缁布冠，男子成年加冠后作为常见的首服穿着，从出土的木俑小像来看也与其身份相匹配。如河南信阳长台关楚墓出土的锦瑟图案中的乐人、荆州出土的玉人、陶人像、长沙楚墓出土的木俑，以及包山出土的漆画基本上都是戴这种小帽。"始加缁布冠，冠而敝之可也"，其形制简陋有"尚古不忘本"之意，往往士大夫阶层所用缁布冠加冠后即被遗弃，出土文物中并没有出现与记载中相符合的形制，固试从文献与楚服饰风格推断其原貌。缁布冠遗弃后取而代之的是玄冠、委貌，它们是由缁布冠发展而来的，质地更好以丝帛做成，汉代加冠用进贤冠也是缁布冠发展而来。长沙楚墓中出土的彩绘漆卮人物像中可以看到士与舞女共坐的场景，其中士人冠帽顶部有和汉代进贤冠相像的展筩结构。从画像上看其固定方式也为颌下系结，这与郑玄"缁布冠无笄者，著頍围发际，结项中，隔为四缀，固冠也"描述也极为相似[43]。士冠礼中所记载的缁布冠没有簪笄，由冠体、武、缺项、青组缨四部分组成，武于冠体下塑体固冠，缺项绕于颈上四角绕于武上，缨带固发，青组缨结于颌下固定❶。包山楚墓中出土的画像中男子冠帽看出其形制较高，颇有楚国"高冠巍巍"之姿态[44]。据《礼记·郊特牲》记载："大古冠布，齐则缁之。"❷上古人们一般用麻布做冠，祭祀之时，将白色布冠染黑而成缁布冠，成人礼为嘉礼中的冠礼，故使用染黑的缁布冠[45]。《士冠礼》也明确有关于冠服材料的记述，"纚，广终幅，长六尺"，使用此种织物不经裁剪，围绕一周便可制作冠帽[46]。

从先秦楚冠织物来看，其材料有生丝、熟丝、绢等，在西汉出土物料中能够发现楚系漆纱冠外表有髹漆，这种形制的冠帽先秦楚地的漆画中也有体现，固汉承楚制也有对其冠饰形与质的继承。这种材质硬度足以支撑首服的形制，且有一定的延展性和可塑性，制冠时随冠成形，观察楚地画像可见其冠体皆较为硬挺，应是使用外表有髹漆的织物制成。先秦缁布冠也受内部色彩使用的差别，上文提到《礼记·玉藻》记载："缁布冠缋緌，诸侯之冠也。玄冠丹组缨，诸侯之齐冠也。玄冠綦组缨，士之齐冠也。"❸说明天子的冠为玄冠配朱色冠带，诸侯的冠为缁布冠配彩色冠带，玄冠配以赤色冠带则为诸侯斋祭时所戴，玄冠配苍艾色冠带为士人齐斋所戴[47]。综上所述，楚地男子初加之缁布冠，庶民在形制上为无笄的小帽之形，把束好的头发完

❶ 郑玄.国学典藏·仪礼[M].上海：上海古籍出版社，2016：6.
❷ 陈澔.礼记[M].上海：上海古籍出版社，1987：148.
❸ 孙希旦.礼记集注[M].北京：中华书局，1989：794.

全包裹。士人缁布冠其形制尺寸大小也根据实际用途与身份而变动，在穿着方式上无须插入笄，束发后用整块布冠将头发包裹，使用青组缨绳带在下颌处缨带系结固定；材质上承继太古之缁布冠制作方式，用布帛或麻布做成，由于楚地的纺织技艺的进步与丝织品的发展，缁布冠抑或出现丝织的纱冠，用漆浆硬成型，从而达到挺括且高耸的状态；受到中原仪礼的影响，先秦楚地缁布冠在色彩上用色因身份而异，楚王作为诸侯则用黑色冠体、彩色冠带。

2. 皮弁形制与其军事义务象征

士族及以上男子二加皮弁。男子冠礼中的皮弁包含军事思想以及成人责任中保家卫国的军事义务，楚地皮弁亦不出乎其外。周朝皮弁分化产生了韦弁和冠弁，均是鹿皮为之，但在功能上有别[48]。《周礼·春官》叙"天子冕服、王之吉服……凡兵事，韦弁服。视朝，则皮弁服。凡甸，冠弁服。""皮弁以日视朝，韦弁以即戎，冠弁以田猎。"由此可见，皮弁、韦弁代表着个人从军事相关资格。"行大射礼于辟雍，执事者冠皮弁"[49]。《战国策·齐策六》讲述"遂攻狄，三月而不克之也。齐婴儿谣曰：'大冠若箕，修剑拄颐'"[50]。《艺文类聚》提及"终军上书，请受大冠长缨，以羁南越王而至之阙下"[51]。"六艺"中的"射礼"后至唐代（618—907年）发展为军礼，攻城修剑、冠缨征军等诸事都与军务挂钩，其中皮弁也蕴含军事思想。且根据历史文献记载楚地更尚武精神，固其皮弁之意就越发显得重要。

《仪礼·士冠礼》郑玄注曰"皮弁者，以白鹿皮为冠"❶，《诗经·淇奥》记载的"充耳绣莹，会弁如星"❷也是皮弁冠，此中"会"是冠帽缝合之缝隙，说明皮弁由数片皮革缝合而成，且接缝处装饰着许多珠宝饰物❸。至于楚地皮弁形制，从出土文物与资料上来看皮弁之名也罕见于已公布的楚汉遣策，从包山楚简中的"紫韦之帽"或许可以折射出皮弁的影子，其表明楚国贵族男性冠帽亦用皮弁[52]，但从目前楚地出土文物来看却未见皮弁实物。《左传》载"楚子玉自为琼弁玉缀"[53]，杜预释意"弁，以鹿子皮为之"，由此得知，楚地皮弁冠是用鹿皮制作而成，"琼"为美玉，可见楚地皮弁的制作十分考究，将鹿皮缝制于冠圈之上，并在皮弁上饰以美玉使之华丽高贵，质地名贵。而《昭公十二年》另有记载"楚子狩于州来……楚子田于乾谿，雨雪、王皮冠……右尹子革夕。王见之，去冠、被、舍鞭"❹，可见楚国中服此种冠帽还比较常见。《国语·楚语上》也有记载，是灵王以"巴浦之犀、牦、兕、象，为

---

❶ 郑玄.国学典藏·仪礼[M].上海：上海古籍出版社，2016：7.

❷ 郭超，夏于全.传世名著百部之诗经[M].北京：蓝天出版社，1998：42.

❸ 贾玺增.中国古代首服研究[D].上海：东华大学，2007：39，206.

❹ 左丘明.左传[M].蒋冀骋，标点.长沙：岳麓书社，1988：307.

'瑱'"❶，"瑱"即冠上垂在两侧以塞耳的玉。杜预注曰："瑱，所以塞耳。言四兽之牙角可以为琪难尽。"悬瑱系纮限于冕冠、皮弁、爵弁，而不包括缁布冠，由于上引《左传》昭公十二年文与《楚语》记载的是同一时间的事情，因而《楚语》说灵王以犀牛角等材质为"瑱"，便是系在皮弁的纮组上了。

关于皮弁尺寸，不同时期文献记载其高度不一。《汉志》记载：皮弁长七寸，高四寸，制如覆杯，皮弁冠的形制前高后卑，与近代的瓜皮帽有些许相似；《五经通义》记载皮弁作高五寸[54]，但从文化沿袭的角度看，汉朝当朝大臣多为楚人，君臣多钟情和留恋于楚风俗与习惯，使楚文化复起。那么，服饰作为文化构成的一部分，在汉朝初兴时，势必也会延续楚式风尚。从服饰以及图像显示来看（表2-10），一方面"汉承楚风"，从汉代的服饰中也见到楚文化缩影，先秦楚地皮弁从汉代高冠上有所体现，服饰尊贵，使属下或庶民无不见之高贵服饰而产生某种崇高的心理情感反应，且楚地皮弁更高于寻常皮弁。笔者根据典籍记载以及文物比较推测，先秦楚地皮弁之材质由鹿皮等多片皮革制作而成，接缝处装饰珠玉宝石，双耳垂下象牙、犀牛角、骨等制成的"瑱"，冠顶有象牙等材质制成的邸；"皮弁笄"，固穿戴方式上，皮弁两侧有孔，用簪从口插入固定冠发，下有"缁组纮，缥边"，用黑色并带有浅绛色镶边的丝带将纮的一头系于笄的左端，另一头绕于颌下然后向上系于笄的右端，在颌下系结固定；在其尺寸上，身份尊贵者皆服高冠，皮弁也以高为贵。

表2-10 《新定三礼图》皮弁与先秦楚地皮弁❷

皮弁图像来源	《新定三礼图》皮弁	先秦楚地皮弁
皮弁图像		

3. 爵弁形制与其祭祀继承权力

三加爵弁，爵弁象征着继承之权，一般用于祭祀等仪式。加爵弁在没有科举采用世袭制度的先秦社会为三加中最为重要的环节，楚地属于西周（前1046—前771年）的一个诸侯国，自然也不例外。荆楚婚俗中"升号圃"仪式的主持称为"大仲伯"，

---

❶ 左丘明.国语[M].上海：上海古籍出版社，2015：374.
❷ 图片来源：吴倩倩手绘。

即周朝掌管祭祀、典礼官名，其中有古代祭祀的影子，也是先秦中原礼仪之影响。通过"升号匾"这一程序才能赋予新郎成人身份[55]。笔者认为，这与先秦楚地的冠礼制度，尤其是三加爵弁密不可分。杨宽认为西周至先秦贵族举行冠礼"目的是巩固贵族组织，维护宗法制度，保护贵族利益"[56]，礼成之后成年男子拥有成人的宗法家族继承身份，从而获得祭祀、继承的权利。可见冠礼不但赋予男子社会性的成人身份，而且赋予了男子正式成为家族合法继承人的另一重身份。嫡长子加冠于主阶则意味着其当日成为家庭中的一位主人，获得了代替父亲行使的家族权力，这就是《士冠礼》所说的"以著代也"[57]。由此可知，先秦楚地中冠礼的爵弁在表达继承权利上的重要性不言而喻。

爵弁最初是祭祀专用的一种并无等级区别的弁，其后，随着周代服饰礼仪等级制度的逐步完善，人们在爵弁上增加装饰，使其成为等级特权的专用象征，并赋予其"冕"之名，以区别于无等级区别的爵弁❶，笔者认同贾玺增的观点。冕冠由爵弁发展而来，其冕无旒与爵弁同，以细布或丝帛制成，颜色如雀头，赤黑两色、赤多黑少[58]。《释名·释首饰》中："弁，如两手相合时也。以爵韦为之，谓之爵弁。"[1]爵弁的形制与冕基本相同，区别唯在于爵弁顶上的延前后相平而且无旒。《仪礼·士冠礼》："爵弁，服纁裳。"玄注："爵弁者，冕之次，其色赤而微黑，如爵头然。"❷可见"爵弁"因用暗红色皮制成，形如爵头而得名。"名冕者，倪也，低前一寸二分，故得冕称。"据载爵弁有冠板、冠体构成，冠板即爵弁顶板，前圆后方以示"天圆地方"，被精致面料包裹，上下而不同色，如表2-11《新定三礼图》的爵弁样式。在与之相对应的出土实物与画卷资料中，楚地爵弁形制的踪迹可以寻得。

表2-11 《新定三礼图》爵弁与先秦楚地爵弁图像比较

图像来源	《新定三礼图》爵弁	马王堆一号墓"非衣"帛画所戴冠帽	包山二号楚墓圆形奁盒漆画中爵弁	先秦楚地爵弁样式
爵弁图像	❸	❹	❺	❻

---

❶ 贾玺增.中国古代首服研究[D].上海：东华大学，2007：206.

❷ 孙晨阳，张珂.中国古代服饰辞典[M].北京：中华书局，2015：78.

❸❹❻ 图片来源：王政、吴倩倩手绘。

❺ 图片来源：湖北省荆沙铁路考古队.包山楚墓[M].北京：文物出版社，1991：10.

熊传新等学者认为马王堆一号汉墓中"非衣"帛画上中，两个拱守天门者头戴的冠即爵弁[59]，对照文献记载并观其冠板形制为一端高、一端低，恰如爵形，这与记载相吻合。张闻捷考证过的包山二号楚墓漆画为婚礼场景，新郎亲迎之礼着爵弁服，但垂缨不结[60]，如《仪礼·士昏礼》中载"主人爵弁纁裳缁袘"❶，细观包山楚墓出土的圆奁漆画男子爵弁亦有高耸之态。可见，楚地爵弁形制如冕冠呈爵形，前高后低。从各图像观察，先秦楚地男子成人礼首服中的爵弁有共同之处，即为颔下系结之制，且颔下缨带较长，与楚人喜欢宽衣大袖而达到飘逸之感不无关系。使用笄固定，冠板下帽体高度相对较短，受到楚文化的审美观影响，先秦楚地爵弁冠板较长且有仰倾之势。

首服篇小结

首服作为一种重要的服饰文化，与人民的生活密切相关。综合考古发现，认为帽子出现的时间早于六千年前的新石器时代。基于古汉字字源学，笔者认为远古人类出于狩猎伪装的需要从而制造模仿动物带角饰的兽皮帽或树皮帽。同时，帽子的实用需求还包括由于自然地理造成的保暖需求。因此，笔者认为，首服的出现很大程度上是出于实用的生存需求，一定程度上是出于温饱后美化自身的装饰需求以及追求沟通天神的精神需求。

基于古汉字字源学，笔者对先秦时期主要的首服进行分析。首先，笔者认为"冕（免）"在上古时期便是最为尊贵的首服，只有地位比较高的人才能穿戴，它的使用场景是舞宴、祭祀等正式场合，到了西周时期逐渐发展为更高级的"冕"。其次，"弁""冠"作为等级次于"冕"的首服，它们造字之初都为动词含义，表达礼仪动作（即"戴冠"），主要是指男子的成人礼，并且"弁"的仪式感远高于"冠"，为高级的首服。最后，"帽""巾"在先秦时期是庶人百姓穿戴的首服，它们的等级很低。远古时期人们为了生存，从而出现了"帽"，"帽"的甲骨文体现了古人对动物角有着力量崇拜，戴兽角的帽子是为让狩猎者在野外环境中处于有利地位，而后随着文明的发展，也去掉代表蛮荒的兽角饰，成为具有保暖等实用需求的首服。而"巾"很可能与"帽""蒙"一样，在远古时期属于狩猎中的伪装工具，它比起"帽"更为简易，到了春秋战国时期，"巾"的简单、普遍让它经常代表庶民百姓。

基于古汉字字源学视角下，分析先秦时期首服的起源及发展，其背后呈现了多

---

❶ 郑玄.国学典藏·仪礼[M].上海：上海古籍出版社，2016：29.

元璀璨的中国古代首服文化。第一，在上古时期，首服是生存需要的延伸，首服作为远古时期捕猎的伪装工具和直接工具，因为远古时期人们最迫切的需求是生存，首服的出现必然源于人们的需求。因此，首服是作为人们寻求食物的工具而出现的可能性非常高，其次才是保暖防风等实际用途。第二，首服是精神需要的表现，早期戴"免"的人跪求上天，首服的出现逐渐成为精神需求的载体，殷商民族在首服上体现对图腾的信仰，而楚人则将首服作为沟通信仰的工具。第三，首服是社会等级的象征，中国古代冠类首服历来是士人之上的特权，是身份和职别的标识，象征着人的尊严。到了周代，王室贵族首服"冕""弁""冠"的等级区别就已明确，首服的戴用也和一定的身份相联系，人们可以通过戴冠清楚地辨识其社会身份。第四，首服是成人礼仪式的体现，首服在中国古代礼仪制度的建设中具有十分重要的地位，且首服的穿戴仪式是男子成年的标志，古时的成人礼也是关乎于国家及氏族兴盛的大事。

综上所述，先秦时期成人礼首服的古制实难委知，现今研究也只是通过梳理早期文献与物料尽力勾勒出其原貌。遥看先秦楚地成人礼首服得出观点：虽楚地此时远中州且在当时的历史境况下，男子冠礼首服仍与礼制思想及其政治地位与权力密切相关，其缁布冠体现行礼者成人与从政资格，形制为单体式冠帽，无笄、以绳带在颚下系结固定；皮弁代表武力与从军义务，由鹿皮等制成，用簪固定，楚地皮弁较高，贵族更缀有玉石等华贵饰物；爵弁则体现世袭身份与宗庙祭祀之权，前高后低仰倾之势，流畅外形与楚地崇拜之风的向上升腾感有相通之处。

参考文献

[1] 刘熙. 释名 [M]. 北京：中华书局，2016：67.

[2] 王三聘. 古今事物考 [M]. 北京：商务印书馆，1937.

[3] 乌兰. 论蒙古族栖鹰冠的起源和发展 [J]. 内蒙古师范大学学报（哲学社会科学版），2008（S3）：74-76.

[4] 潘春慧，李玲. 帽饰的时尚演变研究——以贝雷帽为例 [J]. 艺术科技，2016（11）：147.

[5] 杨帆，王艳静，翟成亮. 古代帽饰浅谈 [J]. 辽宁丝绸，2012（1）：33，24.

[6] 王家国. 帽小考 [J]. 上海大学学报（社会科学版），1993（6）：47-50.

[7] 孙有霞. 帽子文化略谈 [J]. 上海艺术，2008（3）：54-55.

[8] 吴妍春，王立波. 西域高尖帽文化解析 [J]. 西域研究，2004（1）：60-68，113.

[9] 花原. 试谈"楚贝"的起源 [J]. 西安金融, 1996（9）：71-72.

[10] 周锡保. 中国古代服饰史 [M]. 北京：中国戏剧出版社, 1984：47.

[11] 麦坚. 论汉族男子的巾裹传统 [J]. 饰, 2001（2）：33-37.

[12] 周汛, 高春明. 中国历代妇女妆饰 [M]. 上海：学林出版社, 1988.

[13] 刘安定, 杨振宇, 叶洪光. 基于古汉字字源学的中国远古至先秦时期服装文化 [J]. 服装学报, 2018（4）：351-356.

[14] 闵齐伋. 正续六书通 [M]. 扬州：广陵书社, 1991.

[15] 杨正权. 论地理环境对中国西南民族服饰文化的影响 [J]. 楚雄师专学报, 1991（4）：39-47.

[16] 马俊贤.《战国楚帛书·甲篇》神话研究 [D]. 长春：长春理工大学, 2021：11.

[17] 刘松来. 周礼精解 [M]. 青岛：青岛出版社, 2019：12, 313.

[18] 聂崇义. 新定三礼图（第1册）[M]. 上海：上海古籍出版社, 1985：8-12.

[19] 郭超, 夏于全. 传世名著百部之诗经 [M]. 北京：蓝天出版社, 1998：68, 155.

[20] 李莉.《尚书·金縢》研究 [D]. 开封：河南大学, 2010：6.

[21] 左丘明. 左传 [M]. 李维琦, 等注. 长沙：岳麓书社, 2001：177, 292.

[22] 李岩, 赵玮彬. 周代的弁服制度 [J]. 通化师范学院学报, 2015, 36（11）.

[23] 许慎. 说文解字 [M]. 北京：中华书局, 1963：156.

[24] 徐志啸. 诗经楚辞选评 [M]. 上海：上海古籍出版社, 2002：104.

[25] 郭超, 夏于全. 传世名著百部之大学·中庸·孟子 [M]. 北京：蓝天出版社, 1998：83.

[26] 郭超, 夏于全. 传世名著百部之论语·孝经 [M]. 北京：蓝天出版社, 1998：43.

[27] 张觉. 韩非子全译 [M]. 贵阳：贵州人民出版社, 1992：850.

[28] 王褒. 四子讲德论 [M]. 北京：线装书局, 2003：1471.

[29] 贾玺增. 中国古代首服研究 [D]. 上海：东华大学, 2007：26-27, 39, 206.

[30] 张宝明. 从甲骨金文看殷商族图腾崇拜文化 [J]. 汉字文化, 2015（6）：11-18.

[31] 戴平. 中国民族服饰中的图腾遗迹 [J]. 戏剧艺术, 1992（4）：68-81.

[32] 河南省考古学会, 等. 楚文化觅踪 [M]. 郑州：中州古籍出版社, 1980.

[33] 吴爱琴. 先秦服饰制度形成研究 [D]. 开封：河南大学, 2013：211-217.

[34] 许慎撰, 段玉裁. 说文解字注 [M]. 上海：上海古籍出版社, 1981：353.

[35] 钱玄. 三礼名物通释 [M]. 南京：江苏古籍出版社, 1987：11, 13.

[36] 周才珠, 齐瑞端. 中国历代名著全译丛书·墨子全译 [M]. 贵阳：贵州人民出版社, 1995：192-193.

[37] 陈澔. 礼记 [M]. 上海：上海古籍出版社, 1987：167.

[38] 杨华. 楚国礼仪制度研究 [M]. 武汉：湖北教育出版社, 2012：5-21.

[39] 周绚隆. 试论中国古代的冠礼 [J]. 西北师范大学学报（社会科学版），1993（4）：57-61.

[40] 陶辉，戴紫薇，吴倩倩，等. 魏晋南北朝士冠礼变迁考辨 [J]. 丝绸，2021（12）：105-109.

[41] 左丘明. 左传 [M]. 蒋冀骋，标点. 长沙：岳麓书社，1988：307.

[42] 宋公文，张君. 楚人妆容习俗综论 [J]. 湖北大学学报（哲学社会科学版），1990（1）：22，27-33.

[43] 郑玄. 国学典藏·仪礼 [M]. 上海：上海古籍出版社，2016：7.

[44] 崔云. 楚服饰文化的主要特征与形成因素 [D]. 武汉：华中师范大学，2014：23-25.

[45] 陈戍国. 周礼·仪礼·礼记 [M]，长沙：岳麓书社，2006：328.

[46] 王方. 说"纚" [J]. 艺术设计研究，2020（5）：35-41.

[47] 吴爱琴. 先秦时期服饰色彩观念探析 [J]. 华夏考古，2015（3）：63-71.

[48] 李佳. 周朝韦弁、冠弁小考 [J]. 大众文艺，2021（1）：147-148.

[49] 阎步克. 分等分类视角中的汉、唐冠服体制变迁 [J]. 史学月刊，2008（2）：29-41.

[50] 刘向. 战国策 [M]. 贺伟，侯仰军，点校. 济南：齐鲁书社，2005：142.

[51] 欧阳询. 艺文类聚 [M]. 上海：上海古籍出版社，1965：1610.

[52] 夏添. 先秦至汉代荆楚服饰考析 [D]. 无锡：江南大学，2020：136.

[53] 左丘明. 国语 [M]. 上海：上海古籍出版社，2015：84.

[54] 孙新梅.《仪礼·士冠礼》缁布冠、皮弁、爵弁形制考 [J]. 黄河科技大学学报，2018（2）：17-22.

[55] 习龙. 荆楚婚俗升号區文化内涵解读 [J]. 中国民族博览，2019（8）：17-18.

[56] 杨宽. 西周史 [M]. 上海：上海人民出版社，2019：830-838.

[57] 焦杰. 试论先秦冠礼和笄礼的象征意义 [J]. 南开学报（哲学社会科学版），2011（4）：63-70.

[58] 孙晨阳，张珂. 中国古代服饰辞典 [M]. 北京：中华书局，2015：27.

[59] 湖南省博物馆，湖南省考古学会. 湖南考古辑刊2 [M]. 长沙：岳麓书社，1984：175-180.

[60] 张闻捷. 包山二号墓漆画为婚礼图考 [J]. 江汉考古，2009（4）：76-84.

主服篇

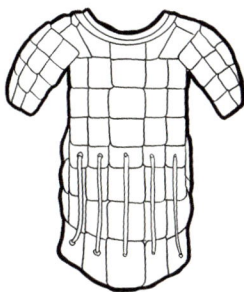

中国古代服饰按照人体部位，分为首服、主服（体服）以及足服三部分，其中主服作为人体主要部位的服饰，除了具备保护人体的自然属性外，还具有表现某些审美情趣、象征价值以及文化意义的社会属性，是民族文化的重要组成部分。本文的主服主要包括礼服、常服以及兵服，学术界关于这三种主服的起源问题观点不一，综观诸多主服起源的观点均是学者们站在各自的学科背景下提出的假说，带有严重的辉格史观。本篇具体内容为：第一，在礼服起源及其文化的问题上，必须站在华夏民族文化进程的视域下，揭示成人礼在礼服产生过程的重要作用。因此，在古汉字字源学的视角下，论证礼服起源于古代成人礼的观点，并确定冠礼在礼服的形成过程中有着举足轻重的作用，最终揭示先秦时期礼服在经济、政治、文化等方面的社会功能。第二，在常服起源及其文化的问题上，通过古汉字字源学的研究方法对内衣以及布衣服饰的起源问题进行引发和深入研究。一方面，对中国内衣起源蔽膝说进行质疑，从而明晰了服装的起源与内衣的起源有着本质的差别；另一方面，发现布衣服饰以质地为物质前提、以服制为礼制载体，体现了其作为服饰面料和礼乐精神的二元文化内涵。第三，在兵服起源及其文化的问题上，通过古文献研究，结合古汉字字源角度，对先秦时期的兵服起源、类型和形制进行分析，通过对甲骨文的分析更加有力说明了兵服起源的保护防御动机，在不同时期有着不同的称谓，并发现少数民族曾经对汉族传统服饰发展起到过重要作用，并具有积极的意义。

第三章

中国古代礼服的
起源及其文化

中国古代礼服起源及其文化的问题，必须站在华夏民族文化进程的视域下，揭示成人礼在礼服产生过程的巨大与重要作用。本章首先在分析礼起源的诸多学说本质的基础上，批判地看待古代礼服起源的主流学说。然后基于古汉字字源学的研究方法，返回到华夏先祖们的生活场域，论证礼服起源于古代成人礼的观点；继而对礼服起源说进行深入的讨论，确定冠礼在礼服的形成过程中起着举足轻重的作用；最后对先秦时期冠礼进行系统的探讨，揭示先秦时期，尤其是周代礼服的经济、政治、文化等方面的社会功能。

第一节 | 礼服起源的主要学说

针对中国古代传统礼服起源的问题，需从礼的起源说起，关于礼的起源学术界持不同观点。李衡眉在《礼仪起源于有虞氏说》一文中介绍了三种主要观点：①礼仪起源于祭祀说；②礼仪起源于原始社会说；③礼仪起源于父权制说。顾希佳在《礼仪与中国文化》一文中，将礼的起源说法归纳四种观点：①起于祭祀说；②起于饮食男女说；③起于人的欲望与环境矛盾说；④礼仪的多元起源及其他[1]。通过分析礼的起源有助于我们探索礼服的起源。关于礼服的起源，我们可以有以下推断：①根据甲骨文礼的字形分析，推断礼服起源于祭祀，即祭祀说；②站在人类本性的角度，推测礼服起源于人欲说、礼仪说；③站在人类社会生活需要的角度，被称为"礼之始"的冠礼，是成人礼的重要组成部分。冠礼不仅对个体的人生历程有重大影响，对整个社会也有不容低估的影响。综上所述，笔者倾向于礼服起源于古代成人礼的观点。在古代，礼服有朝服与吉服之细微区别，各朝各代对礼服的冠、带、靴等都做了细致的划分，以求合乎礼仪规定。因此，礼服的产生与人类早期的各种祭祀、庆典等活动有关。由此可以推断，礼服形成的最初目的在于对郑重仪式的尊崇。显而易见，影响礼服发展的因素很多，在不同时代、不同民族、不同地域的环境中，因历史、文化、经济等条件的限定及变化，人们对礼服的需求也会不同。在服装款式造型、面料材质、色彩图案及搭配方式等方面也会截然不同。同时，礼服还因身份、阶级、职业、年龄、性别及礼仪轻重、出现时间早晚的不同而有所区别。在中国，殷商时代就有穿用礼服的记载。周代在祭祀、会盟、朝见、宴饮、田猎、婚娶、丧葬等场合对所穿用的服装加以制度化，以后的各朝各代在沿袭祖先传下来的礼服制度基础上进行修改、调整，制定出繁缛、森严的服装礼规。如周代礼服规定冕服为玄衣而纁裳，玄衣象征未明之天，纁裳表示黄昏之地，寓意君王为开天辟地之人。另外，在汉代，根据战国哲学家邹衍（约前305—前240）的五行学说，即金、木、水、火、土五行，以东青、西白、南朱、北玄四方位而立中央为土，即黄色，从而确定了以黄色为中心的主旨。因此，从汉代初期皇帝服装颜色开始使用黄色。到了明清时期（1368—1911年），官服上采用缝缀补子图案，以区分地位等级。补子图案以动物作为标志，文官绣禽、武官绣兽。因此，中国古代礼服在色彩、图案及配饰方面都有极强的象征意义。我们对中国传统礼服文化进行深入研究，了解礼的精神实质，对现代社会无疑具有重要的借鉴意义。虽然，中国传统的礼服文化逐渐受到重视。然而，现如今人们出席重要场合还是以西方礼服为主。笔者认为，针对中国传统礼服传承的问题，应深入理解中国古代礼服文化的起源和发展，在现今提倡文化自信的语境下进行现代转换，才能更好地构建中华民族精神，传承民族礼服服饰，引发更深层次的思考。礼服起源问题是传承民族礼服服饰无法回避的问题，它是该研究领域的基石与基准点，如果没有牢固的磐石与准确的基准点，纺织服装史就无法健康地发展下去。因此，纺织服装史研究领域需要在学科内审的视角下，分析各种古代礼服起源的观点，从而提出自己对中国传统礼服起源的观点。

一、关于礼的起源的主要学说

关于礼服的起源，我们需从"礼"的起源说起，礼是中国作为文明古国的重要特征之一。在由野蛮迈入文明的过程中，礼对华夏族生活的规范化起着重要作用。可见，礼服的起源要追溯到先秦时期。

1. 礼的起源祭祀说

关于礼的起源，大多从生活领域的角度进行探讨，如祭祀说、"风俗"说、"饮食"说等。最有说服力的是祭祀说。一方面，从古汉字字源学来看，甲骨文"𧘇（礼）"由"𥎿（像许多打着绳结的玉串）"与"𠽃（壴，有脚架的建鼓）"组成，表示击鼓献玉，敬奉神灵。有的金文"禮（礼）"再加"𥘅（示，祭祀）"另造"禮"，强调"禮"的"祭拜"含义；同时误将"𥎿（玉串）"与"𠽃（建鼓）"构成的金文"豊（礼）"。有的金文"醴（礼）"由"豊（礼）"与"酉（酒）"另造"醴"代替，表示以美玉、美酒敬神。另外，据《说文解字》记载："禮，履也。所以事神致福也。"[2]可见，礼代表着击鼓奏乐，并用美玉美酒敬拜祖先和神灵。另外，简体的"礼"，从示，从乚，"乚"形似一个跪着或弯曲的人形。"礼"最早是礼神，是以虔诚之心、恭敬之心，去顶礼膜拜。古代祭祀的对象主要有天神、地祇、人鬼三类，祭品主要是牲畜和醴酒，其要素包括礼法、礼器、礼仪等。"礼"源自祭神求福，所以要有崇敬之心。"礼"从"乚"，这是以礼法拜见尊长，要遵守礼法的标准而拜。《说文》对祭祀有详细的解释，"祭，祭祀也。从示，以手持肉"，"祀，祭无已也"。"祭"的本义指的是杀牲献血腥于鬼神。先秦的祭祀活动祭祀的对象包含着天神、地祇、社以及祖四类。《说文》对神的解释为：天神，引出万物者也。这里所指的就是天地日月山川百神者也。另外，《离骚》有云："百神翳其备降兮，九疑缤其并迎。""示部"字中的"禅"指的就是祭天，古代的皇帝经常会在泰山举行祭天的仪式，用以昭告天下皇权的至高无上。在形成了一系列的祭祀制度之后，还有专门从事祭祀的人员"祝"。古人相信这些祭祀时的语言会产生神奇的力量。《说文》中"祈""祷""祓"等字都有通过语词达成所愿、趋灾祈福的意思。由此可知，在古代关于祭祀有严厉时间、人员、礼仪制度，祭祀活动是一个国家政权活动的重要组成部分，往往也就是天子才会有进行宗庙祭祀的权利。"国之大事，在祀与戎"，其中"戎"的最终归宿也是要走向祭祀[3]。这一点也充分说明了祭祀的重要性。

另一方面，古人非常重视祭祀礼仪，孔子就曾"入太庙，每事问"[4]，以熟悉宗庙祭祀之礼。由于各种礼仪十分繁复，一般人不易通晓，所以当时有"礼书"专门记载，典礼、仪式要依"礼书"而行。春秋时期朝聘、会盟、馈赠、祭祀、巡守、征伐、婚娶、丧葬、饮宴之类的事情无日不有，贵族们自幼学习各种典礼的仪节，《仪礼》《礼记》的许多篇章都是这些仪节的记载。显然，这些繁文缛节却是当时贵族在各种仪式上所必须遵守的行为规范。

近现代的一些学者，如王国维（1877—1927）、郭沫若（1892—1978）等也多是从殷墟甲骨文上"礼"字的形状而得出"礼"字与祭祀的关系的。这不能作为意识形态和上层建筑意义上的"礼"的起源的依据[5]。祭祀说既有其合理性，也有其不足。如"祭祀说"客观地反映了祭祀活动在上古社会的重要地位，也符合当时"国之大事，在祀与戎"[6]的社会现实，但该说将礼字的起源作为"礼"的起源则失之偏颇，且用祭祀涵盖包括冠、婚、丧、祭、乡、射、燕、聘等众多古礼的起源显然不妥，因为《仪礼》所记载的十七礼大都有其久远的发生、发展的历史。"饮食说""交往说"与"祭祀说"的不足有类似之处。我们不否认古代社会的某些礼可能源于饮食，也不否认原始人"礼尚往来"的物品交换行为，但若以饮食和交往所反映的缘起作为整个古礼的缘起，无疑有以偏概全之嫌。

2. 礼的起源人欲说

持这种观点的学者以荀子（前313—前238）的论断作为依据。基于对历史经验和社会现实的考察，荀子提出了礼的起源问题，并给出了"圣人制礼说"的回答。他认为每个人都有与生俱来的欲望，如果欲望得不到满足，就会产生对事物的追求，而一味追求，没有标准限度，就会产生争夺祸乱；古代的先王厌恶这种祸乱，便制定了礼义来确定名分等级，满足人们的需求和调节人们的欲望。在荀子看来，"礼"产生于圣人的后天努力而非人的先天本性；圣人制礼，是实现、发挥自我价值及规范、引导社会的有力举措。荀子在《礼论》中讲："礼起于何也？曰：人生而有欲，欲而不得，则不能无求；求而无度量分界，则不能不争；争则乱，乱则穷。先王恶其乱也，故制礼义以分之。"❶由此可知，荀子的观点有三：①礼是为了节制人欲，使欲不穷于物，使人各安其位；②礼是先王所作；③礼是为了调和、解决人性与社会财富分配之间的矛盾冲突，以求更合理的资源分配。就理性层面来说，荀子对"礼"的起源的讨论，从人类发展、人性发展的源头进行追溯，考察了人与宇宙自然的发展属性和规律，便提出了"圣人制礼说"[7]。笔者认为，关于礼的起源，无论是孔子的"天道说"、孟子的"本心说"，还是荀子的"制欲止乱说"，他们都是从礼"发生的根源"的意义上，即从礼义的角度探索和解释礼的根源问题，这也是从事物的本质及发展的内在规律的意义上对礼的根源问题的探讨，无疑具有重要的学术价值[5]。

二、关于礼服起源于祭祀说的质疑

从人类的历史发展和人们的社会实践去观察和研究礼文化，寻求其源头，无疑是解决礼服起源的正确思路。祭祀说虽然得到诸多学者赞同。不过，很难用此解释众多礼制[8]。笔者认为礼服起源于祭祀还有待商榷，存在着一些疑问。

1. 祭祀的形式否定了其是礼的起源

当人们有了盛大祭祀活动之后，说明礼仪已经产生，而伴随着礼仪产生的礼服也应早于祭祀活动的产生。一方面，许慎《说文解字》："礼，履也。所以事神致福也。"[2]这是从巫、祝在祭礼中的身体行为和祭祀目的的角度来说解"礼"的内涵。另外，许慎在其著作中保存了一个"礼"字的古文字形"𥘆"，简化字"礼"其实所根据的就是这个字形，从示，从乚。它描绘了巫、祝在神主面前倒身跪跽祷告祈福的画面。而后来礼的异体字中的"乚"实是对跪跽人体的侧面描绘。"吕"则是对人体脊椎骨的描绘，以两块脊椎骨相连来表意。脊椎特别在人体弯曲时则更像弓形。因此，又有躬字，从身，从弓。其实，躬的小篆本从身，从吕。由此可见，吕、弓、乚的关系。许慎是惯于用声训的方法来解字的。他将礼解释为履。笔者认为，这不仅指示了巫、祝在祭祀中恭敬的身体行为，而且又特别隐含了人的行动应该遵照神灵和祖先的指示进行，不能妄行非礼。所以，礼乃是履行，履行的前提就已然存在人类先祖的意旨，巫、祝的目的是获取并遵从这个意旨。如此，从甲骨文、《说文》古文到《论语》，礼实现了一次从文字学内涵向哲学内涵的落实。从文字学上讲，"礼"字无论是作为对礼器（豆）和祭品（珏）合体描绘的"豊"，还是作为对人类仪礼核心形式描绘的"礼"，都已然

❶ 荀况.荀子全译[M].蒋南华，罗书勤，杨寒清，注译.贵阳：贵州人民出版社，1995：392.

包含了丰富的祭礼文化内涵。由此可以推断，中国古代的祭礼文化远在文字产生以前就已经观念性或仪礼性地存在了，其历史之久远不可限量[9]。另一方面，祭祀为古之大事，《左传》中有"国之大事，在祀与戎"。上古之时，人们不明四时节气之变，每遇天灾皆认为是天上诸神所为，并由此延伸出一套天神地祇之论，凡遇事首先祭祀祈祷，渴望得到神的指示，甲骨文中的卜辞说明了这一点。先秦古人相信："祀与戎，乃国之大事。"对于国家而言，祭祀与兵家战事具有同等重要的地位[10]。先秦祭祀礼仪繁复，根据《礼记》记载，先秦祭祀礼仪很有讲究，可见，先秦祭祀礼仪是十分慎重而严格的。据《论语·八佾篇》记载："子入大庙，每事问。或曰：熟谓鄹人之子知礼乎？入大庙，每事问。子闻之，曰：是礼也。"❶可见，一场祭祀礼仪的进行，有着浩大的祭祀仪式。由上述分析可知，"礼"在古人的祭祀活动中有着丰富、多层的含义。"礼"是上古的人们经历漫长发展的文化结晶，"礼"的起源早于祭祀活动的产生。

2. 成人观念的建立是礼的起源

在差序格局的古代社会中，每个人所处的位置就需要明确并且得到认同，成人观念的建立就是一个对身份和社会地位的承认过程。当个体还没有认定为成年的时候，其所言所行不必负有强制的责任与义务。然而个体在成年之后，就需要将其当作一个独立的个体看待，其所作所为都有其效应。

成人观念的建立体现出社会对成人身份的认同。列维·布留尔（1857—1939）认为："成年礼仪式的目的是要使个人成为'完全的'人，使他能够执行部族的合法成员的一切职能。"陈戍国则指出："先夏文化如半坡遗址里幼儿的瓮棺葬，绝大部分埋在住房附近，可能就是因为那些夭折的孩子没有成人，所以不能进入氏族的墓地。"由此可见，仰韶文化时期，人们已有了成人观念，未成年者不能享有氏族正式成员的所有权利。在旧石器时代晚期，人类历史逐步进入氏族社会，婚姻形式也发展为族外群婚，也就是本氏族的成年男女必须到另外一个氏族选择配偶。这种做法有利于人口质量的提高。但是，最初的族外婚仍然是群婚，而且不分辈分，一个氏族实际上就是婚姻的一方，经过若干代之后，这种族外群婚实际上又陷入一种新的近亲结婚的境地。为了进一步避免近亲繁殖和与未成年人发生性关系而生出不健康的后代，先民在择偶时，需要标明、区分他（她）是否成年或是否为本氏族成员，于是人们在身体的某个部位画一个纹饰或加一个特殊的标志，并举行一个仪式，便形成了成人礼。陈科华指出："到旧石器时代晚期，随着氏族的产生，（人类婚姻关系）进一步发展为族外群婚……在长期的生活实践中，原始人发现，与未成年的异性发生性关系，会有不良的

---

❶ 郭超，夏于全.传世名著百部之论语孝经[M].北京：蓝天出版社，1998：15.

生育后果，于是便萌生了禁止与未成年异性发生性关系的规范，这就是成年礼。"于是在这样一个特定的社会发展阶段，成人礼出现了。可见，成人礼是与族外群婚制相伴随而产生的。所以说，成人礼至迟应当起源于母系氏族公社时期[11]。男子行成人礼后，仪式人就跻身于成人的行列，社会承认其已经成人的地位，开始以成人之礼待之。据《礼记·冠义》载，男子加冠后，见于母，母拜之；见于兄弟，兄弟拜之。然后着玄冠、玄端奠挚于君，以成人之礼挚见于乡大夫乡先生，以成人身份展开社交活动。"成人之者，将责成人礼焉也。责成人礼焉者，将责为人子、为人弟、为人臣、为人少者之礼行焉。"❶男子加冠之后，正式以成人所应承担的责任对其进行要求，开始扮演不同的社会角色。依角色来规范自己的行为。成人礼的举行，象征他（她）已经脱离了长辈的护佑，完全享有一个成人所具有的权利，他（她）开始拥有参加社交活动、男子开始有参加宗族祭祀的资格等。如摩梭人❷在成人礼仪式后，可以参加家族的各种议事活动，除本人要遵守本民族和村寨的习惯法，同时也有权参加执法组织，处理违反本民族和村寨中习惯法的人，以保证习惯法得到切实遵守，及维护民族和村寨的秩序。同时，在成人礼仪式之后，他们也要开始履行一个成人所承担的义务，如参加生产劳动、分担家庭的经济压力、保护家人的安全和维护家族的声誉等[12]。

三、礼服起源于成人礼的产生

礼服的起源是需要一定的精神条件。笔者认为，礼服起源的精神基础则是仪式的发展与完善。只有当礼仪观点建立之时，礼服才具备出现的可能性与必要性。因此，成人礼仪观点的建立为礼服的起源奠定了基础。

1. 成人礼的产生为原始礼服的产生提供了主要精神动力

上古不分贵贱，人人都须通过成年仪式，成人礼是承认青少年已具备进入社会的能力和资格而举行的人生礼仪，是一种具有显著民族特点的风俗礼仪，也称为"成丁礼""成年式"。由此推断，声势浩大的成人礼的举行催生了礼服的产生。一方面，成人礼在古代人的生活中占有十分重要的地位。中国古代，人们通过成人礼这种仪式，使步入成人行列的年轻人获得一种要承担起社会责任和家庭责任的使命感。在孩子长大成人、可以成家立业时举行，之后就可以成为社会的正式成员。显而易见，成人礼对于每个人的重要性不言而喻。另一方面，中国古代对于"成人"的标

---

❶ 孙希旦.礼记集注[M].北京：中华书局，1989：1414.

❷ 摩梭人生活在云南省西北，四川、云南交界处风光秀丽的丽江市泸沽湖畔，人口约五万，有自己的本民族语言，但没有文字，属纳西族一支。泸沽湖以其独特的摩梭风情和秀丽的山水风光闻名于世。

准有着严格要求，《礼记·冠义》中说："凡人之所以为人者，礼义也……成人者，将责成人礼焉也；责成人礼焉者，将责为人子、为人弟、为人臣、为人少者之礼行焉。"❶古代的伦理，就是所谓的"五伦"：君臣、父子、兄弟、夫妇、朋友。处理好这五种关系，是作为"人"的基本条件。"何谓人义？父慈、子孝、兄良、弟悌、夫义、妇听、长惠、幼顺、君仁、臣忠十者，谓之人义。"也就是说，能够自觉地认同"五伦"，乃是"成人"的主要标志。"人之能自曲折以赴礼者谓之成人"。"自曲折以赴礼"，是指个人服从社会规范，但同时也反映了人追求自我完善的主观能动性。在古人看来，作为一个"成人"，就必须具备这种对道德的积极进取精神。战国时期，荀子又进一步发展了成人观，进而提出了"全粹美"之说："君子知夫不全不粹之不足以为美也，故诵数以贯之，思索以通之……生乎由是，死乎由是，夫是之谓德操。德操然后能定，能定然后能应，能定能应，夫是之谓成人。"❷可见，中国古代对于"成人"的定义，实际上是一种理想化的典范人格。同时，成人礼也被视为人们一生当中最重要的礼仪活动之一。因此，礼服便随之产生，根据《仪礼·士冠礼》载，周代士冠礼的主要部分为三加礼，实际就是三次戴冠、三次易服的过程。由此可见，服饰在成人礼仪式活动中的重要作用。

2. 冠礼的产生促进了礼服的发展

成丁礼是作为区分成人与未成年人在食物配给、劳动分工与氏族外婚制等方面的一种标志性仪式，其是"冠礼"的早期形式[13]。冠礼是中国古代最为重要的人生礼仪之一，在古代中国，冠礼备受推崇，被认为是一切礼仪的开始。

笔者认为，礼服最初起源于成人礼，后经冠礼而更加完备，然后随着礼仪制度的完备形成完整的礼仪服饰体系。笼统地说，冠就是帽子，古代称之为首服，又叫头衣。关于冠的起源，有的学者认为"冠的产生，应在氏族社会末期，奴隶社会初期"，只是可惜"无实物可证，亦无文字可证"。但是"至少可以肯定，在奴隶社会的鼎盛期——商代和西周时，冠就已经很流行了"[14]。实际上，仰韶文化时期就已经出现了冠。宋兆麟认为："从考古上看，史前图戴帽的仰韶文化陶塑人像头衣形象不多，在宝鸡北首岭出土一件仰韶文化陶塑人头，戴有平顶帽。在内蒙古赤峰红山文化的女神像上，有戴扇形的形象。"[15]陕西临潼邓家庄一仰韶文化庙底沟类型遗址，出有一件人像陶塑，裸体，头戴一顶无沿圆帽，帽形鼓满，似皮毛制品，两鬓有平耳垂的整齐

---

❶ 孙希旦.礼记集注[M].北京：中华书局，1989：1414.

❷ 荀况.荀子全译[M].蒋南华，罗书勤，杨寒清，注译.贵阳：贵州人民出版社，1995：12-13.

断披发北卷[16]，可见，至迟在仰韶文化时期已经出现了冠。后来，经过数千年的不断发展，已形成了庞大的冠家族，并成为博大精深的中华服饰文化和礼仪文化的重要组成部分。从古文字字源看，冠，篆文"冠"字由"冂（冃，即"冒"，帽子）""亻（人）""彐（寸，抓）"组成，表示将帽子戴在头上。相较于甲骨文，篆文增加了一个"彐"来表示用手抓、持帽子的手的形态。其意义扩大为手持帽子戴于头顶的形态或指用于束敛头顶的头发的物件。造字本义为动词，古代男子成年礼，手持帽子戴在头上。隶化后楷书冠变化了篆文字形中的"冂（帽子）"形象，将篆文字形中的"彐"写成"寸"。古代称戴帽为"冠"，称脱帽为"免"。《说文解字》注："冠，絭也。所以絭髮，弁冕之總名也。从冖，从元，元亦聲。冠有法制，从寸。"❶意思是戴冠须遵循一定的礼制法度。释"寺"字曰："寺，廷也，有法度者也，从寸。"可见，"寸"是可以表示法度的。事实上，在古代社会，尤其是在进入文明时代以后，戴冠总是与法度发生联系。一个人戴不戴冠及戴什么样的冠，要根据其年龄、身份，以及所着服装和所处场合等因素来决定，目的是以冠作为礼制的象征，来节制人们的言行举止。

古时成年男子必行冠礼，女子成年要行笄礼，合称为"冠笄"。郑玄注："男二十而冠，女许嫁而笄，成人之礼。"《仪礼》有"冠者礼之始也"，将其列为开篇第一礼，可见华夏先祖对于冠礼十分重视。冠笄礼是我国汉民族传统的成人仪礼，也是一笔重要的人文遗产，对个体人员的成长有非常重要的激励和鼓舞作用。事实上，它对人类生命进程的影响力远远超过现今所风行的所谓的"成人典礼"。古代男子成年礼，需手持帽子戴在头上，行冠礼之后便表示已成年，从无家庭责任的"孺子"蜕变为必须履践孝、悌、忠、顺德行的成年人，只有成年之后才能"着冠"，才拥有独立的人格和社会责任。在中国古代，冠式多种多样，不同时代有不同风貌，同时不同地位的士子带不同形制的冠。据《后汉书·舆服志》记载的冠式就有十九种之多，其后更是越来越多，形制也越来越复杂[17]。足以看出古人对"冠"这类头衣的重视和青睐[18]。

《礼记·冠义》把礼的意义阐释为："凡人之所以为人者，礼义也。礼义之始，在于正容体、齐颜色、顺辞令。容体正、颜色齐、辞令顺，而后礼义备。以正君臣、亲父子、和长幼。君臣正，父子亲，长幼和，而后礼义立。故冠而后服备，服备而后容体正、颜色齐、辞令顺。故曰：冠礼者礼之始也。是故古者圣王重冠。"❷另外，"成人之者，将责成人之礼焉。责成人之礼焉者，将责为人子、为人弟、为人臣、为人少者之礼行焉。责四者之行于人，其礼可不重与？故孝、弟、忠、顺之行立，而后可以为人；可以为人而后可以治人也。故圣王重礼。故曰：冠者，礼之始

❶ 许慎.说文解字[M].北京：九州出版社，2001：433.
❷ 孙希旦.礼记集注[M].北京：中华书局，1989：1411.

也。"❶此外，在冠礼的举行过程中，三次加冠之后，宾者都要为受冠者说祝词。第一次加冠后，祝词为："令月吉日，始加元服，弃尔幼志，顺尔成德。寿考惟祺，介尔景福。"也就是要求冠者去掉自己的童稚之心，谨慎修炼成人的美德。第二次加冠之后，曰："吉月令辰，乃申尔服。敬尔威仪，淑慎尔德。眉万年，永受胡福。"第三次加冠的时候，曰："以岁之正，以月之令，咸加尔服。兄弟具在，以成厥德。黄耇无疆，受天之庆。"由此可知，冠者要注意自己的言行举止，保持成人的威仪，从而完成德性的转变，正式成为真正意义上的"人"。

因此，冠礼被称为"礼之始"、名列"八纲"和"六礼"之首。冠礼是成人礼中的一个重要的环节。所以，《礼记·冠义》云："已冠而字之，成人之道也。"[19]，这意味着在同辈之间，自己的成人身份同样得到承认。自此之后，他的成人身份得到了家庭、社会以及同辈之间的承认，达到了自身的普遍性，在家庭以及社会这个伦理网络中，他将以成人的身份占有一席之地。在获得这样的社会性认可的同时，冠者意识到自己的社会角色的转变，明确自己不仅仅属于家庭，同样也属于这个社会。另外，"玄冠、玄端，奠挚于君。遂以挚见于乡大夫、乡先生"[19]。可见，冠者在行冠礼之后，需要拜见君主以及地方掌管一乡的政教。这是冠者"首次行使他所获得的社会性成人的合法权益"。

任何成员只有经过成人礼（冠礼）之后，才能成为社会的正式成员，享有各项权利并承担各种义务。在中国的古礼系统中，天子及诸侯之子的冠礼与士冠礼纳入同一体系，虽然仪式有繁简之别，但过程大体类似，从而反映出中国冠礼的初始形态的确是氏族社会的一种成年礼，而非统治者为其"治人"方便而臆造的一套文化体系。成人礼为统治者"治人"服务，是在后来才逐渐具备的功能。

第二节 | 中国古代成人礼体系中服装价值分析

成人礼，又称成丁礼或成年仪式[20]。具体是指"为达到性成熟或法定成年期的少年举行的一种仪式，以此确认其为成年，接纳为社会的正式成员，或一种宗教团体的成员"。[21]成年礼曾在古代起到过非常重要的作用，通过这种仪式，受礼者获得社会、氏族以及家庭的承认和认同，取得一个具有完全行为能力的社会成员、氏族成员、家庭成员的权利和义务。中国汉族成人礼早在周代就已经产生并延续了2000多年，形成一套完备礼仪程序和规范，起到德育的重要作用。然而，自清兵入关实

---

❶　孙希旦.礼记集注[M].北京：中华书局，1989：1414-1415.

行剃发易服令之后，由于成人礼中的"加冠礼"需要盘发加冠，与满族的留辫相冲突，清朝为了加强对汉人的统治，禁止汉人举行"加冠礼"，成人礼也就失去了生存的土壤，只能隐藏到汉族的婚礼中，汉人自此无公开举行的成人礼。随着全球一体化进程的加剧，西方的自然观、价值观、生活观深刻地影响着我们的生活，存在转变成黄皮白心的"香蕉人"趋势。因此，传统文化的保护与传承突显其重要性。身处中华文化圈的日韩均保留着公开举行成人礼的传统，并赋予成人礼新的时代内涵，而中国汉族成人礼体系至今没有得到有效的重构，流于形式，处于尴尬的境地。虽然，中国教育学界对成人礼的研究业已展开。然而，至今未能形成中国成人礼重构的行动纲领。笔者认为，针对中国成人礼建构的问题，应在理解成人礼具有的非常重要的理论和现实价值的基础上，借鉴古代汉族的成人礼，创新式地恢复、继承和发展汉族传统成人礼，制定出发挥成人礼德育、传承文化的模式，更好地为当代培育社会主义合格人才服务。

一、汉族传统成人礼具有独特的个人和社会双重价值

人是万物的尺度，任何礼仪的产生都有其内在的价值，汉族传统成人礼的价值则是其存在、发展的基础。汉族成人礼不仅拥有世界各国成人礼的普遍价值，还拥有其独特的以"礼"为核心的文化价值。从个人角度上看，汉族成人礼对新人具有标志性与象征性的重要作用，体现了个人价值实现的开始，即"礼"实践的始端；从社会角度上看，汉族成人礼在仪式和礼仪方面具有特殊的文化传承与增强民族凝聚力的重要作用。

1. 汉族传统成人礼象征着"礼"性生活的开端

众所周知，中国古代儒家思想影响深远，自汉代独尊儒术❶之前就已经发展成为一种较为主流的意识形态。儒家关于人的主旋律是"凡人之所以为人者，礼义也"[22]，并指出："冠者，礼之始也，是故古者圣王重冠。古者冠礼筮日筮宾，所以敬冠事，敬冠事所以重礼；重礼所以为国本也。故冠于阼，以着代也；醮于客位，三加弥尊，加有成也；已冠而字之，成人之道也。"[23]由此可知，中国古代的士冠礼（成人礼）是作为社会人的开始，对于受冠者而言，冠礼的意义十分重要，象征着自己结束受父母照顾的年龄，也预示着冠礼后将正式承担起更多的社会、家族以及家

---

❶ "罢黜百家，独尊儒术"，是董仲舒建议汉武帝实行的统治政策和治国思想。所谓的"罢黜百家，表章六经""推明孔氏，抑黜百家"指的就是"罢黜百家，独尊儒术"，前者是后者的别名。

庭的责任。冠礼中要三次加冠，初加缁布冠，象征着受冠者通过此仪式而获得群体的身份，即拥有人治权；再加皮弁，象征具备了服兵役的义务；三加爵弁，象征具备了宗庙中参与祭祀的权利，成为宗族的一员[24]。简言之，冠礼的举行意味着冠者拥有了成年人的权利和义务，既可以作为行礼的主体，在礼的规范内行礼。同时，冠者也是礼的客体，在任何行礼者面前都是一个平等的对象，任何与其交往的人都要符合礼[25]。同时，加冠之后冠者步入社会，不仅拥有参与政治、祭祀活动的权利，同时负有保卫国家的义务。此外，冠礼是"礼之始"，是行使其他礼节的前提。只有加冠之后才能够去举行昏（婚）礼，即成家立业的权利，冠礼是对昏礼的预告。笔者认为，汉族传统士冠礼体现了受冠者"礼"性生活的开始，它以复杂的仪式为平台，演习成人后的生活准则和精神状态，从而使受冠者达到心灵和思想上的洗涤和跃迁。毫无疑问，受冠过程中庄重复杂的仪式给年轻人带来心灵的震撼，宾客的祝辞让年轻人首次体会到成人世界的温暖和谆谆教诲，"礼"的思想通过受冠仪式生动、准确地传导给下一代，从而潜移默化式地使受冠者领会到自己肩上的社会和家族责任。

2. 汉族传统成人礼具有独特的社会价值

汉族传统成人礼历来受到统治阶级（清代除外）的高度重视，它不仅象征着受礼者"礼"性生活的开端，具有重要的象征意义，而且具有传承"礼"的文化和强化汉民族凝聚力的独特社会价值。

（1）通过成人礼仪式传承"礼"文化

成人礼作为一种民俗与各民族的传统文化有着密切的联系，在一定程度上传承着祖先遗留下来的文化。笔者认为，汉族传统成人礼通过仪式传承着华夏传统文化，特别是"礼"的文化。一方面，大量的"礼"文化元素通过成人礼仪式得到传承。众所周知，汉族传统成人礼仪式非常复杂，包括行冠礼前的准备（筮日、戒宾；筮宾、宿宾；为期）、冠礼正礼（陈设服器；就位；加冠；宾醴冠者；拜见母亲；命字）、冠礼后的仪式（见兄弟、赞者及姑姊；拜见国君、卿大夫和乡先生等；醴宾、酬宾、送宾）三大步聚，处处体现着"礼"文化。另一方面，礼仪又是强化"礼"文化的最好方式。正如《礼记·冠义》中所言："成人之者，将责成人礼焉。责成人礼焉者，将责为人子、为人弟、为人臣，为人少者之礼行焉。将责四者之行于人，其礼可不重兴？"[26]由此可知，汉族成人礼以礼前、礼中、礼后都渗透着"礼"的核心思想，重"礼"必然会在成人礼的前前后后进行严谨的准备工作。同时，也能让受礼者深切感受到"礼"体现出合适合宜地处理各种人际关系的原则，从而使其将书本所学"礼"的知识得到一次升华，并有效地传承"礼"的文化。

（2）通过成人礼礼仪增强汉民族凝聚力

作为民族文化传承的一种载体，成人礼对民族文化特别是民族共同心理素质产生了极大影响。各种成人礼仪增强了民族内聚力，是影响社会凝聚力和民族认同感的重要因素。它通过规范社会，调适人与人的社会关系，使人们产生了巨大的民族认同感与内聚力，使这一民族得以维系和生存发展[27]。笔者认为，汉族是一个极具包容的民族，在汉民族形成、发展的过程中融合了周边大量的少数民族。毫不夸张地讲，古代汉人区分本民族与异族并不是以族群生理上的特征作为区分的尺度，而是以是否接受"礼"的文化为标准。如果异族人以"礼"的标准来指导和规范自己的生活，那么，从文化的角度看这类人群完全可以被接纳为汉族。事实上，清初的满族统治阶级早已认识到统治汉人的难度，人口占绝对劣势的满族如何有效地统治汉族成为一个迫切需要解决的问题。解决的办法无非从汉族的民族认同感上下手，颁布了剃发易服令。整体上看，清朝统治阶级实行的剃发易服令表面是逼迫汉人穿满服、留长辫，本质实则是对汉人士冠礼废除，混淆汉族的民族认同感，打散汉人的民族凝聚力从而进行统治。一方面，汉族自古就有"身体发肤受之父母，不可毁损"的思想观念。剃发本身就是对汉人这一传统思想观念的摧毁，清朝统治阶级提出的"留头不留发，留发不留头"的口号，将反抗最为激烈的汉人从肉体上彻底消灭。另一方面，顺从的汉人则从精神被阉割，失去传统服饰和剃发后将无法进行传统的士冠礼，失去了成为具有独立精神"成人"的可能，更为重要的是没有保留住汉代"明犯强汉者，虽远必诛"的血性。

二、当代汉族成人礼建构的价值因素分析

笔者认为，汉族成人礼在中断近400年后重新建构，需要对传统成人礼中的思想、服饰、仪式进行合理的改造才能达到当今汉族成人礼建构的要求。成人礼核心思想的保留、传统服饰重新确定、汉族成人礼传统仪式的简化成为我们无法回避的问题。

1. 传统成人思想继承与发展是当代汉族成人礼体系建构的核心

众所周知，传统成人思想继承与发展是重构当代汉族成人礼体系的目的，成人礼只是形式，社会责任、家族责任和荣誉才是成人礼建构的核心和重点。1993年12月18日下午，共青团上海市委在黄浦江边新外滩广场，为800名18岁公民举行了"上海市第一届18岁成人仪式"，之后，国内各城市纷纷为18岁的公民举行隆重的成人礼[12]。然而，受功利主义德育倾向的影响，我国"成人礼"仪式在举行时存在只关注公民教育中的学生日常行为规范的部分，忽视了公民教育的精神和思想素养方

面的培养，这是值得反思的大问题[28]。毫无疑问，成人礼与成人思想的培育是形式与内容的关系，成人思想的培育决定了成人礼需要重构，成人礼的仪式又依赖于成人思想的培育，并随着成人思想的改变而发生变化。当成人礼仪式适合成人思想培育时，它对成人思想培育起着有力的促进作用，反之，就会起到严重的阻碍作用。笔者认为，成人礼由内向外由精神、服饰和仪式三个层次组成（图3-1），它们之间关系密切，相互依存，互为表里。

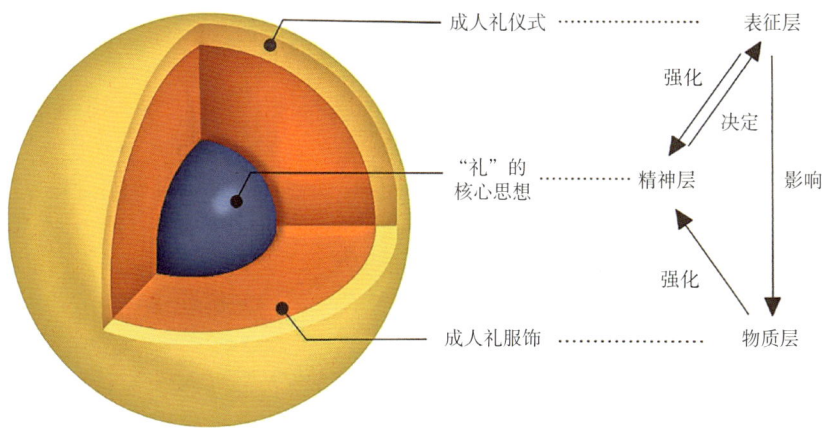

图3-1　成人礼层次关系图❶

由图3-1可知，从结构上看，当代汉族成人礼建构过程中的核心思想是培育出具有责任感和时代感的社会主义新人。毫无疑问，汉族传统成人礼中以"礼"为核心精神、传统服饰与器物为物质工具、仪式程序为表征，成人过程的建构层次具有其合理性，能为当代汉族成人礼的建构提供有益的启示。笔者认为，从当代汉族成人礼的构成层次上看，①当代汉族成人礼应保留"礼"的核心思想，并赋予它适应时代的解释，融入符合当代精神的元素，构成当代汉族成人礼的核心精神层；②当代汉族成人礼所穿的民族传统礼服也应尽快确立，构建起成人礼举行的物质工具层；③当代汉族成人礼仪式的制订也应提上日程，简化、统一，符合时代特征的成人礼仪式构成其表征层。从当代成人礼各个层次的关系上看，精神层决定了表征层，表征层是精神层的外壳。同时，表征层强化精神层。表征层通过创造出合乎仪式的服饰影响着物质工具层，物质工具层则通过特定的礼服强化着精神层。由此可知，以"礼"为核心的传统精神是当代汉族成人礼重构的基础，任何脱离精神层次的，只注重服饰和仪式层面的"成人礼"都是不够完整和完善的，没有真正把握成人礼的精髓。

---

❶　图片来源：卯晓晨手绘。

2. 传统仪式的改造是中国当代汉族成人礼体系建构的基础

汉族传统成人礼是为"士"阶层所设计，具有重要的象征性，仪式过程十分复杂，而且花费很大。如"士"一级的冠礼包括行冠前的准备、三加仪节、宾醴冠者、冠者拜见母亲、宾为冠者取字、冠者见众亲友和尊长、正礼后的仪节等过程。而且冠礼者需要准备三套礼服，分别为玄端、皮弁服、爵弁服。显然，汉族传统的成人礼仪式具有过程复杂和花费甚高的缺点，非平民百姓能力所及。毕竟传统的成人礼仪式是结合古时宫室建筑、衣裳装饰、左右方位，像舞台剧一样，井然有序，显得非常文雅，体现了冠礼的象征性[24]。从空间方面来看，冠礼是在祖庙举行的[29]。而在当代中国社会，家庭已经从四世同堂转变为核心家庭（父母加子女），特别是城市居民公寓式的住宅等，均无法进行传统的成人礼仪式。汉族传统成人礼仪式必须符合现时的建筑特色、服饰特点进行合理的改造，否则将无法传承。笔者认为，汉族传统成人礼仪式的简化改造是构建中国当代汉族成人礼系统的基础。日本和韩国当代的成人礼模式可以为我们所借鉴。事实上日本和韩国当代成人礼也是在传统成人礼中断若干年后重新建构的。

从日本当代成人礼发展的角度看，它可以看作是创新传统的典范。据大量记述日本明治维新❶时期（1868—1912年）历史文献的记载，明治维新后，日本社会全盘西化，废元服礼（即中国的士冠礼）。当代日本成人礼源于古代成人礼，但其现有仪式则开始于1948年[30]。成人节是日本的一大节日，从2000年起每年一月的第二个星期一为成人节[31]，政府会为年满20岁的男女青年在公会堂或区民会馆等处，为他们举办"成人礼"仪式和庆祝活动，而青年男女都要身穿节日盛装（和服）参加[28]。仪式先由町长或村长致辞，对青年进行成年教育并表达勉励之意；随后青年发言和宣誓，表达对父母、学校、社会培育的感恩之情，表达报效社会的决心。从韩国当代成人礼发展的角度看，韩国当代成人礼在传承传统方面处心积虑，既要保留仪式的内核，又要具有时代的创新性。韩国最终在1984年确立每年五月第三周的周一为成人节[32]，年满20岁（虚岁）的女子们身穿传统服装，举行"笄礼"，然后行跪拜之礼；男子们则行"冠礼"，并学习如何用扇子。其行礼过程按中国冠礼"三加"的程序进行，并在"三加"过程中保留了对冠者的"祝辞"[33]。由此可知，日本在建构当代成人礼的过程中，将传统的成人礼简化，使其符合日本当代社会环境，强化法律意识，完成自我身份认同；而韩国在建构当代成人礼时，虽然也进行了相应的简化，但完整保留其核心仪式"三加"程序，具有极强的文化色彩和示范意义。

---

❶ 明治维新是日本从封建社会向资本主义社会转变的资产阶级改革运动。

笔者认为，中国当代汉族成人礼的建构过程中，在对古礼进行符合时代精神的改造阶段，可以借鉴日韩当代成人礼的成功经验。首先，成人礼仪式借鉴日韩两国将传统家庭仪式转变为集体仪式，国家以法定的形式对成人礼的举行时间和地点进行规范，从而适应中国当代的社会环境和生活节奏。其次，成人礼仪式可以融合日本和韩国的模式，在简化仪式的过程中，保留核心礼仪"三加"过程，并将受冠者祝词保留，起到传承文化的作用。最后，将成人礼行礼所需的三套传统服装简化为一套，从而减轻经济负担。

3. 民族服装的确立是当代汉族成人礼体系建构的保障

众所周知，中国的各个少数民族都有自己的民族服装，如蒙古族的蒙古袍、维吾尔族的艾德莱斯、白族的"风花雪月"、纳西族的"披星戴月"、藏族的藏袍等。然而，作为中国人口主体的汉族却没有自己统一的民族服装。究其根源，主要是在清代（1616—1911年）"剃发易服令"的影响下，造成当代中国汉人服饰没有得到传承，形成当代汉人传统服饰认同的混乱。近年相继涌现的"唐装"流行热潮和"汉服运动"，均足以说明中国人有关"民族服装"的困扰至今仍存，尚未得到有效的解决[34]。毫无疑问，一个民族连传统民族服饰都不确定，那么承载着民族服饰、礼仪、人生观的成人礼就无法得到合理的重构。因此，汉族民族服饰的确立是当代汉族成人礼体系建构的保障。何为汉族的民族服饰？学术界在探讨汉族民族服饰时总是将民族服饰与民俗服饰、历史服饰相混淆。民族服饰强调的是一个民族公认的传统服饰，它具有共识性和活态性；民俗服饰则是某一地域某一民族极具地方特色的民族服饰，如陕西农民、福建惠安女、贵州屯堡人等的服饰就是汉族典型的民俗服装。非常不幸的是，当代汉族男性几乎没有民族服饰，明代的民族服饰并没有得到有效的传承与发展，在清廷的政治压力下，突变为满族的长袍、马褂。因此，汉族的民族服饰（特别是男性民族服饰）成为一种历史服饰，需要重新进行确立。笔者认为，汉族民族服饰应以明代服饰为蓝本，毕竟它是在真正意义上的汉服唐装基础上的继承和发展，我们回到民族服饰断裂点上再进行恢复和创新才能体现历史与逻辑的合理性，而一味地在汉服与唐装之间进行争论是毫无可取之处的。

三、中国当代汉族成人礼的重构模式分析

中国当代汉族成人礼活动的复兴是一个系统工程，需要社会、学校和家庭的共同努力，更需要借鉴国内少数民族和国外成人礼的长处，才能有助于进一步规范和完善中国汉族成人礼教育。从世界范围来看，成人礼活动有三种类型，分别为实践

型（英美为代表）、象征型（日韩为代表）、宗教型（印度为代表）。实践型成人礼通过成人实践活动，如单独旅游、参加舞会等完成成人礼；象征型成人礼类似于中国古代的士冠礼，为日韩两国所继承，具有极强的文化和示范色彩；宗教型成人礼则是通过宗教仪式来完成成人礼，通常在宗教仪式中庆祝成人，与亲朋好友一同分享感受，并祈求祝福。

笔者认为，当代中国汉族成人礼体系应包括两个部分，一是士冠礼，二是婚礼。理由有两方面。一方面，有清以来，由于剃发易服令的推行，汉族士冠礼被迫彻底终止，然而清廷为了缓解民族矛盾，又规定了"十从十不从"，其中"仕宦从婚姻不从"这一条充分被汉人所用，即在婚礼时服制与礼仪可依从汉制。因此，自清代开始婚礼兼有成人礼的意味。另一方面，中国古代汉族的成人礼本身就包括士冠礼和婚礼，古籍《仪礼》第一章《士昏礼》完全可以表述为汉人的成人礼，否则没有必要将"士冠礼"和"昏（婚）礼"合成一章。此外，古代汉人又将人生分为八个阶段："人生十年曰幼，学；二十曰弱，冠；三十曰壮，有室；四十曰强，而仕；五十曰艾，服官政；六十曰耆，指使；七十曰老，而传；八十九十曰耄。"[19]由此可知，人在20岁时还处于"弱"的阶段，行士冠礼，进入成年生长期，30岁时才达到完全成年"壮"的阶段，行婚礼。这一点与古希腊时期的斯巴达非常相似，年满18岁的斯巴达青年需要进行军事训练，20岁驻扎边境，到30岁才算通过成人考验，获得完全的公民身份。基于以上的分析，笔者认为中国当代汉族成人礼重构体系应分为"士冠礼"和"婚礼"两个阶段（图3-2）。

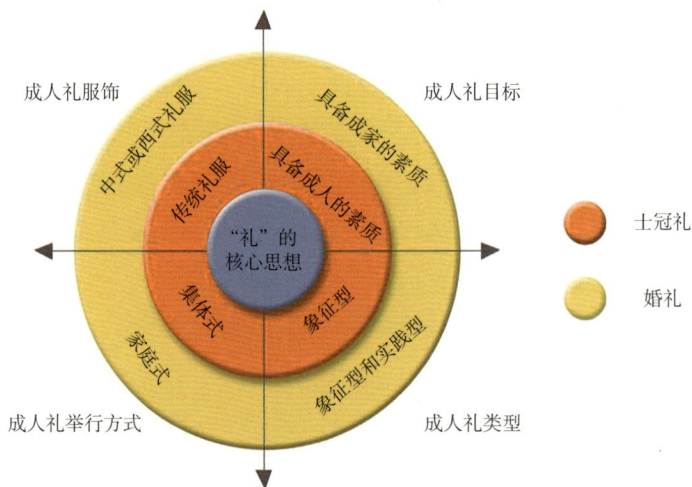

图3-2 中国当代汉族成人礼建构模式❶

❶ 图片来源：卯晓晨手绘。

如图3-2所示，中国当代汉族成人礼建构包含一个核心、两个阶段、四个维面。所谓一个核心是传统以"礼"为基础的人生观和价值观，它体现了传统文化中的精华。任何一个民族之所以成为一个民族，其本质在于传统文化的传承与发展，失去了传统文化的精髓，这个民族也会从本质上消亡，徒有民族的形式。因此，汉族成人礼的核心就是本民族的优秀传统文化。两个阶段是指成人礼体系中的士冠礼和婚礼两个阶段，士冠礼的举行象征着新人已经具备"成人"素质，能够承担起社会与家庭赋予的权利和义务，这是成人的第一步。中国的传统文化中"成家立业"才是完全成人的体现，成家是从自己的原生家庭中分离出来，娶妻组成新的家庭，成为真正的家长，达到完整意义上的"成年"。因此，成人礼的第二步就是婚礼无疑。四个维面即成人礼的组成要素，即成人礼目标、类型、举行方式、服饰。笔者认为，从成人礼目标上看，新人通过成人礼实践以"礼"为基础的人生观和价值观，从而内化到心灵深处。士冠礼象征着具备的是成人的素质，即具备符合社会需求的人。婚礼则象征具备成家的素质，即具备创造、协调亲属关系的素质，这是个人延续的社会要求。从成人礼的类型上看，当代汉族成人礼的建构类型包括象征型和实践型，在举行士冠礼时主要体现象征性，通过20年的社会、学校、家庭的学习和熏陶，传统合乎时代的人生观、价值观逐渐内化至新人的心灵中，通过士冠礼的举行强化这些观念，从而象征着新人从量变到质变的跃迁。而在婚礼的过程中不仅具有象征的意味，同时还具有实践的意味，毫无疑问，婚礼的仪式具有"成家"的意味，而迎新过程则是如何处理亲属关系的一种实践。从成人礼举行的方式上看，士冠礼采用集体式，不仅能符合当代社会的发展趋势，而且起到集体德育的重要作用。婚礼则采用传统的家庭式，毕竟婚姻是两个家庭、两个恋人之间盟约。从成人礼的服饰上看，士冠礼最好采用传统服饰作为其外来表现形式，一方面可以体现文化的传承，另一方面又可保持汉族民族的服饰。而婚礼则可中西式包容，以适应全球化的时代。

第三节 │ "披发左衽，华夷之辨"的考辨

华夏族（汉族的前身）主服最显著特点是"交领右衽"，首服则为"束发着冠"。这是中国古籍中时常提及的区分华夏族与少数民族的根本特征。学术界针对华夏族"交领右衽""束发着冠"现象的研究主要有如下几种观点。①作为农耕民族的华夏族，从事农业劳作时以挥动右手为主要动作。当举右手时，如果右边的袖子连着大片衣襟，就会感觉很沉重。而游牧民族以骑马射箭为重要动作。射箭是以

左手擎弓，所以左襟略小会感觉省力[35]。②华夏族为了御寒保温采用大襟形式重叠用绦带系结，衣服开合在人体的右侧是为了人的左手在上，右手在下怀抱婴儿，右手解衣系带哺乳方便，久而久之形成着衣习俗[36]。③相传开天辟地的盘古❶在倒下的时候，左眼化为日，右眼化为月，因此左为阳，右为阴。所以右衽是阳包阴，为活人穿着，而左衽为阴包阳，古代死者入殓的时候寿衣采用左衽。④上古时期的先民，最初都是披发于肩，后来感到披发在生活中的不便，于是编成发辫，发辫长了之后，干脆盘于顶部，也就是所谓的辫发为髻。此时的辫发为髻中的辫发只是为了盘发的需要[37]。由此可知，学术界针对"交领右衽""束发着冠"现象的研究多是基于种族生存的现实需要以及文化习俗的影响。然而，笔者认为，华夏族"交领右衽""束发着冠"的服饰现象应在民族形成的基础上，进行多因素的分析才有可能得到合理的解释。

一、"交领右衽"与"束发着冠"的形制分析

商周时期，华夏族人物着装形象可以从这一时期的石俑、玉俑以及人物图案窥见其貌。"交领右衽""束发着冠"为其主要特征，交领右衽是其主服的基本形制，束发着冠则是其首服的基本样式。

1. "交领右衽"服装的形制

"交领"是古代的衣领形式，下连到襟[38]，衣襟与衣领相连，交叉在胸前，谓之"交领"。"衽"即衣的两旁掩裳处，衣襟即衽，"右衽"则是左襟压右襟[39]由系带固定在衣身右侧腋下。与"右衽"相对的是"左衽"，形制与"右衽"相反，即右衣襟压左衣襟，系带在身左下侧。"交领右衽"是汉民族服装的象征，颜师古❷（581—645）注曰："右衽，从中国化也。"[40]其形制可以从西周时期（前1046—前771年）开始广泛流行的深衣上得到完美体现。如图3-3所示，归纳起来有如下特征。①整体上看，深衣上下连属，右衽。正如《礼记》中所言："深衣者，谓连衣裳而纯之

---

❶ 盘古，又称盘古氏，是中国古代神话传说中的创世神，由形如鸡卵的混沌之中孕育而生，沉睡而醒后将清浊二气上下撑开，形成了天地，最终因疲惫而倒，声与气以及身体各部分化为世间万物。盘古神话先以民间传说流传至东汉时代，直到三国时期才出现文字记载，最初见于唐代《艺文类聚》所引三国吴人徐整创作的《三五历记》，信仰主要流行于桐柏、泌阳一带。

❷ 颜师古（581—645），名籀，字师古。祖籍琅琊临沂（今属山东），后迁至京兆万年（今陕西西安）。名儒颜之推之孙，仪同三司颜思鲁之子。唐朝大臣、儒家学者，经学家、语言文字学家、历史学家、训诂学家。

采者。"❶②襟上看，续衽钩边，不开
衩，衣襟加长，使其形成三角绕至背
后，以丝带系扎。③长度上看，"短
毋见肤，长毋被土"，其长度应在足
踝间。④领袖上看，由"曲袷如矩
以应方""袼之高下可以运肘，袂之
长短反诎肘"可知，领形应为方形交
领，袖窿的深浅要使肘部运动自如，
袖子长度约为一臂半的样子。

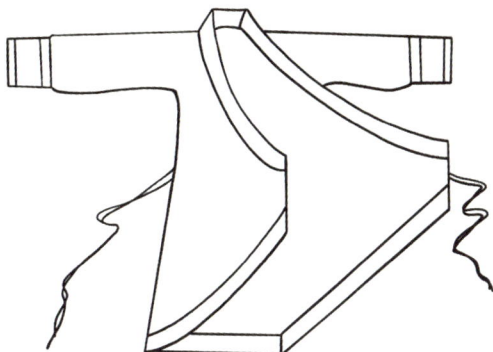

图3-3　右衽深衣的形制❷

2."束发着冠"的首服形制

众所周知，中国古人有留发的习俗，因此有束发的需要。华夏族先民依据性别
束发有两种方式。①男子辫发而冠。从商代的陶俑、玉人造型上可以判断，商代男
子多梳辫，式样有将头发至顶成辫后将辫垂于脑后，有辫发盘头，也有左右梳辫垂
至肩头[41]，然后着冠。其着冠形制的形象如图3-4、图3-5所示，由此可见，商代贵
族男子并无挽发成髻的习惯，而是辫发而冠。其具体着冠的方法可见图3-5跪式玉
人形象，其头梳长辫，从右耳侧往上盘至头顶，绕至左耳后侧，再绕回右耳，辫梢
与辫根相接。再戴一箍，前连卷筒状冠帽[42]。②女子绾发成髻。笄是固定发髻的用

图3-4　商代贵族形象1❸

图3-5　商代贵族形象2❹

---

❶　汉程网。

❷❸　图片来源：戴紫薇手绘，王政重新手绘。

❹　图片来源：王政手绘。

具，商代女子梳髻时在髻上横贯一枝15～16厘米长的骨簪，或用象牙美玉做成双笄。笔者认为，笄至少在商代之前应为女子专用的发具。依据“笄”字的篆体字形可知，“笄”字的篆体“笄”由“竹”（竹）与“幵”（妍，女子）组成，表达了在“笄”字造字之时的性别属性。正如《礼记》中所言，男子二十而冠，女子十五而笄，充分反映了冠与笄最初是分离的。

冠最初并不使用笄，那么它是如何将头发固定在头顶，便于着冠？流行在中国朝鲜族中的“三加礼”给出一定的答案，即初加时，给受礼的男子结发髻，加网巾、加冠。由此可知，采用网巾或发箍的方法将头发固定而便于戴冠。笔者认为，《三才图会》中对笄的解释“簪也，其端刻鸡形，而士以骨为之，大夫以象为之”[43]可能存在着错误，至少在商代及之前，士、大夫不可能使用笄作为发具。首先，《三才图会》中存在着相互矛盾之处，其中对于夏商时期的冠服的描述中没有关于笄的描述。夏之冠曰母追（图3-6），以漆布为壳，以缁缝其上，前广二寸高三寸。商之冠曰章甫（图3-7），其制与周之委貌，夏之母追相似，俱用缁布为之[43]。只是随着时间的推移，到了周代，国君的冠才开始和笄结合起来。如《周礼·夏官·弁师》：“王之皮弁，会五采玉璂，象邸，玉笄。”[44]首次在国君的首服中出现冠与笄的配伍。而士、大夫的首服中则不会有笄，孔子的得意弟子子路❶（前542—前480）

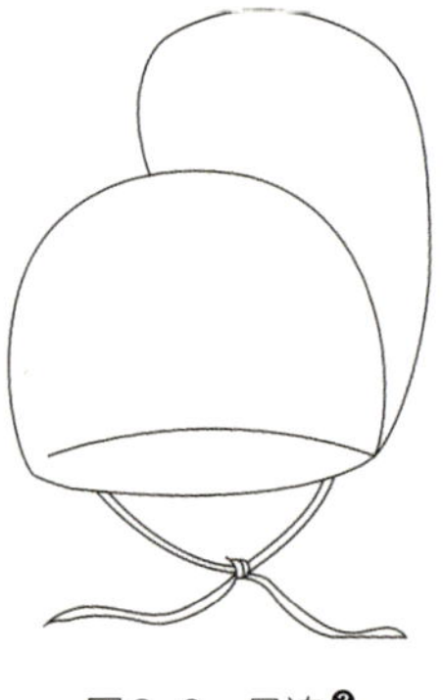

图3-6 母追❷

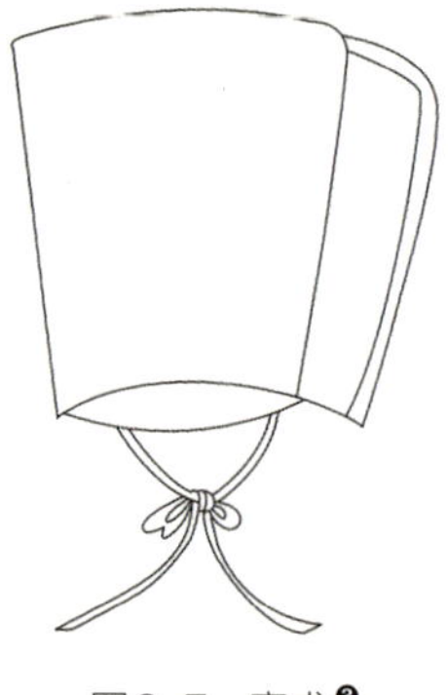

图3-7 章甫❸

❶ 仲由，字子路，又字季路，鲁国卞人（今山东泗水县人）。“孔门十哲”之一、“二十四孝”之一，“孔门七十二贤”之一，受儒家祭祀。仲由性情刚直，好勇尚武，曾陵暴过孔子，孔子对他启发诱导，设礼以教，子路接受孔子的劝导，请为弟子，跟随孔子周游列国，做孔子的侍卫。后做卫国大夫孔悝的蒲邑宰，以政事见称，为人伉直，好勇力，任内开挖沟渠，救穷济贫，政绩突出，辖域大治。周敬王四十年（鲁哀公十五年），卫国内乱，子路临危不惧，冒死冲进卫国国都救援孔悝，混战中被蒯聩击杀，结缨遇难，被砍成肉泥。葬于澶渊（今河南濮阳）。

❷❸ 图片来源：戴紫薇手绘。

临死前的情景正好印证了这一状况，"贵聝惧，乃下石乞、壶黡攻子路，击断子路之缨。子曰：'君子死而冠不免。'遂结缨而死"。[45]子路身为士，打斗中必然弄乱头发，而临死前只是整理冠带，并没有提及笄，说明士及大夫一级的贵族的冠上并没有笄。因此，笔者认为，从三皇五帝活跃的黄河中下游到长江中下游的新石器遗址的贵族大墓中，出土了大量骨笄、骨簪等头饰极可能是墓主妻室所使用的发具，而非墓主本人的发具。

二、"交领右衽"与"束发着冠"的本质解析

由"交领右衽""束发着冠"所确定的华夏族民族形象，随着时间的推移，自然而然地衍生出"披发左衽，华夷之辨"的思想。笔者认为，"披发左衽，华夷之辨"的意义在于标志着华夏族的最终确立，同时也反映了其独特的民族观。

1."披发左衽，华夷之辨"的缘来

"披发左衽，华夷之辨"的思想至少在商代就已经初现，一方面，历史文献记录了至迟在西周时期就已经出现华夷之辨的思想。据《书·毕命》所载："四夷左衽，罔不成赖。"由此可知，至少在《尚书》成书的年代，华夷之辨的思想就已经产生。关于《尚书》的成书年代，王国维（1877—1927）等学者认为《尚书》的成书至迟不会晚于西周，因为孔子已经看到了这本书，并在阅读的基础上加以整理了[46]。然而，从礼仪的用语习惯看，《尚书》应是商中后期及西周作品[47]。另一方面，考古文物印证了至迟在商代就已经出现华夷之辨的思想。如图3-4所示为安阳出土的商代贵族高巾帽、佩觿贵族玉人[48]，其服饰已出现上衣下裳，上衣交领右衽，窄袖短身的形制。从安阳殷墟出土的石俑、玉人可以看出交领右衽、束发着冠的形象已经开始流行起来，反映了华夏族与周边少数民族的形象区分开始初显。

笔者认为，华夏族由三大主体构成，第一大主体是活跃于黄河中游的神农氏炎帝部落，第二大主体是起源于陕西渭水流域的轩辕氏黄帝❶部落，第三大主体则是发

---

❶ 黄帝，中国古代部落联盟首领，五帝之首。黄帝被尊祀为"人文初祖"。在《山海经》里"黄帝"只是诸帝之一，直到春秋战国时期才被定于一尊。据说他是少典与附宝之子，本姓公孙，后改姬姓，也有说已姓。名轩辕，一说名轩。建都于有熊，亦称有熊氏。也有人称之为"帝鸿氏"。史载黄帝因有土德之瑞，故号黄帝。黄帝在位期间，播百谷草木，大力发展生产，始制衣冠、建身车、制音律、作《黄帝内经》等。

源于河南、山东的东夷族❶，即蚩尤❷部落。后来黄帝部落与炎帝部落联盟打败蚩尤部落，三者逐渐融合形成华夏族的雏形。到了夏代（约前2070—约前1600年）末年，作为蚩尤部落的遗族商人迅速崛起，成为天下共主。为了能更好地维持统治，自身必然要融入华夏族的文化中，自觉以文化正统自居，作为东夷族的后裔商人开始类似于北魏时期（386—534年）孝文帝（467—499，471—499年在位）式的服饰改革，并尽力将华夏族与周边少数民族区分开来，形成"披发左衽，华夷之辨"的思想。

2. "披发左衽，华夷之辨"的真相

事实上，"披发左衽，华夷之辨"的历史文献与文物考古发掘资料存在着矛盾之处。继西周之后，春秋至汉代的历史文献均有服饰上华夷之辨的论调。如《论语·宪问》中所言："微管仲，吾其被发左衽矣。"[4]意指如果没有管仲❸（？—前645）辅佐齐桓公❹（？—前643，前685—前643年在位），中原地区会被游牧民族所占据。又如

---

❶ 东夷族，又称东夷，最早是包羲太昊伏羲氏后裔炎黄的一个部落，是华夏的一个重要组成部分，东夷里的其中某些族群的祖先就是包羲太昊伏羲氏后裔黄帝的后代，是炎黄子孙，比如东夷的首领少昊，秦人的祖先伯益，都是黄帝的后代。周朝时变成周人对东方非华夏民族的泛称，并非单指某一族群，所指代的概念随着中原王朝疆域的变化而屡屡变化。商周时期是对东部部族的称呼，随着商代的东夷与华夏的融合，东夷后来变为对东方外族的泛称。在中国中心主义的天下观中，东夷和北狄、西戎、南蛮并称四夷。

❷ 蚩尤，传说中制造兵器的人，又传为主兵之神，与黄帝、炎帝并称"中华三祖"。一说为东方九黎部落首领，有兄弟八十一人，相传以金属（铜）为兵器，后与黄帝战于涿鹿（今河北涿鹿东南），失败被杀。据《述异记》记载：蚩尤氏的耳鬓如剑戟，头有角。

❸ 管仲（？—前645），姬姓，管氏，名夷吾，字仲，颍上（今安徽颍上县）人。周穆王的后代，中国古代经济学家、哲学家、政治家、军事家、散文家。春秋时期法家代表人物。管仲出身贫苦，以商贾为业。自幼与鲍叔牙为知己，鲍叔牙知其雄才伟略，常善待之。后经鲍叔牙举荐管仲为齐相，齐桓公任命管仲为上卿、相国。在位期间采取了一系列的改革措施，对内发展工商、渔盐、冶铁，按照土地的好坏来征收租赋，主张富国强兵，增强了齐国军队的战斗力。举贤任能，制定选拔人才的制度，整顿行政管理系统，使得行政区域更加精细化，维护了社会稳定。对外推行"尊王攘夷"的策略，拥护周天子，实现了"挟天子以令诸侯"，同时与各诸侯国会盟，实现了"九合诸侯，一匡天下"。前645年，管仲病逝。

❹ 齐桓公（？—前643），姜姓，吕氏，名小白。姜姓齐国第十六位国君（前685—前643年在位），春秋五霸之首，姜太公吕尚的第十二代孙，齐僖公第三子，母为卫姬。早年在鲍叔牙保护下，逃到莒国避难。在齐襄公和公孙无知相继死去后，抢先回国，夺取君位。任内励精图治，起用管仲为相，推行改革，实行军政合一、兵民合一的制度，促使齐国逐渐强盛。打出"尊王攘夷"的旗号，九合诸侯，平定宋国内乱，北击山戎，南伐楚国，灭掉谭、遂、郳等小国，成为第一个中原霸主，受到周天子赏赐。晚年昏庸，在管仲去世后，任用易牙、竖习、开方、常之巫等人。公元前643年病死。

《后汉书·西羌传》"羌胡被发左衽，而与汉人杂处"[49]，似乎明确指出束发右衽与被发左衽两者形象之间的对立关系，束发右衽服饰代表了先进稳定的农耕文化，被发左衽服饰则代表动荡迁徙的游牧文化。然而，历史的本原并非如此，笔者认为，至少从古汉字字源学和出土文物研究的角度能说明这一点。

从古汉字字源学角度看，商周时期的甲骨文和金文"衣"字[50]的结构似乎能印证造字之时"衣"的形制（表3-1）。从甲骨文与金文可以看出"衣"至少在商周时期，应该已经出现深衣、短襦、对襟三种形制的衣型。由字形可知，衣襟相互叠压，或向左或向右，两种字体交互使用且并没有确定方向。因此，在甲骨文和金文创始之初，华夏族还不存在严格的左衽与右衽的区别，似乎右衽在当时并没有左衽流行（甲骨文"衣"字的左衽形式要比右衽多）。

表3-1　甲骨文和金文"衣"字暗含的服饰信息表

"衣"字的甲骨文	"衣"字的金文	暗含服饰信息	
		衽的结构	服饰的形制
⿱亠⿰	—	右衽	深衣式
⿱亠⿰	—	左衽	
—	⿱亠⿰	右衽	短襦式
⿱亠⿰	⿱亠⿰	左衽	
⿱亠⿰	⿱亠⿰	—	对襟式

从文物考古的角度看，在西汉时期（前206—25年）儒学大师董仲舒（前179—前104）提出"罢黜百家，独尊儒术"政策前后，均存在着大量身着左右衽服装现象的证据。在儒家兴起前，左衽服装在人们的日常生活中还占有一席之地，如山西侯马出土的东周男女人物陶范（图3-8），女性陶范头戴牛角冠、挂颈串、穿对角雷纹条花左衽长袍，束绅带。而男性陶范则头戴平顶帽，穿雷纹左衽上衣，腰束绅带。到了战国时期，身处中原腹地的洛阳右衽服装文化已经建构起来，如出土于河南洛阳金村韩墓的玉雕战国舞女（图3-9），式样为交领、衣襟开合方向右衽（实物现藏于美国大都会博物馆，沈从文（1902—1988）《中国古代服饰研究》中战国舞女线稿衣襟开合方向左右衽各一，事实上，实物中人物均为交领右衽），袍长曳地，腰束大带。反映了在周代中原地区同时存在着左右衽着装的现象，同时也很好说明了华夏族真正运用右衽作为民族形象有一个缓慢的过程，并非像历史文献记载的那样突然形成的。

图3-8　东周男女人物陶范❶　　　　　　　　　图3-9　战国舞女玉雕❷

　　事实上，即使在儒家兴起之后的汉代，左衽服装也非常流行。根据出土的汉代俑人、绘画与砖刻就能看出其端倪，如江苏徐州北洞山汉墓出土的男立侍俑，据徐州北洞山西汉墓发掘简报所载，其墓中发现男立侍俑共61件，分为3式，其中Ⅰ型35件，Ⅱ型25件，Ⅲ型1件。虽然考古报告认为男立侍俑的服装形制均为交领右衽，然而通过对Ⅰ型标本2223（图3-10）和Ⅲ型标本2284（图3-11）的仔细观察，明显是交领左衽，应属该报告的描述错误。至于其墓主人的身份，据考古简报的分析应为公元前175年至前128年之间的刘郢客、刘戊、刘礼、刘道四代楚王之一[51]。笔者认为，造成徐州北洞山西汉墓中大量出现交领左衽服装形制现象有着深刻的历史原因。汉武帝刘彻❸（前156—前87，前141—前87年在位）在公元前134年实行"罢黜百家，独尊儒术"政治策略，彻底改变西汉初年无为而治的政治策略。然而，自西汉开创之时延续了100多年的"黄老之术"不可能集体式、突发式地退出历史舞台。因此，在远离帝国核心的封国内对于儒家的认同需要一定的时间，其墓中男立侍俑的交领左衽服装形制就是明显的证据。此外，还有广西贵县罗泊湾西汉墓木俑、浙江汉墓出土铜镜上舞人[52]、广州东汉墓出土的舞俑[48]，等等。不难看出，从时间上看，自东周（前770—前256年）至东汉（25—220年）这一时期，交领左衽的服饰现象还大量存在，否则考古发掘这一时期的古墓中不会出现如此多的左衽服饰形象；从空间上看，北方的山西，南方的楚地、江苏、浙江、广东、广西左衽服饰现象广泛存在，反映了其流传广泛与影响深远。

---

❶　图片来源：戴紫薇手绘，王政重新绘制。

❷　图片来源：王政手绘（参考：沈从文.中国古代服饰研究[M].北京：商务印书馆，2017.）。

❸　汉武帝刘彻（前156—前87），西汉第七位皇帝（前141—前87年在位），杰出的政治家、军事家、战略家、文学家。汉景帝刘启与王皇后之子。

图3-10　徐州北洞山西汉墓出土I型男立侍俑标本❶　　图3-11　徐州北洞山西汉墓出土Ⅲ型男立侍俑标本❷

三、"披发左衽，华夷之辨"的价值

　　笔者认为，采用服装上的"交领右衽""束发着冠"来区分华夏族与异族只是儒家所建构的一种文化。披发束发、左衽右衽只是一种风俗习惯，但习惯一旦上升为文化传统，并且作为区分种族的标准就具有非常重要的民族价值，可以很好地反映华夏族在形成之初就极具包容性。首先，从历史的眼光看，最初的民族是氏族部落通过婚亲的方式萌芽、部落联盟的方式发展，是一种自然演化的过程。发展到一定的规模则需要文化的认同进行凝聚和强化，历史经验证明通过武力对异族进行征服和统治并不能将其聚类同化，非常容易造成分裂、解体的局面。西方的基督教世界和东方的伊斯兰教世界均是在宗教文化的名义下，对其所控制的地区进行宗教传播，试图用武力和宗教实施民族的大融合。事实证明，武力加宗教的方式并不能和平、共赢式地达到民族融合的目的，其中必然充满了血与火。近代欧美基督教世界对美洲、大洋洲土著进行的传教与屠杀就是鲜活的案例。同样，伊斯兰宗教激进主义者亦是如此，要么皈依要么死亡的事件还历历在目。然而，中国的华夏族却迥然不同，在民族产生与发展的过程，并没有采用武力与宗教作为武器进行民族融合，相反则是采用较为和平与双赢的方式进行这一过程，即农耕防御加文化吸引的方式。我们筑城保卫自身的农耕文明，垂衣裳而天下治，武力和城墙作为防御的有效手段，以"仁"的精神作为文化的核心，以礼仪作精神的外在形式，服饰作为形式的必要道具，构建一种有次序、仁爱的社会。其次，"披发左衽，华夷之辨"反映了华夏族从未以生理特征作为民族的尺度，而是以是否接受"礼"的文化为标准。如果异族人以"礼"的标准来指导和规范自己的生活，那么，从文化的角度看这类人群完全可

---

❶❷　图片来源：戴紫薇手绘。

以被接纳为华夏族。例如，隋唐（581—907年）的帝王均具有胡人血统，但还是被认定为华夏人，这是华夏与异族在民族认同上的不同之处。正是在这一特殊的民族认同模式下，华夏族得以迅速在古代中国取得主导地位，在人口数量上以压倒性的优势打败其他民族，使异族成为真正意义上的少数民族。儒家以服装的左右衽作为区分本族与异族的标志正是这种思想的体现。最后，正是在华夏创造出高度文明的基础上，中原地区在文化上呈现高度的文化自信，儒家的大儒们将"交领右衽，束发着冠"的民族形象上升到区分族群的层次，在意识形态上建构出以服装的左右衽作为区分本族与异族的标准，深刻体现了华夏族民族的包容性。

第四节 | 中国礼服的类型与形制

中国古代人们对于礼服的使用是非常讲究的，为了严明等级差异，各朝各代几乎都制定了详细的礼服制度，在制式、服色、配饰上，皆规定得十分周详。礼服起源于原始社会的"成人礼"，萌芽于夏商，形成于周代，并历经春秋战国、秦至明、清以降三个阶段的发展流变[53]。冠礼是"成人礼"的高级阶段，作为"礼之始"的冠礼，其执行过程也有着严格的等级之分。王公冠礼的服饰彰显贵族位尊，符合中国古代以"礼"为本的政治理念。

一、礼服的类型和形制

在中国文化核心"礼"的观照下，礼服以原始的"成丁礼"为基础，夏商时期的服饰，已有等级制的特点，反映了一定的礼仪制度。礼服在先秦与秦汉时期备受重视，故而此时礼服的发展也达到鼎盛。周代各项礼仪制度基本厘定，很多成为后世礼仪的模板。因此，周代礼服最具代表性。

1. 冕服

周代礼服中，冕服最具代表性。玄冕、衮冕皆属周代冕服体系之列。冕服由冠冕和相应的礼服组成，主要用于祭祀活动。我们从古字形中可以看出，甲骨文"𠑑（免）"像人头上戴着有角饰的帽子。当"免"的"帽子"本义消失后，篆文𠚉再加"冃"（帽）冖另造"冕"代替。冕指的是古代官员有旒的礼帽。篆文异体字䋎以"糸"糸代"冃"冖，强调帽子的丝品流旒。隶化后楷书冕将篆文字形中的冖写成⺆，将篆文字形中的兔写成免。根据所祭神灵等级的不同，君王会使用不同的冕服。六冕（表3-2）分别为：①大裘冕；②衮冕；③鷩冕；④毳冕；⑤希冕；⑥玄冕。此外，六冕还与大带、革带、韨、佩绶、赤舄等相配[54]。这六种冕服最大的区别在于章纹的不同。等级越高，章纹越多。大裘冕使用十二章纹，仅在祭祀昊天上帝时使用；衮冕使用九章，鷩冕使用七章，毳冕使用五章，𫄨冕使用三章，玄冕只在裳上绣"黻"一章。天子以下也可使用章纹，但必须按照等级来确定章纹的数量。儒家规定"天命有德，五服五章"（《尚书·皋陶谟》）。儒家认为，五种等级的纹饰区分乃是天意。汉代规定，除了天子使用十二章纹外，诸侯可使用龙以下八种章纹，大夫可用藻、火、粉米，士只能使用藻、火。平民等"白衣"不得绘纹饰。至明代，龙纹的使用才被帝王垄断。

　　金文"𧙹（衮）"由"𧘇（衣，服装）"与"公（公，王侯）"组成，表示王公之衣。篆文"衮（衮）"将金文字形的包围结构调整成上中下结构，将金文字形中的"公（公）"写成"𠓷"，将金文字形中的"𧘇（衣）"写成"衣"。说明衮是古代王公祭祀时所穿的绣有卷龙纹的礼服，龙纹的躯干卷曲，螺旋蟠卷，因而走动时呈现卷龙游动的动态。

表3-2　冕服分类及穿用场合表❶

服名	场合	备注	图例
大裘冕	祀昊天、上帝、五帝	—	
衮冕	享先王、王受诸侯朝觐于庙	自公之衮冕至卿大夫之玄冕，皆其朝聘天子及助祭之服。诸侯非二王后，其余皆玄冕而祭于已	

❶ 图片来源：肖蝶手绘（参考：聂崇义.新定三礼图[M].上海：上海古籍出版社，1985：6.）。

服名	场合	备注	图例
鷩冕	享先工、飨、射	自公之衮冕至卿大夫之玄冕，皆其朝聘天子及助祭之服。诸侯非二王后，其余皆玄冕而祭于已	
毳冕	祀四望、山川		
希冕	祭社稷、五祀		
玄冕	祭群小祀、天子与其臣之视朔		

2. 玄端

玄端（图3-12），是西周的一种"齐服"，即上至天子下至士都可以穿着。甲骨文"🦶（端）"由"🦶（'止'上有水，即涉水）"与"🧓（老，拄杖者）"组成，表示老人拄杖涉水。篆文"🦶（端）"再加"🏛（立站直）"另造"🦶"代替，表示老人拄杖直立。据《说文解字》记载：端，直也。从立，耑聲❶。由此可知，端采用"立"作偏旁，意为人端正站立。另外，玄端裁制时每幅布都是正方形，所以名为玄端，提醒穿着者要注重内在的德行修为。"玄"是黑色，在正色中，黑色地位高于其他颜色，黑色喻庄严之意，是天之色。可见，玄端地位之高。因此，玄端是很多仪式的礼服，用于冠礼的初加，意喻冠者应经成年，应该"弃尔幼稚，顺尔成德"。从玄端到爵弁服，再到冕服，仪礼从日常礼到政治军事再到祭祀，集合了周人一生中最为重要的状态和礼仪活动。可以说周代冠礼不是一个单一的仪式，它是周代重要仪礼的一个小的集合体，人们利用服装"正名"的作用，提醒新成人必须谨守自己"名分"所要遵守的礼仪规范，善尽"名分"所要承担的责任和义务，不可僭越。其实质是一种思想上、行为上的禁锢，是一种政治统治手段。周代冠礼以服饰传递了对冠者的期盼，完成了权利和责任的赋予；同时加以祝词明确提出对冠者德行的要求和祝福，两者相互配合，教育意图清晰明了，教育目的事半功倍，是隐性教育与显性教育的一次完美结合，值得现代成人礼借鉴。

图3-12　玄端❷

3. 皮弁服

皮弁服（图3-13）始于商周，郑玄注《周礼·春官·司服》"皮弁服"曰："朝之事，皮弁之服，十五升白布衣，积素以为裳。"可知周代皮弁一般作为朝服，其上衣为白色，下身为腰间带褶皱的裳，为与皮弁白鹿皮相配也是白色。皮弁服与皮弁相配，视为朝服，天子、诸侯视朝和士助君太庙听政时皆服之。皮弁服是一种极重要的礼服。郊天、巡牲、朝宾射礼等场合可以穿服；征伐或田猎时，也可以穿着皮

---

❶ 许慎.说文解字[M].北京：九州出版社，2001：600.
❷ 图片来源：肖蝶手绘（参考：聂崇义.新定三礼图[M].上海：上海古籍出版社，1985.）.

弁服。周代冠礼将其作为再加之服，除寓意成人者不可忘古，还暗示加弁之后，青年便可参与国家政治和军事活动。

图3-13　由左及右依次为：童子服、朝服（玄端素裳）、皮弁、爵弁❶
根据《新定三礼图》整理，依据《仪礼·士冠礼》，服饰中没有玉佩及身后绶带

4. 深衣

"深衣"（图3-14）周代即已出现，因其"可以为衣，可以为武，可以摈相，可以治军旅，完而弗费"，深衣逐渐流行起来。深衣是用途最为广泛的一种礼服，不分男女贵贱，适合场合广泛。深衣最初出现在春秋战国时期，后来逐渐演变为袍服，所以袍服亦属深衣制。据马端临（1254—？）在《文献通考》中记载："按三代时，衣服之制，其可考见者，虽不一，然除冕服之外，唯玄端（端衣）、深衣二者，其用最广。玄端则自天子至士，皆可服之，深衣则自天子至庶人皆可服之……至于深衣，则裁制缝衽，动合礼法，故贱者可服，贵者亦可服，朝廷可服，燕私亦可服，天子服之以养老，诸侯服之以祭膳，卿大夫服之以夕视私，庶人服之以宾祭，盖亦未尝有等级也"[55]。由此可知，在西周时期，深衣用途之广泛，可作为朝服，也可作为常服[56]。再次，钱玄对深衣又有进一步的论述，即"深衣，其制衣裳相连，为诸侯、大夫、士燕居之服，又为庶人之常服，如后代之长袍"[57]。至汉代，深衣服制已极为普遍，深衣逐渐演变为朝服。到东汉，因内衣的完善，曲裾逐渐淘汰，直裾开始流行，因其形制与袍最为接近，故慢慢统称为袍。

---

❶ 图片来源：肖蝶手绘（参考：聂崇义.新定三礼图[M].上海：上海古籍出版社，1985.）。

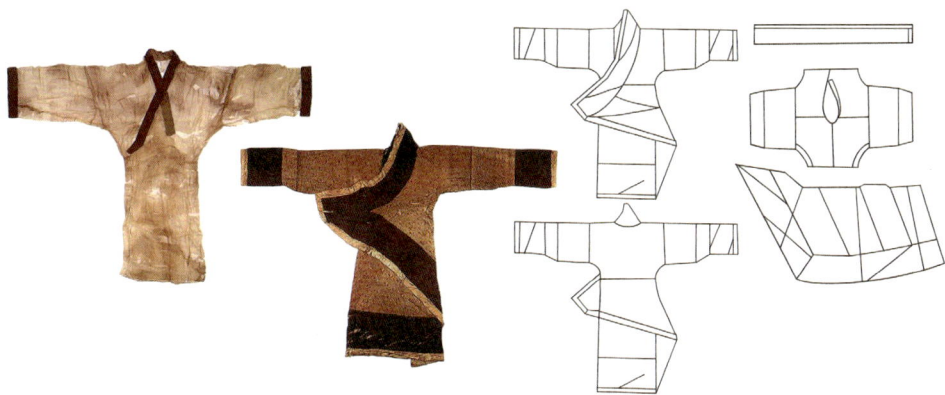

图3-14 马王堆出土襌衣、曲裾袍❶

《后汉书·舆服志》对汉代贵族女子礼服有较为详细的记载，汉代贵族女子的礼服皆为深衣制，通过服装色彩及发饰的差别区分等级，在汉代女性服装深衣其规格高于上衣下裳的分体服饰。另外，据《后汉书·礼仪志》记载："正月甲子若丙子为吉日，可加元服，仪从冠礼。乘舆初（加）缁布进贤，次爵弁，次武弁，次通天。以据冠讫，皆于高祖庙如礼谒。王公以下，初加进贤而已。"[49]汉代皇帝行冠礼时加四次冠，先后为进贤冠、爵弁、武弁和通天冠。与汉代服饰相适应，出现了缁布进贤冠，并且还要多加一次通天冠。王公以下，只加一次进贤冠而已。可推测进贤冠是这一时期使用普遍的冠式。可见，汉代冠礼的过程之繁杂精致[58]。

二、行冠礼时的礼服

周代冠礼仪式过程烦琐复杂，每一过程都有严格的规定，服装上尤为如此，根据《仪礼·士冠礼》的记载，不论是冠者还是冠礼上其他的人，在冠礼过程中，穿着搭配都要得宜，且有明确的规定，如表3-3所示。

表3-3 周代礼服

加礼	等级	首服	衣裳	配件	足服
初加	士	缁布冠	玄端、玄裳、黄裳、杂裳	赤而微黑的蔽膝，无章纹；缁带	黑屦，青布绚、繶、纯
	诸侯	缁布冠	玄端素裳	赤而微黑的蔽膝，绘火纹，黑舄，赤绚、繶、素色镶朱边大带	黑屦，青布绚、繶、纯

❶ 图片来源：白瑞.庄子美学思想在家居服中的设计应用[D].西安：西安工程大学，2018.形制图为肖蝶手绘。

续表

加礼	等级	首服	衣裳	配件	足服
初加	王	缁布冠	玄端素裳	赤而微黑的蔽膝，绘火、山，黑舄，赤绚、繶、龙；素表朱里缘边大带	黑屦，青布绚、繶、纯
再加	士	皮弁，无装饰	白衣素裳	素色蔽膝、无章纹；缁带	白屦，黑布绚、繶、纯
	诸侯	皮弁，每会九个三种颜色玉珠	白衣素裳	素色蔽膝、绘火纹、素色镶朱边大带	白屦，黑布绚、繶、纯
	王	皮弁，每会十二个五种颜色玉珠	白衣素裳	素色蔽膝绘火、山、龙三，白舄，青绚、繶、章；素表朱里缘边大带	白屦，黑布绚、繶、纯
三加	士	爵弁	玄端纁裳	黄赤色蔽膝，无章纹，缁带	浅绛屦，黑丝帛、绚、繶、纯
	诸侯	爵弁	玄端纁裳	黄色的蔽膝，绘火纹，素赤舄，黑丝帛绚、色镶朱边大带	赤舄，黑丝帛绚、繶、纯
	王	爵弁	玄端纁裳	朱色的蔽膝，绘火、山、龙，素表朱里镶朱边大带	赤舄，黑丝帛绚、繶、纯
四加	士	—	—	—	—
	诸侯	玄冕，三旒九珠，三彩	玄衣纁裳	黄色的蔽膝，绘火纹，素色镶朱边大带	赤舄，黑丝帛绚、繶纯
	王	衮冕，十二旒十二珠，五彩	玄衣纁裳	朱色的蔽膝，绘火、山、龙，素表朱里镶朱边大带	赤舄，黑丝帛绚、繶纯

从表3-3中可以看出周代礼服的变化：前三加，天子、诸侯服饰与士服一样，但细节上却等级立显；最后一加的冕服更是贵族身份的象征，这与周代"天下无生而贵者"的论点矛盾，但在周人眼中却是理所当然。这并不难理解，因它本身就构建于周代礼治的基础之上，周代以"礼"治国，礼是不可逾越的一切事物的标准，尊卑、亲疏、长幼有别的社会被认为是最合理而完美的。古人选择服饰为冠礼仪式的载体，与我国古代服饰的特性是分不开的，它不但有可见的外形之美，更能彰显内在含义，如天人合一、阴阳五行之说。仪式当中，古代服饰具有很强的"表现性"，在冠礼中这一特征展现得尤为明显。

第五节 │ 周代服装与组玉佩的嬗变关系辨析

周代是中国礼制发展的鼎盛时期，其服装的形制等级分明、尊卑有序。早在商代，华夏民族就基本确立了上衣下裳、束发右衽的服饰特点，周代对其进行明确的规定和划分。随着周王朝对"礼"的不断强调，服装也被赋予了精神含义，成为礼制的重要内容，襦裙和深衣的发展是统治阶级用来进行阶级统治的必然。在周代社会井然有序、等级分明的制度下，佩玉不仅是彰显贵族身份的标志，还是礼制中的重要组成部分。在历史环境下，组玉佩不仅承担着礼制约束的作用，又能作为配饰存在。随着周代考古实物的增多，人们把更多的目光集中在服装形制或组玉佩礼制的研究上，如李岩[59]《周代服饰制度研究》从历史的角度研究周代礼服的变迁，邹华[60]在《论〈诗经〉女性服饰描写与周代文化精神》中从古典文学的角度分析了周代服饰，刘明辉[61]在《两周时期组玉佩初步研究》中从考古实物出发分析组玉佩的起源与发展。然而，学术界鲜少有人将组玉佩的发展与周代礼服联系起来，对组玉佩宏观上的研究也不够深入。因此，对周代服装形制和组玉佩的关系研究还有研究的空间。笔者首先从周代礼服款式及其变迁规律入手，继而分析周代组玉佩起到弥补襦裙礼服上缺陷的作用与深衣礼服无须组玉佩的优势，最后论证深衣的广泛流行中断大型组玉佩的发展。

一、周代礼服款式及其变迁规律分析

周代礼服款式的变迁从传统的上衣下裳制到深衣制最后到上下连属制的袍服，其中的变化与政治背景和社会文化息息相关。政治背景规定了上衣下裳的正统地位，人们对实用性的追求导致袍服的兴起。

1. 传统的上衣下裳制的衣裳体现了深厚的政治思想

夏商时期建立上衣下裳制，中国古人几千年来一直沿用这种形制，认为上衣下裳象征着天地秩序，衣对应"乾"，代表天、男，裳对应"坤"，代表地、女。在周代上衣下裳也象征着尊卑等级秩序[62]。周朝在推翻商朝后，将礼制推崇到极高的地位，其原因是商朝为了加强奴隶主的统治，强调"王权"与"天命"，并以严苛的刑罚对待人民，引起人民的反抗之心最终覆灭，而借助奴隶反抗力量而建立的周朝明白了"天命"的荒谬，不再尊崇"天命"，并改变了统治思想和方式，以分封制和宗法制巩固政权，在思想上崇尚"德"和"礼"[63]。周代在服饰上统一了上衣下裳的冠冕制度，将不同等级的人整合起来，并通过形制等区分尊卑贵贱。从此上衣下裳不只是服装的形制，还是统治者治国的工具，蕴含着周代统治者独特的礼教思想。

2. 内衣外穿上下连属制的袍服体现了实用主义倾向

袍最初是作为内衣使用，夏季轻薄透气，冬季可以夹絮保暖。但是人们在日常生活中发现袍服面料挺阔，衣身宽大，整体造型庄重、结构严谨能够将人体完全包裹，符合周代礼制对服装形制的要求。从此袍服被大众所认可当作外衣穿着，甚至秦汉时期规定袍服作为礼服使用[64]。袍服的实用性主要体现在两方面。一是袍服以宽广博大为主，由于古代织布工具的限制，周代布料的幅宽难以制成整件衣服，因此袍服结构复杂，由多裁片组合而成，上衣为斜裁，下裳则是正裁，这种裁剪方式使袍服上身后更贴合人体，行动更加方便。并且战国时期拱手礼是最常用的基本礼仪，贵族进退出行都需拱手，而无须拱手礼时要保持"敛手"的姿态，保证肤不外露，袍服衣袖宽大可以将双手藏于内袍之中[65]。二是商周时期的裤是无裆的套裤，只有前后两个裤管，这种裤与下裳配套[54]，然而无裆就要格外注意是否"非礼"，袍服衣领相交，在领口中心处形成"y"字形，这种形制无形加长门襟的宽度，并提高了腰线的位置，穿着时门襟处尽量向后延伸，加强了下身的包裹性，很大程度避免了行、坐时出现"非礼"现象。因此，袍服不仅穿着舒适又符合周代严谨的社会风气，逐渐成为我国最重要的服装形制之一。

二、周代组玉佩形制弥补礼服上的缺陷

周代礼仪和等级制度森严，组玉佩的形制更是贵族身份和地位的象征。笔者根据组玉佩佩戴方式的不同将其分为佩戴式组玉佩和佩挂式组玉佩。

1. 佩戴式组玉佩能有效解决上衣的闭合

佩戴式组玉佩的特点是其顶端形态为一玉串套，通过配套的形式而使整个组玉佩与身体紧密贴合。根据先秦时期出土的组玉佩及其佩戴部位，笔者认为，可以将先秦时期佩戴式组玉佩划分为颈部组玉佩与肩部组玉佩两种形态。

（1）颈部组玉佩主要体现等级观念

人们对颈部进行装饰最早可追溯到旧石器时代，使用的是兽牙、贝、珠和石头等材料，到了周代，随着打磨技术的进步，受崇玉原始思想的影响，颈部装饰开始盛行。玉被打磨成精美的造型装饰在颈部，并将玉簧、玉管、玉珠等玉器有规律地从大到小或从小到大的方式上下串联起来，形成具备礼玉性质的颈部装饰型组玉佩。这种组玉佩是周代身份地位的象征，等级地位越高的人佩戴的组玉佩就越长，且结构也越复杂。

众所周知，我国古代服装形制是上衣下裳制，虽然夏商时期没有出土实物来证实，但是从甲骨文中与"衣"相关的字样可以看出上衣的基本形态是两襟相交，并且燕下都遗址内发现一件战国时代的铜人像[66]（图3-15）完整清楚地展现了西周的服装形制是窄袖右衽交领，图中的腰带虽然具有象征意义但更多是起到固定衣片的实际作用。虽然早期服装可以在衣襟处系结用来固定衣片的位置，但是系结与腰带都不能使衣服完全包裹身体，尤其是在等级制度森严的周代，周人的服装都伴随着礼制的约束，而在行、坐、跪的过程中，由于衣物不闭合暴露身体皮肤产生的"非礼"现象是不被允许的。

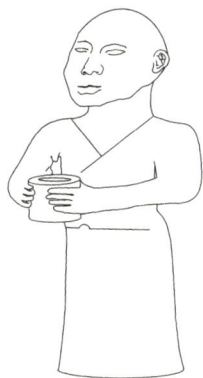

图3-15　燕下都遗址战国时代的铜人像❶

自1992年起，天马曲村遗址北赵晋侯墓地共出土六璜组玉佩，均是缠绕在墓主颈部，垂于胸腹部，主要使用的材料是玉璜、玉珩、玉珠等，形状类似，仅在使用璜的数量上有不同。其中北赵晋献侯夫人墓中出土的六璜组玉佩（图3-16）由408件玉璜、料珠、玛瑙组成[67]，清晰可见其体积巨大，有一定重量。笔者认为，这样大型的颈部组玉佩佩戴在身上，其自身带有的重量和玉佩的面积大部分覆盖住衣襟，串联而成的组玉佩也能极好地贴合身体形状，依靠自身重量有助于衣襟的闭合，使"非礼"现象不复存在。西周时期组玉佩的盛行极有可能与帮助衣襟闭合的实用作用有关。通过对北赵晋侯墓出土的组玉佩的墓主身份整理分析，笔者发现颈部组

图3-16　北赵晋侯墓地六璜组玉佩❷

玉佩只在国君及国君夫人、侧夫人墓中出现。不仅如此，在翼城霸国墓地、平顶山应国墓地、长安张家坡墓地等诸侯墓地中均未发现除国君及国君夫人、侧夫人之外的人有颈部组玉佩，如果日常生活中需要组玉佩用来压住衣襟，那世子及卿大夫墓中也会出现颈部组玉佩[68]。并且颈部组玉佩使用的玉饰数量骇人，少则几十件，多则由几百件玉饰构成，大多数长度在50cm以上，佩戴时仅有颈部一个支撑点，必然承受如此大的重量。综上所述，笔者认为佩戴组玉佩具有防止暴露皮肤的作用，而颈部组玉佩不是国君等生前佩戴之物，仅作为明器用来划分等级地位而出现在墓中。

（2）肩部组玉佩的形制与佩戴方式体现了其服装配件的作用

肩部组玉佩就是玉牌联珠式组玉佩，由玉牌、玉珠、料珠、玛瑙、贝类等呈放射状串联组成。组玉佩戴有区分身份等级的作用，在诸侯及其夫人、侧夫人墓中出

---

❶❷　图片来源：肖蝶手绘。

现表明墓主的地位。根据周代诸侯墓的考古发现，肩部组玉佩出土的墓主都是女性，其身份均为诸侯夫人，这表明肩部组玉佩是贵族女性使用的组玉佩[69]。除此之外，考古发现出土多璜组玉佩的女性墓中还会出现玉牌联珠组玉佩，两者同时陪葬在诸侯夫人墓中，而多璜组玉佩极有可能作为明器出现，那么玉牌联珠组玉佩就是诸侯夫人日常装饰之物随主人陪葬。根据山西绛县横水西周墓葬群中倗伯夫人毕姬墓和天马—曲村晋侯墓地晋献侯夫人墓中出土的骨牌联珠串饰组玉佩（表3-4）可以看出，整件组玉佩最上部是一件梯形骨牌，骨牌上有许多小孔，将玛瑙管、料管、玉管和海贝呈放射状由上至下串联起来，骨牌下的串饰共有10串。在形制上，玉牌联珠组玉佩相比于多璜组玉佩的长度更短，玉牌也比玉璜更轻，玉牌下面的串饰使用的材料多为重量轻的玛瑙和贝类。从佩戴方式上，玉牌联珠组玉佩出土于墓主肩部，并且形制上没有可缠绕颈部的串饰，只能依靠肩部佩戴，玉牌联珠组玉佩的整体造型多是梯形，串饰呈放射状，佩戴时玉牌下的串饰分散在肩部，受力面积大，承担的重量完全可以作为日常佩戴，放射状的串饰覆盖衣襟开合处，减少衣片与身体之间的缝隙，既符合礼制要求又具有强化衣襟贴合的作用。综上所述，笔者认为玉牌联珠组玉佩是周代诸侯夫人日常佩戴之物，用来避免"非礼"现象的发生。

表3-4　周代联珠式组玉佩❶

编号	名称	时代	出土地点	墓主身份	构成情况
M1：114	骨牌联珠串饰组玉佩	西周中期	山西绛县横水西周墓	倗伯夫人毕姬	由梯形骨牌，玛瑙管、料管、玉管、海贝等组成。骨牌之上是3排玛瑙管。骨牌之下是10串玛瑙珠海贝串饰[70]
M31：70	玉牌联珠组玉佩	西周晚期	天马—曲村晋侯墓地	晋献侯夫人	出于墓主人胸部右侧，由654件玉牌、玛瑙珠、料珠组成[67]。玉牌是整件组玉佩的核心，形状呈梯形，玉牌的上方和下方各有数个穿孔，分别穿挂数串玉珠、料珠、玛瑙珠等

---

❶　图片来源：肖蝶手绘。

2. 佩挂式组玉佩全方位地避免了非礼现象

佩挂式组玉佩盛行在春秋战国时期，主要由玉环、玉珩、玉珠、玉管和龙形玉佩穿系组合而成。最早的组玉佩形制图（图3-17）是郭宝钧（1893—1971）根据辉县琉璃阁战国早期M60出土的实物与古籍描述，复原了一组战国时期佩挂式组玉佩。这组复原图清晰可见佩挂式组玉佩由中间的玉璧，上下两个玉璜作为主体，下半部分的玉璜两侧半圆形玉饰叫作"牙"，中间方形空心叫作"冲玉"，人佩戴行走时，冲牙相撞，提醒君子时刻注重礼仪。先秦时期佩挂式组玉佩不仅在国君与贵族墓葬中见到，同时在大量的古文献中也有详细的记载。因此，佩挂式组玉佩体现了一种阶级性，即统治阶级各个阶层均能佩挂。

实际上，佩挂式组玉佩的形制并不规范统一，贾峨认为："从战国早期到西汉早期的组玉佩……迄今为止尚未发现组玉佩的构件是完全一致的，这种现象足以证明它的组合尚无定制。"[71]根据江陵武昌楚墓出土的彩绘漆木俑（图3-18）我们可以直观地看到佩戴方式，该木俑左右两侧各有一串组玉佩，其组合方式为璜、环、管、珠等玉饰上下串联而成，两串组玉佩形制大小相同，佩戴方式从胸处或颈部垂直向下，长至脚踝。河南信阳出土的彩绘漆木

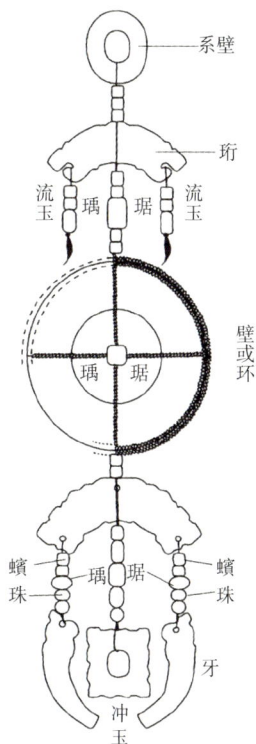

图3-17　郭宝钧复原战国
"组佩"形制❶

女俑（图3-19）与前者不同，均使用腰腹间系带方式佩戴，以中间女俑为例，其组合方式为，锦带交叉穿过彩带和玉环，玉环左右两侧各串5个玉珠，连接彩带和玉璜，左右各串3个玉珠，彩带穿过玉珠，下系玉环。佩挂式组玉佩无论从颈部或腰间佩戴的长度均至脚踝，这个长度的组玉佩能很好地压制住下半身的衣料，虽然骨牌联珠组玉佩具备帮助衣襟更好闭合的作用，但是肩部组玉佩联珠结构使上身之后，玉珠串呈分散开的状态，从肩部下垂至腰部以下，玉珠串对下裳的压制力越来越小，难以起到有效地防止隐私暴露的作用，而佩挂式组玉佩的结构由多种玉器串联，遵循着从上到下逐渐变大的规律，从左到右组玉佩的结构呈现梯形、三角形的构架，更具稳定性。因此，与佩戴式组玉佩相比，佩挂式组玉佩更能全面地覆盖下裳的衣片，全方位地避免暴露隐私。

---

❶　图片来源：秦雨萱、孙婉莹手绘。

图3-18　湖北江陵武昌楚墓出土彩绘漆木俑❶

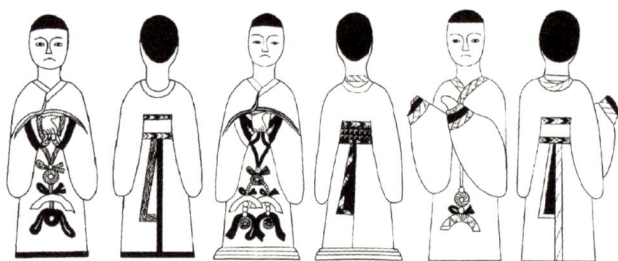

图3-19　河南信阳楚墓出土彩绘漆木女俑❷

三、深衣制礼服无须玉佩成为平民形制的主流

笔者认为，深衣款式结构复杂，服装形制遵循传统，每个部位都蕴含着礼制，符合时代主流思想，除此之外，深衣是连体式的长衣，能更好地遮挡肌肤，具备很强的实用性。因此，深衣在春秋战国时期盛行，其思想性与功能性占据了主导作用。

1. 深衣制礼服化决定其裁剪符合礼制

深衣最早出现于春秋战国时期，其形制为交领右衽、衣和裳单独裁剪再缝合一体，为了符合上衣下裳的传统形制。后来这种衣和裳分开裁剪在中间缝为一体的形制被称为深衣制。深衣最初在贵族中流行，东周时期便不分阶层广泛流传起来。春秋时期百家争鸣，礼制作为周代的核心文化仍然主导着人们的日常生活，而深衣的流行必然与礼制息息相关。《礼记·深衣》记载："古者深衣，盖有制度，以应规矩绳权衡。短毋见肤，长毋被土。"[72] 由此可知，春秋战国时期礼制规定服装形制不可裸露皮肤，也不可太长拖地，从形制上看深衣衣长至脚踝处，续衽钩边，右衽处斜裁一片三角形布料，穿着时绕着腰间，多层缠绕将皮肤覆盖，完全符合礼制要求。除此之外，深衣下裳被裁剪为12幅，代表着12个月[73]，袖口裁剪为圆形代表圆规，领口方如曲尺代表着正方，后背中线直至脚踝代表正直，下摆整齐代表着权衡，深衣的每个部位都体现了儒家思想中的规、矩、绳、权、衡[74]。《后汉书》曾记载孔子常穿着深衣，深衣也被称作儒服，深衣宽衣大袖，使身体深藏不露，穿着深衣的人行为举止都成为包容、内敛、公正的儒者形象。综上所述，深衣的形制处处体现着礼制和规矩，发挥着约束穿着人的行为举止的作用。

---

❶❷　图片来源：秦雨萱、孙婉莹手绘。

2. 深衣的形制避免了低坐具非礼现象

我国坐具的演变是一个从低坐具向高坐具发展的过程，在原始社会时期，人们的休息方式是箕居和蹲居两种席地而坐的方式。到了商周时期，人类进入文明社会，席地而坐姿势粗俗并且此时下裳的形制还有缺陷，席地而坐会导致下体裸露，为了避免此事发生，人们不得不选择跪坐的方式[75]。在礼法和规矩约束的周代，人们不可以将皮肤裸露在外，尽管跪坐能避免下体出现"非礼"现象，但是脚踝部分的皮肤也容易显露出来。而此时深衣形制出现，深衣门襟宽大，腰部的腰带可以有效收紧下摆部位，并且直裾深衣下摆裁片为整片布料包裹性强，曲裾深衣下摆裁片为斜向纱线，弹力大，续衽钩边的燕尾状下摆还能很好地隐藏坐具，当收紧腰带时，无论坐、立都不会出现"非礼"现象。

四、深衣的广泛流行中断大型组玉佩发展

笔者认为，组玉佩的发展变化与服装款式密切相关，夏商时期确立的"上衣下裳"服饰制度发展至注重礼仪规矩的周代时，组玉佩变得尤其重要，其一组玉佩可以作为区分身份地位的工具，其二组玉佩体积大，有一定的重量，能起到避免隐私暴露的作用。春秋战国时期，礼乐制度的崩坏、深衣的广泛流行，使人们不再需要组玉佩，一定程度上影响了组玉佩的发展。

1. 上衣下裳传统服装款式急需组玉佩来避免隐私暴露

古代中国人早在殷商时期就确立了正统的服装是上衣下裳形制，并在此之后很长时间一直沿用，尽管考古学家没有发掘出殷商时期的服装实物全貌，但是当时出土的玉人、玉俑明确展现出了服装款式。根据对河南安阳殷墟妇好墓出土的头戴高巾帽玉人的分析[48]，殷商时期的王公贵族身着衣长至膝盖处的交领右衽窄袖衣，下身穿着裙裳，腰部系宽带，腹部垂坠长条形蔽膝。笔者认为，在周代礼制森严、要求身体不能露出的社会背景下，上衣下裳形制具备缺陷，此时的上衣内衣形制不完善、衣片交叉处难以完全闭合，古人的下裳还是裙子的形制，尽管已经产生了裤装，但是此时的裤是没有裆部的设计，因此在行、坐的过程中稍有不慎就会暴露隐私。针对这一问题，古人也在服装上进行了两个重要的改进，其一，在腰间束宽大的带子，起到对上衣无系带起到勒紧的作用，避免因衣片裂缝暴露隐私；其二，在穿着者的腹部佩戴上窄下宽的蔽膝[76]，其悬垂性好、面积大、有一定重量能避免因步伐大、快，风吹将下裳掀起，导致非礼的情况出现。综上所述，周代的王公贵族需要使用组玉佩来压住衣片避免走光。尽管从夏商时期出土的玉人并未佩戴组玉佩，

但是河南安阳殷墟妇好墓出土的玉器数量大、种类复杂，难以区分玉器的具体用途，其中用于服装上的玉珠、玉串也占据一部分比例，可见商周时期的诸侯夫人使用组玉佩使衣襟更好闭合是非常符合时代背景的行为。

2. 上下连属服装形制的出现加速了组玉佩的衰落

周代重视礼制，组玉佩作为规范礼仪的工具，起到了很大的作用。学术界普遍认为，组玉佩的设计理念主要有三。①礼仪性理念。组玉佩能够彰显自身地位，用于表达王侯贵族的身份。②功能性理念。组玉佩可以使步伐得到节制，从而避免因步伐过大而发生暴露隐私部位的情况。③精神性理念。组玉佩将自身与道德相联系，通过道德对贵族进行说教。正如《礼记·玉藻》所言："君子无故，玉不去身，君子玉比德焉。"[77]，这三种设计理念充分体现了组玉佩集象征与功能性于一体。

除此之外，笔者认为还有一些需要补充。一方面，佩挂大型组玉佩不仅能使步伐节制，更为重要的是能发出玉器碰击之声，正是由于周代上衣下裳正统服装形制的缺点，坐姿稍有不慎就会出现"非礼"情况。组玉佩发出的声响不仅可以提醒贵族自身时刻注意整理衣裳，同时，当贵族出门之时这种玉器所发出的声响也能提醒其他人，注意自己的衣裳，避免暴露隐私情况的发生，避免贵族看到"非礼"之象。另一方面，深衣的出现对于服装款式缺陷而暴露隐私的问题起到了一定的作用。深衣上下相连，衣襟处连接三角形衣片，将其缠绕在身后，被体深邃，使衣服更好包裹身体，减少因皮肤露出产生的"非礼"行为。深衣不仅具备功能性，其结构上下相连，但是裁剪时分为上下两片，制作时将上下衣片拼合，说明深衣遵循传统体现了其内在的礼制。春秋战国时期王权衰微、各诸侯国脱离周王朝的管控，周天子的"礼治"走向崩坏，礼治附属下的佩玉制度走向衰落也是必然的，深衣的广泛流行导致古人不再需要组玉佩压住衣襟避免走光。因此，组玉佩的衰落是功能性与象征性双重作用下的结果。

参考文献

[1] 周斌. 略论"礼起源于祭祀"说[J]. 都市家教（下半月），2010（2）：181.

[2] 许慎. 说文解字[M]. 北京：九州出版社，2001：2.

[3] 向津润.《说文》"示部"字的宗教解释[J]. 黑龙江史志，2014（11）：320-321.

[4] 郭超，夏于全. 传世名著百部之论语孝经[M]. 北京：蓝天出版社，1998：15，53.

[5] 张自慧. 从词源学视角探礼之起源[J]. 山西师范大学学报（社会科学版），2007，34（6）：37-41.

[6] 王守谦，金秀珍，王凤春. 左传全译[M]. 贵阳：贵州人民出版社，1990：673.

[7] 王毓. 论荀子的"圣人制礼说"[J]. 周易研究，2015（4）：81-88.

[8] 张自慧. 礼文化的价值与反思[M]. 上海：学林出版社，2008：36.

[9] 赵逸之. "礼"字文字学、哲学文化内涵探源——以《论语》文本为例[J]. 石家庄学院学报，2017（1）：32-35.

[10] 马念珍. 析古代祭祀活动与中国法的起源[J]. 贵州社会科学，2007，213（9）：166-168.

[11] 戴庞海. 冠礼起源于母系氏族时期考[J]. 河南师范大学学报（哲学社会科学版），2006，33（3）：143-146.

[12] 牛素红. 成人礼对人生意义的解析[J]. 内蒙古民族大学学报，2010，16（3）：36-38.

[13] 周绚隆. 试论中国古代的冠礼[J]. 西北师范大学学报（社会科学版），1993（4）：57-61.

[14] 丁世良，赵放. 中国地方志民俗资料汇编（东北卷）[M]. 北京：书目文献出版社，1989：239.

[15] 丁世良. 中国地方志民俗资料汇编（西北卷）[M]. 北京：书目文献出版社，1989：91.

[16] 林永匡，袁立泽. 中国风俗通史（清代卷）[M]. 上海：上海文艺出版社，2001：203.

[17] 罗祎波. 汉唐时期礼仪服饰研究[D]. 苏州：苏州大学，2011：17.

[18] 牛佳鑫. 古代头衣常用字"帽、冠、巾"的演变研究[J]. 文教资料，2017（12）：22-23，38.

[19] 孙希旦. 礼记集注[M]. 北京：中华书局，1989：129，1412-1413.

[20] 伊力奇. "成人礼"的来源、类型和意义[J]. 中央民族学院学报，1986（3）：40-43.

[21] 覃广光，冯利，陈朴. 文化学辞典[M]. 北京：中央民族学院出版社，1988：318.

[22] 刘泽华. 论儒家文化的"人"[J]. 社会科学战线，1988（1）：83-91.

[23] 戴圣. 礼记[M]. 刘小沙，译. 北京：北京联合出版公司，2015：126.

[24] 杨华. "弃尔幼志"：中国古代的成人礼仪[J]. 武汉文史资料，2017（4）：48-56.

[25] 梁利，蔡军波. 作为"礼之始"的士冠礼[J]. 史志学刊，2007（6）：11-12.

[26] 孙希旦. 大戴礼记解诂[M]. 北京：中华书局，1989：1414.

[27] 李娟. 成人礼文化传承及变迁探析[J]. 阜阳师范学院学报（社会科学版），2005（3）：93-95.

[28] 郑琼琼，潘梅. 中日比较视域下的现代"成人礼"仪式之建构[J]. 中国德育，2011（2）：59-62.

[29] 萧放，贺少雅. 伦理：中国成人礼的核心概念[J]. 西北民族研究，2017（2）：165-174.

[30] 潘梅. 仪式中的隐性德育——以日本现代成人礼为例[J]. 基础教育参考，2010（9）：32-35.

[31] 武小燕. 日本"成人式"的现状及其启示[J]. 河南教育学院学报（哲学社会科学版），2009（1）：87-90.

[32] 田景. 韩国文化论[M]. 广州：中山大学出版社，2010：253.

[33] 韦婧曦. 国外成人礼对我国的启示[J]. 中国德育，2017（7）：35-38.

[34] 周星. 新唐装、汉服与汉服运动——二十一世纪初叶中国有关"民族服装"的新动态[J].

开放时代，2008（3）：125-140.

[35] 李任飞. 中国衣裳 [M]. 北京：中国青年出版社，2017：10.

[36] 赵刚. 浅析"右衽"为上的着装习俗 [J]. 中国民族博览，2017（6）：5-6.

[37] 吴爱琴. 商周时期的发式 [J]. 史学月刊，2008（3）：124-126.

[38] 卢翰明. 中国古代衣冠辞典 [M]. 台北：常春树书坊，1990：20.

[39] 诸葛铠. "男左女右"与左衽、右衽 [J]. 装饰，1998（3）：57-57.

[40] 王晓梦. 汉服基本元素的传统文化内涵解析 [J]. 现代装饰（理论），2014（6）：127-128.

[41] 袁仄. 中国服装史 [M]. 北京：中国纺织出版社，2005：26.

[42] 孔德明. 中国服饰造型鉴赏图典 [M]. 上海：上海辞书出版社，2007：15.

[43] 王圻. 三才图会 [M]. 上海：上海古籍出版社，1988：1500，1512.

[44] 孙诒让. 周礼正义 [M]. 北京：中华书局，1987：2535.

[45] 许嘉璐. 二十四史全译·史记 [M]. 上海：汉语大词典出版社，2004：916.

[46] 郭泳. 夏史 [M]. 上海：上海人民出版社，2015：192.

[47] 朱建亮.《尚书》成书年代考析 [J]. 公共图书馆，2016（4）：69-75.

[48] 沈从文. 中国古代服饰研究 [M]. 上海：上海书店出版社，2011：33-34，155.

[49] 范晔. 后汉书 [M]. 北京：中华书局，1965：2878，3105.

[50] 唐汉. 发现汉字：图说字根 [M]. 西安：陕西师范大学出版社，2007：244.

[51] 邱永生，魏鸣，李晓晖，等. 徐州北洞山西汉墓发掘简报 [J]. 文物，1988（2）：2-18，68.

[52] 杨豪. 我国古代尊右卑左制俗与衣着左衽右衽 [J]. 岭南文史，2003（1）：19-21，49.

[53] 王艳波. 基于仪式感的冠礼及其价值研究 [D]. 西安：西北大学，2019.

[54] 黄能馥，陈娟娟. 中国服装史 [M]. 北京：中国旅游出版社，1995：25，55.

[55] 张晓芝，王慧颖. 中国传统文化十六讲 [M]. 重庆：重庆大学出版社，2019：63.

[56] 刘婵英，朱励恭. 深衣礼制考 [J]. 科技信息，2009（21）：595-596.

[57] 钱玄. 三礼通论 [M]. 南京：南京师范大学出版社，1996：99.

[58] 徐蕊. 汉代礼服研究 [J]. 辽宁师范大学学报（社会科学版），2017，40（5）：130-135.

[59] 李岩. 周代服饰制度研究 [D]. 长春：吉林大学：2010：1.

[60] 邹华. 论《诗经》女性服饰描写与周代文化精神 [J]. 中央民族大学学报（哲学社会版），2013（4）：138-142.

[61] 刘明辉. 两周时期组玉佩初步研究 [D]. 郑州：郑州大学，2017：1.

[62] 华梅. 中国服饰 [M]. 北京：五洲传播出版社，2004：9.

[63] 王春晓. 从周代冠冕制度看儒家礼制思想 [D]. 天津：天津师范大学，2010：10.

[64] 华梅. 中国服装史 [M]. 天津：天津人民美术出版社，1989：14.

[65] 夏添. 先秦至汉代荆楚服饰考析 [D]. 无锡：江南大学，2020：25.

[66] 佚名. 燕下都遗址内发现一件战国时代的铜人像[J]. 文物, 1965（2）: 43-43.

[67] 张崇宁, 孙庆伟, 张奎. 天马——曲村遗址北赵晋侯墓地第三次发掘[J]. 文物, 1994（8）: 22-33.

[68] 李斌, 唐素, 熊兆飞. 先秦时期组玉佩起源与形制研究[J]. 艺术设计研究, 2022（2）: 52-60.

[69] 张睿祥, 欧秀花, 刘潮. 两周组玉佩形制的嬗变及相关问题[J]. 中原文物, 2015（5）: 76-84.

[70] 宋建忠, 吉琨璋, 田建文, 等. 山西绛县横水西周墓发掘简报[J]. 文物, 2006（8）: 4-18.

[71] 贾峨. 中国玉器全集·春秋战国[M]. 石家庄: 河北美术出版社, 2005: 774.

[72] 钱玄. 礼记（下）[M]. 长沙: 岳麓书社, 2001: 777.

[73] 杜康. 深衣制对后世服饰文化的影响研究[J]. 山东纺织经济, 2019（12）: 14-17.

[74] 王艺璇. 儒家"礼"文化影响下的汉代服饰研究[D]. 长春: 长春工业大学, 2018: 45.

[75] 张妍. 中国古代服装形制与坐姿及坐具的关系研究[J]. 丝绸, 2016（7）: 74-80.

[76] 臧迎春. 中国传统服饰[M]. 北京: 五洲传播出版社, 2003: 20.

[77] 吕友仁, 吕咏梅. 礼记全译·孝经全译[M]. 贵阳: 贵州人民出版社, 1998: 583.

第四章

中国古代常服的
起源及其文化

中国古代常服的发展是其符号功能和实用功能抗衡对话的结果。在政治生活中，朝廷以服饰明确秩序、区分等级；在日常生活中，儒士以服饰修身养正，以成君子。以衣守礼的观念在历史上屡遭挑战，儒道的对立与互补、民族的冲突与融合，均对传统服饰的符号功能产生冲击，促成服饰的实用功能与符号功能的动态平衡。透过中国古代常服的起源及其文化，可以看到历史上曾经的王权至上、等级分明，更可看到古代的君子风标、自由精神、务实态度和包容情怀。

第一节 | 古汉字字源学视角下内衣的起源

所谓内衣，是指紧贴人体皮肤表面穿着的衣服，其历史源远流长。在中国古代最早把内衣称为"亵衣"，"亵"为轻薄、不庄重的意思[1]。有关中国内衣起源及其形制的问题，目前中国服装史学界的研究呈现以下两大的特点：其一，出于猎奇的心理，注重对古代女子内衣形制与文化的分析，对中国古代内衣缺乏系统深入的研究，特别是古代男子内衣研究的缺失，如陆笑笑[2]、徐茂松[3]等观点；其二，相关的内衣研究涉及中国古代男女内衣，但对内衣起源问题缺少系统深入的探讨，如范洪梅[4]、毕亦痴[5]等观点。显而易见，服装史学界一方面将内衣的起源与服装的起源相混淆，忽视了服装整体概念与具体服装的差异，将内衣的起源时间大大提前；另一方面，从内衣起源动因角度进行反推，即从今人的视角出发推演内衣出现的动机，具有严重的辉格史观。因此，全面系统地研究中国古代内衣的起源与形制还有非常重要的意义与提升的空间。笔者首先对内衣起源蔽膝说的观点进行质疑，用价值分析的方法确立服装起源于蔽膝，但蔽膝并不是内衣源头的观点。其次，将内衣出现的物质基础与精神动力作为内衣起源的必要条件，进行科学合理的分析，确定初态内衣采用的材质与起源的价值。最后，运用古文献与古汉字字源学与考古实物相互印证的研究方法分析中国古代内衣的具体称谓与形制。

一、内衣起源蔽膝说的质疑

蔽膝又称为芾、韍、韨、韐、袚、韠、帗、绂、被等，它的形制由束在腰间的一片腰带和下垂至膝下的一段条状物组成，腰带平直，下垂的条状物上窄下宽，状若斧形[6]。服装史学界普遍认为，内衣起源于蔽膝。然而，笔者认为内衣起源于蔽膝还有待商榷，存在着一些疑问。

1. 蔽膝礼服的属性否定了其内衣的源头

蔽膝是一种较原始的服装形态，其尺寸正如东汉（25—220年）儒家学者郑玄（127—200）所言："其制上广一尺，下广二尺，长三尺，其颈五寸。"[7]蔽膝的形制如图4-1所示，蔽膝以罗为表，绢为里，其色缥上下有纯，去上五寸所绘各有差，大夫芾，士曰嫁[8]。服装史学界普遍认为，蔽膝能起到保护腹部和生殖系统免受外伤和病害作用，体现了内衣保护身体的基本功能，并且强调了内衣贴体性、防护性的特征，为后续衣裳制度的完备和内衣体系的完善奠定了基础[7]。显而易见，这种观点辉格史观较为严重。事实上，蔽膝的原型被称为"芾韠"（图4-2），据《三才图会》所言："芾太古蔽膝之象，字当作韨古字通用，冕服谓之芾，其他服谓之韠，以韦为之。"[7]由此可知，即使蔽膝的前身芾韠也具有冕服的特性，即礼服。简言之，站在反辉格与服装通史的角度，内衣的起源问题就转化成蔽膝是否为内衣的问题，如果蔽膝是内衣，那么服装的起源类型就是内衣，反之亦然。

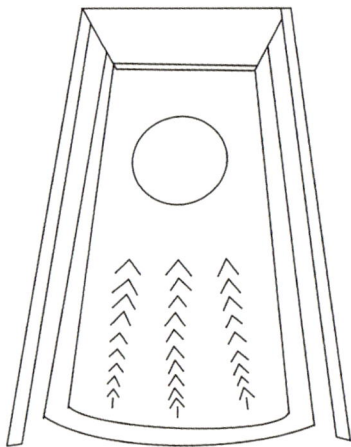

图4-1　蔽膝形制图❶

图4-2　芾韠形制图❷

2. 蔽膝是服装的起源而不是内衣的起源

事实上，笔者并不赞同蔽膝为内衣的观点。首先，从服装起源的价值来看服装产生于劳动的需要，作为携带与打猎工具而存在，显然与内衣护体的功能相违背。古汉字字源学能为我们提供大量辅证，汉字"衣"在作为字根时有很多字就表达包裹的意思。例如，篆体"裹（裹）"表达了采集的"果（果实）"用"仐（衣服）"

包住，便于果实携带。又如篆体"❧（装）"字反映了"壮（男子）"远行时打包裹物（❧）。当然，"衣"除了被作为包裹工具外，还可被作为打猎的工具，如金文"❧（奋）"表达了用"❧（衣）"奋力捕捉"田（田里）"的"隹（鸟）"[9]。肯定会有人质疑用衣捕鸟的可能性，毫无疑问，在人类诞生之初，赤身露体之时，人与鸟之间的安全距离应该是远比现在要近很多，这一点可以在动物界的狮子与秃鹫之间的安全距离来说明。然而，当人类发明了捕鸟的工具"❧（衣）"（此处的衣可能是网的初状）之后的很长一段时间，鸟类经过无数次惨痛的经历，才渐渐加大了人与鸟之间的安全距离，造成现在无法再用"衣（❧）"来捕捉鸟类。

其次，最初的蔽膝为原始服装的初态形制，但并不是内衣的最初形制。甲骨文"❧（巾）"与"❧（带）"的字形就能反映服装的原始形制与蔽膝形制相似。一方面，从巾字的象形上看，就是一块遮盖在裆部的遮羞布，因为人身上能戴挂巾的部位非腰间不可。同时，这一点与蔽膝相符合。另一方面，从带字的象形上看，"❧（带）"为皮质腰带并系于腰间，起到联结"❧（前巾）"与"❧（后巾）"的作用。虽然甲骨文"❧（带）"字是用来说明腰带的原始意义，但从服装起源的角度看，原始服装的最初形制极可能是皮质腰带加上前巾与后巾的简单结构。事实上，前巾与后巾的作用本不是为了遮羞，而是便于携带工具。正如东汉郑玄所言："古者田渔而食，因衣其皮。先知蔽前，后知蔽后。"[10]为什么先有前巾，然后才有后巾？这一点与南美亚马孙河流域，原始部落的现代原始人的着装非常相似。因为原始的工具均是石、木、骨等材质制作，如果用腰带将其直接或间接系于腰间，原始人在奔跑时这些工具会击打到身体的关键部位（生殖器），需要一块皮质面料在裆部将工具与身体隔开。然而，当原始人的工具逐渐增多后，除了身体正面腰带上悬挂小件的工具或包裹，还需要在身体背面腰带上悬挂。因此，"先知蔽前，后知蔽后"就有了合理的解释。总之，前巾和后巾的出现均起到保护身体免受携带工具或包裹的伤害。综上所述，无论是从服装起源的价值还是原始服装的最初形制看，蔽膝并不属于内衣的范畴。

二、内衣起源的物质与精神基础

内衣的起源是需要一定的物质与精神条件。笔者认为，物质基础是纺织技术的产生以及纺织面料成为外衣的大宗原料；而精神基础则是仪式的发展与完善，礼仪观点的全面建构。只有当纺织技术发展到能够织造出较为精细的纺织面料与礼仪观点的全面完善之时，内衣才具备出现的可能性与必要性。

1. 纺织面料的出现为初态内衣的产生提供了重要物质基础

众所周知，人类服装起源学说中有"皮服说"与"卉服说"两种观点，同时，笔者有充分的理由[11]认为，"皮服说"更科学与合理。然而，服装的起源并不等同于内衣的起源。从原始内衣的材质上看，其材质必定是纺织面料，而不可能是皮毛面料。笔者认为主要有以下两方面的原因。一方面，从服装发展史的角度来看各类服装的起源遵循着由外向内、由皮向布的发展轨迹。事实上，原始人类的初态服装并没有严格的内外之分，它起源于携带工具与包裹的需要，其形制为一条皮制腰带，加上前巾与后巾，深刻地反映了劳动工具的特性。从原始初态服装的特性上看，它更加具有外衣的性质。另一方面，原始人类的皮革加工处理技术也不足以生产出符合内衣特性的面料。事实上，皮革面料也不具备内衣所要求的轻薄、透气等舒适特性，即使能生产出轻薄的皮料，人们也不会用来制作内衣。如明代宋应星（1587—约1661）在《天工开物》一书中明确指出皮革主要用于外衣及鞋帽，即使"或南方短毛革，硝其韜如纸薄，止供画灯之用而已"。[12]因此，在原始社会皮革处理工艺非常落后的状态下，皮革也不会作为内衣的面料，只有当纺织面料出现后，内衣的出现才具备技术上的可能性。

2. 礼仪观点的建立为原始内衣的产生提供了主要精神动力

根据马克思主义哲学的观点，物质决定意识，意识反作用于物质。中国服装以及内衣的起源也生动形象地验证了这一观点。从服装起源的角度上看，服装的出现基于劳动的需要，它提高了原始人类的生产效率，拓展了其生存空间。初态服装以工具的面貌出现在原始人类的生活中，当这种工具成为合格的成年原始人类的标配之时，相关的礼仪与道德观点就会应运而生，并通过礼仪与道德强化服装的价值。当适龄的原始人通过成人的考核，就会举行相应的成人礼仪，在礼仪进行的过程中必然会相应地授予包括服装在内的生产工具。然而，考核失败的青少年原始人并没有得到生产工具，羞耻、道德的观念就此会产生。因此，裸露身体的羞耻与不道德并不是裸露身体的行为，其本质是自身能力不符合原始社会人才规范的标准。

当然，内衣的出现则是礼仪与道德发展到相当完备阶段的产物。从内衣的价值上看，初态内衣除了其实用功能外"礼"的需要可能是促进其起源发展的重要因素。笔者认为，保护外衣以及防止暴露隐私部位则成为初态内衣的主要价值所在。一方面，从古汉字"泽"字的分析中，不难看出，"泽"是汗衣，具有防止人体汗渍、污物污染外衣的作用，是"礼"生活规范的要求。究其根源主要有以下原因。①随着原始人类生产技术的进步，人口数量必然会持续增长，其结果又会带来对服装面料的大量需求。事实上，作为农耕文明社会的华夏民族，皮毛根本无法承载大量人口对服装面料的需求。因此，纺织面料替代皮毛成为服装面料的大宗成为历史必然。然而，相对于皮毛面料，纺织面料外衣由于抗污性较差，需要内衣来减少汗渍对外衣的污染。②原始人类女性月经期见红的现象可能也是内衣出现的一种诱因。如果没有内衣的阻隔与有效处理，经血必然污染外衣。事实上将经期妇女隔离的现象，在人类社会发展早期，特别是原始社会大量存在[13]。一般说来，很多民族都不同程度地认为经血与有害的力量有关。对于某些社会来说，每当妇女来月经的时候必须与男子严格地隔离开来，这不仅是他们的一种风俗习惯，而且是神圣的法律，任何违反都被认为将要使犯者个人和社会全体生病或死亡[14]。由此可知，在没有内衣与月经带的情况下，经期妇女被隔离是显而易见的。由于女性内衣或月经带均能有效地阻止经血污染外衣，从而消除引起人们视觉与心理的不适，当女性内衣出现后，这种妇女被隔离的情况才会逐渐消失。③原始服装的结构简单且作为工具而存在，根本无法杜绝走光现象。然而，随着伦理道德的发展，当暴露隐私部位成为一种耻辱与不道德的行为时，内衣出现也就显得非常必要，它能有效地防止走光现象的频发。综上所述，无论是用内衣来减少污物、汗渍对外衣的污染，还是避免隐私部位的暴露，均是出于"礼"的需要。"礼"的需要规范着人们的着装行为，内衣正是在"礼"刺激下不断强化并发展起来。

三、中国古代内衣称谓的溯源

众所周知，中国古代内衣被通称为亵衣，然而，亵衣根据着装者性别又有着具体的称谓。中国最早有关亵衣具体称谓见诸《诗经》与《左传》，中国最早男子亵衣的具体称谓出自《诗经·秦风·无衣》："岂曰无衣？与子同袍。王于兴师，修我戈矛。与子同仇！岂曰无衣？与子同泽。王于兴师，修我矛戟。与子偕作！岂曰无衣？与子同裳，王于兴师，修我甲兵。与子偕行！"[15]此处出现三种衣物，即"袍""泽""裳"，其中"泽"毫无疑问属于内衣的范畴。一方面，根据古文献可以明确"泽"就是"亵衣"。正如《说文解字》中所言："泽（襗），亵（褻）衣近汗垢，释名曰，汗衣、近身受汗垢之衣也。"❶由此可知，《诗经》中"泽"就是"亵衣"，即先秦时期人们所穿的内衣。另一方面，古汉字字源学也能提供"亵衣"为内衣的证据，如金文"🖐️（亵）"字表达了用手在"介（衣）"里"执（执、抓、摸）"的意思，毫无疑问，只有将手伸进内衣才能摸到身体，这里的"亵衣"就是内衣。又如篆文"裸（裸）"字是由"亡（亡，无，没有）"与"口（口）"组成否定语气，表达"执（执，抓）"扒掉内"衣（衣，服装）"暴露肉体"月（月，肉，代身体）"，即脱光所有衣服，暴露身体是一种不雅的行为[16]。同时"泽"特指先秦时期男子所穿内衣，成语"同袍同泽""袍泽兄弟""袍泽之谊"似乎能证明"泽"的阳性特质，

---

❶ 刘熙.释名[M].北京：中华书局，2016：75.

内衣都能相互借穿的男子，那么一定是过命的兄弟。

先秦时期女子内衣的称谓可见《左传·宣公九年》所载："陈灵公与孔宁、仪行父通于夏姬，皆衷其衵服，以戏于朝。"[17]此处的"衵"，陆德明释文："妇人近身内衣也。"引申为一般内衣[18]。《广韵·入质》："衵，妇人近身衣。"❶即女人穿的贴身内衣。事实上，随着时间的推移，衵服逐渐失去阴性特质，如《后汉书·文苑传下·祢衡》所言祢衡（173—198）"先解衵衣，次释馀服，裸身而立"。[19]由此可知，衵服至迟在东汉（25—220年）末年亦可称谓男子的贴身衣物。

四、中国原始内衣的形制分析

中国初态内衣从形制上看按性别应该分为男、女内衣。经过笔者的分析，男子内衣遵循里亵衣（最里面内衣）为泽、亵衣为袍的形式。女子的内衣遵循里亵衣为衵、亵衣为袍的形式。

1. 中国初态男子内衣"里泽亵袍"

笔者认为，中国男子初态内衣的形制应为"袍"与"泽"的样式，《诗经》中"同袍同泽"的典故就能生动地反映这一点。中国服装史学界对于"泽"为男性内衣几乎已经达成统一，鲜有任何疑问。"泽"的形制《广雅·释器》中明确指出："襗（泽），长襦也。"又如宋代朱熹❷（1130—1200）《诗集传》："泽，裹（里）衣，以其亲肤，近于垢泽，故谓之泽。"而长襦的衣摆长至大腿的上部到膝间，因此，这种长襦下摆处至少应能包裹到裆、臀部位置。秦重装射手俑如图4-3所示，这一类型的秦俑身穿齐膝长襦，外披铠甲，下穿短裤，腿扎行縢，足穿浅靴[20]。虽然，秦代长襦已开始外衣化，但其内衣形制大概如此。

同样，根据古文献的记载，袍最初表达的是"苞也，内衣也"，袍即长袍，包住全身[21]。袍在先秦时期主要是作为内衣穿着的，男女皆穿，所以穿着时必须加罩外

---

❶ 国学典籍网。

❷ 朱熹（1130—1200），字元晦，一字仲晦，号晦庵，又号紫阳，世称晦庵先生、朱文公。徽州婺源（今属江西）人，生于建州尤溪（今属福建）。中国南宋理学家、哲学家、思想家、政治家、教育家、诗人。朱熹是唯一非孔子亲传弟子而享祀孔庙的人，位列大成殿十二哲者；是"二程"三传弟子李侗的学生。朱熹的哲学体系以"二程"的理本论为基础，吸取周敦颐太极说、张载的气本论及佛、道教思想而形成。与"二程"学说合称为"程朱理学"。其思想对元、明、清三朝影响很大，成为三朝官方哲学。其著述甚多，有《四书章句集注》《太极图说解》等，后人辑有《朱子大全》《朱子集语象》等。其中，《四书章句集注》成为钦定的教科书和科举考试的标准。朱熹著有一千二百五十多首诗作，有着不容忽视的造诣和成就。

衣[22]。除此之外，袍亦可作贵族的燕居之常服，据《汉书·舆服志》记载："袍者，或曰周公抱成王晏居，故施袍。"[23]作为内衣的袍服形制如江陵马山一号楚墓出土素纱绵袍N-1，其形制如图4-4所示，整体为上衣与下裳两大部件缝合而成，腰缝线以上用八幅织物对称斜拼，腰缝线以下八幅竖拼，幅均正裁。正是因衣面用本色素料，不饰文采，反证它必是帖身穿着的内衣[24]。然而，当代有些学者根据《说文·衣部》中对"衷"字的解释，"衷，裹亵衣，春秋传曰，皆衷其衵服"❶，而推测亵衣内面衷衣才是内衣，有如今之汗衫、秋衫之类紧身内衣[25]。事实上，笔者倾向于"袍"与"泽"均为先秦时期男子内衣的范畴，主要有以下几点理由。①《诗经》中"同袍同泽"所表达的深厚的战友情谊，能隐喻"袍泽"的内衣属性，"袍"为亵衣，类似现代的秋衣，"泽"则是里亵衣，类似现代的汗衫。毫无疑问，能互借外衣的关系并不稀奇，而能互穿内衣的关系必定为生死之交，袍泽兄弟。②根据大量古文献的相关记载，衵服最早是指代女性的贴身衣物，直到汉代才出现男着衵服的记载，并且先秦时期男女里层内衣并不是相同的形制，否则《左传》所载陈灵公、孔宁、仪行父着夏姬衵服行为并不会被作为荒唐、无耻之事而记录。③"泽"作为里亵衣虽然其形如长襦，但由于先秦时期并没有袴子之内的下身衣物，因此，还需要"袍"这种长亵衣的层叠防止不雅的走光现象。

图4-3　秦重装射手俑❷

图4-4　江陵马山一号楚墓出土素纱绵袍N-1
形制图❸

2. 中国女子内衣形式上"里衵亵袍"

从初态内衣的形制上看，女子内衣"衵服"其形制类似于汉代的"抱腹"。一方面，从中国女性贴身衣物衵、膺（先秦）、抱腹（汉代）、诃子（唐代）、抹胸（南唐）、主腰（明代）、肚兜（清代）等名称来看，最早有关女性内衣的记载出自《左

---

❶　许慎.说文解字[M].北京：九州出版社，2001：479.

❷❸　图片来源：孙婉莹、秦雨萱手绘。

传》，并首次出现"衻服"的称谓[17]。又据刘熙《释名·释衣服》解释，衻服先秦称"膺"，汉谓之"抱腹"，抱腹的形制为上下有带，抱裹其腹，上无裆者也❶。笔者根据这些相关的古籍记载，倾向于衻服如图4-5所示。另一方面，中国民间亦有用布缠胸，再以带子系至背后的传统女性内衣形制，与《说文·衣部》中亵衣亵袢也相吻合。因此，笔者倾向于衻服的形制与抱腹相类似的观点。

综上所述，先秦时期男子里亵衣在称谓上为"泽"，其形制为长襦，亵衣为"袍"。然而，女子里亵衣为衻服，其形制类似汉代的"抱腹"。亵衣则同男子一样使用"袍"，这一情况，我们可以从春秋战国时期楚国墓葬中出土的女子袍服以及帛画中的女子着装可以窥见。

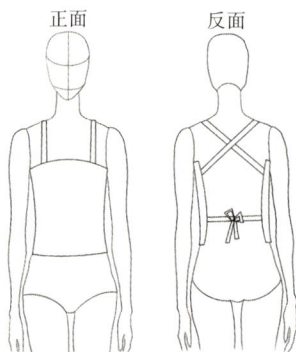

图4-5　先秦时期衻服推测图❷

第二节 │ 平民服饰文化

中国历史自原始社会末期，形成阶级社会，就出现了统治阶级与被统治阶级。作为统治阶级与被统治阶级典型代表的贵族与平民两大阶层，在生活的各个方面产生了巨大的差异性。在服装表征上，中国社会自阶级社会就开始萌芽出双轨制，即贵族服饰与平民服饰存在着显著的差异性。然而，在这种巨大的差异性中又存在着一定的共同性。一般情况，贵族的常服通常被作为平民礼服而存在。

一、古汉字视角下葛麻服饰质料的起源

众所周知，服饰是人类日常生活中的必需品。早在远古时期，我们的祖先就开始用树叶、兽皮和羽毛来蔽体御寒。后来，随着生产力的不断发展，开始出现了原始的纺织工具，人们开始用麻葛等植物的茎皮纤维和蚕丝来纺布成衣，中国古代服饰的质料发展到了一个新的阶段。汉字作为中国文化的载体，真实地记录了这一过程[26]。本小节以古汉字视角下葛麻服饰质料的起源为研究对象，探寻我国古代服饰在质料和制作方法上所体现的等级制度，运用古文献与古汉字字源学以及考古实物——印证的研究方法分析我国古代服饰等级制度的产生与发展。

---

❶ 刘熙.释名[M].北京：中华书局，2016：73.

❷ 图片来源：孙婉莹、秦雨萱手绘。

1. 先秦时期葛的发现

葛，《说文·艸部》："葛，絺绤也。"❶《说文·糸部》："絺，细葛布。"《说文·系部》："绤，粗葛也。"❷《小尔雅·广服》也载："葛之精者曰絺，粗者曰绤。"❸葛就是织絺和绤的原料。葛是多年生蔓生植物，纤维比麻还细长，可以织布。《诗经·周南·葛覃》："葛之覃兮，施于……是刈是濩，为絺为绤，服之无斁。"❹最初官府织葛多是向百姓征收，后来才变为专门的人工种植。史载越王勾践❺（？—前465）曾专门在葛山种葛，并一次献给吴王夫差❻ "弱于罗兮轻霏霏"❼的高级葛布10万匹。由此可见，春秋时期葛纺织的技艺高超，已有一定规模[27]。黄河为中华文明的发祥地之一，葛麻作为黄河流域常见的草本植物，能够在滩头荒地种植，也能在盐碱地生存，其韧皮纤维便于分劈扭结成条纺纱，是先秦时期服饰材料的主要来源。据上海纺织科

❶ 许慎.说文解字[M].北京：九州出版社，2001：41.

❷ 许慎.说文解字[M].北京：九州出版社，2001：773.

❸ 中国古典文学网.

❹ 郭超，夏于全.传世名著百部之诗经[M].北京：蓝天出版社，1998：13.

❺ 勾践（？—前465），也作"句践"，姒姓，本名鸠浅（越国与中原各国语言不同，音译为勾践），《史记索隐》引《纪年》作"菼执"，会稽（今浙江省绍兴市）人。春秋时期越国君主（前496—前465年在位），越王允常之子。前496年，越王勾践即位。同年，在槜李大败吴师。前494年，被吴军败于夫椒，被迫向吴求和。三年后被释放回越国，返国后重用范蠡、文种，卧薪尝胆，使越国国力渐渐恢复起来。前482年，吴王夫差兴兵参加黄池之会，为彰显武力率精锐而出。越王勾践抓住机会率兵而起，大败吴师。夫差仓促与晋国定盟而返，与勾践连战惨败，不得已与越议和。前478年，勾践再度率军攻打吴国，在笠泽之战中三战三捷，大败吴军主力。前473年，破吴都，迫使夫差自尽，灭吴称霸，以兵渡淮，会齐、宋、晋、鲁等诸侯于徐州，迁都琅琊（今江苏省连云港市锦屏山附近），成为春秋时期最后一位霸主。

❻ 夫差（？—前473），姬姓，吴氏，姑苏（今江苏省苏州市）人，春秋时期吴国君主，吴王阖闾之子。前494年，吴王夫差在夫椒之战大败越国，攻破越都会稽（今绍兴市），迫使越国屈服。此后，又于艾陵之战打败齐国，全歼十万齐军。前482年，于黄池之会与中原诸侯歃血为盟。夫差执政时期，吴国极其好战，连年兴师动众，造成国力空虚。勾践不忘会稽之耻，国力逐渐恢复。趁夫差举全国之力赴黄池之会时，越军乘虚而入，并杀死吴太子。夫差与晋国争霸成功，夺得霸主地位后匆匆赶回。前473年，越国再次兴兵，吴国被灭，夫差自刎。

❼ 取自先秦《采葛妇歌》："葛不连蔓棻台台。我君心苦命更之。尝胆不苦甘如饴。令我采葛以作丝。女工织兮不敢迟。弱于罗兮轻霏霏。号絺素兮将献之。越王悦兮忘罪除。吴王叹兮飞尺书。增封益地赐羽奇。机杖茵蓐诸侯仪。群臣拜舞天颜舒。我王何忧能不移。饥不遑食四体疲。"

学院分析，1972年在江苏吴县 ❶ 草鞋山良渚遗址出土的新石器时代罗纹织物残片是用葛纤维织造的，是已发现最早的葛纤维织物[28]，葛纤维织物残片如图4-6所示。据统计《诗经》中关于"葛"的记载共10篇。如《诗经·国风·周南·葛覃》记载了葛的生长地与煮练："葛之覃兮，施于中谷，维叶莫莫。是刈是濩，为絺为绤，服之无斁。"[15]孔颖达 ❷（574—648）疏："于是刈取之，于是濩煮之，煮治已迄，乃缉绩之，为絺为绤。"[6]其中，絺，细葛布；绤，粗葛布；刈释为割；濩本义屋檐下水流的样子，这里释为煮。采割的天然葛藤粗硬，用煮练的方式能去除葛藤韧皮上可溶物质，并使之变柔软、细腻，同时也便于从葛茎上剥取原皮，纺织精细的葛布。《周礼·掌葛》："掌葛掌以时征絺绤之材于山农。凡葛征，征草贡之材于泽农，以当邦赋之政令，以权度受之。"[29]山农采葛类作物上缴，以"物"充当赋税。周代有负责向泽农征收葛、麻的专属——掌葛，说明在先秦已经开始组织对葛藤的生产与纺织。

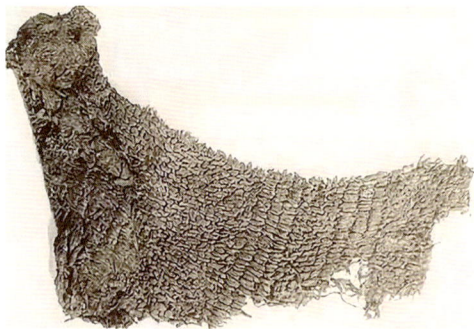

图4-6　公元前4000年的葛纤维织物 ❸

2. 麻的生产与纺织

《小尔雅·广服》云："麻、纻、葛曰布。" ❹事实上葛麻植物种类繁多，表4-1为中国古代葛麻类纤维种类及其织品，并注明其在古代文献中的出处。需说明的是，葛藤也被归类为麻类纺织作物，纺织性能优良的亚麻到近代才被引入中国，苘麻在古代一般用来制作绳子、草履之类，较少服用[30]。麻纺有"围纺源头，万年衣祖"之美称。麻的生产与纺织，在古代文献有较多记录。麻，《说文·麻部》："麻，

---

❶ 现属于苏州市。——编者注

❷ 孔颖达（574—648），字冲远（一作仲达、冲澹），冀州衡水（今河北省衡水市）人。唐初经学家、秦王府十八学士之一，孔安之子，孔子三十二代孙。勤奋好学，师从大儒刘焯，日诵千言，熟读经传，善于辞章。隋朝大业初年，选为"明经"进士，授河内郡博士，候补太学助教。唐朝建立后，成为秦王府学士。贞观年间，历任国子博士、给事中、太子右庶子、散骑常侍，参与修订五礼，编纂《隋书》。贞观十四年（640年），授国子祭酒、银青光禄大夫、上护军，受封曲阜县公。奉命编纂《五经正义》，融合了诸多经学家的见解，是集魏晋南北朝以来经学大成的著作。贞观二十二年（648年），去世，终年七十五，获赠太常卿，谥号为宪，陪葬于昭陵。

❸ 图片来源：360doc个人图书馆官网。

❹ 中国古典文学网。

与'枺'同。人所治，在屋下。"❶"麻"字从"广"从"林"。"林"小篆作"林"，像草茎之皮剥落而下的样子。"麻"与"枺"义同，表示把麻沤制剥皮，这样就可以纺织成布了。我国用麻织布的历史非常悠久，在西安半坡仰韶文化遗址出土的陶器中，就有一百多件带有麻布和编制物的印痕，当时的麻布已经有平纹斜纹绕环混合等编织手法等。我国古代文献中也有关于"麻衣"的记载，如《礼记·间传》："又期而大祥，素缟麻衣。"❷又如《诗经·曹风·蜉蝣》："蜉蝣掘阅，麻衣如雪。"❸由此可见，在先秦时代，"麻"已成为古代服饰最主要的质料之一[27]。

表4-1　中国古代葛麻类纤维种类及其织品

主要种类	织品名称	古文献出处	备注
大麻	麻布、枲衣	《诗经》："丘中有麻。"《说文》："褐，或曰枲衣也，一曰粗布衣"	古代麻为大麻。枲，大麻的雄株，纺织性能优于其雌株"苴"
苎麻	白苎、苎布、练子、夏布	郑玄注《周礼》："白而细疏曰纻。"《桂海虞衡志》："练子出两江州峒，大略似苎布，有花纹者谓之花练，土人亦自贵重"	苎，同纻、紵。苎麻韧皮纤维素纤维含量高，脱胶后色泽洁白，在麻类纤维纺织中最为优良。传统苎麻布名称繁多，近代统称为夏布
黄麻	赀布	《新唐书》云："滁州土贡赀布、丝布、纻、练、麻"	赀布与丝布、苎麻布、大麻布并列，推测为黄麻布，但有待考证
蕉麻	蕉丝	白居易词："蕉叶题诗咏，蕉丝著服轻"	蕉麻纤维，主要从芭蕉与甘蔗茎叶中提取
葛藤	葛衣、绤、绤	《韩非子·五蠹》："冬日麑裘，夏日葛衣。"《诗经·葛覃》："为絺为绤，服之无斁"	絺为细葛布；绤为粗葛布

汉代陆贾❹（约前240—前170）在《新语·道基》记载："后稷乃列封疆，画畔界，以分土地之所宜；辟土殖谷，以用养民；种桑麻，致丝枲，以蔽形体。"❺其中，

---

❶ 许慎.说文解字[M].北京：九州出版社，2001：411.
❷ 孙希旦.礼记集注[M].北京：中华书局，1989：1369.
❸ 《蜉蝣》："蜉蝣之羽，衣裳楚楚。心之忧矣，于我归处。蜉蝣之翼，采采衣服。心之忧矣，于我归息。蜉蝣掘阅，麻衣如雪。心之忧矣，于我归说。"
❹ 陆贾（约前240—前170），汉族，汉初楚国人，西汉思想家、政治家、外交家。陆贾早年追随刘邦，因能言善辩常出使诸侯。刘邦和文帝时，两次出使南越，说服赵佗臣服汉朝，对安定汉初局势做出极大的贡献。吕后时，说服陈平、周勃等同力诛吕。著有《新语》等。陆贾是汉代第一位力倡儒学的思想家，他针对汉初特定的时代和政治需要，以儒家为本、融汇黄老道家及法家思想，提出"行仁义、法先圣、礼法结合、无为而治"，为西汉前期的统治思想奠定了一个基本模式。
❺ 古诗句网。

枲意为大麻的雄株；后稷为农业始祖，相传其创造了汉民族灿烂的农业文明。在《诗经·齐风·南山》有记载麻的种植技术："蓺麻如之何？衡从其亩。"❶麻类作物按照分垄种植，疏密有致，便于作物吸收阳光和收割。古时麻类作物一年分3月、8月与10月3次收割，8月收割的麻类作物纺织性能最佳。《诗经·陈风·七月》记载："七月鸣鵙，八月载绩。"[15]其中，鵙是一种名为劳伯的鸟，它7月始鸣，提醒人们绩麻织布的忙碌日子要来了。收割后的麻类植物纤维粗硬，需要对纤维进行脱胶处理，先秦古籍中记载有关于麻类作物的脱胶技术。《诗经·陈风·东门之池》中有"东门之池，可以沤麻""东门之池，可以沤纻"[15]。其中，麻为大麻；纻同苧，即苧麻；沤，即水浸脱胶的方式。陕西宝鸡西高泉春秋墓葬中出土的苧麻布、长沙马王堆一号汉墓出土的精细苧麻布、湖北江陵西汉墓出土的大量苧麻絮，经光谱分析，有一个共同的特点，其纤维分离程度良好，纤维素上含有少量胶质，也证明先民已对麻纤维进行脱胶处理[31]。先民将麻类作物的茎秆或麻茎上的韧皮剥下系成捆后，浸没于水中，利用水中微生物发酵侵蚀麻纤维的胶质，从而达到初步脱胶。池水水面平静，面向东面，阳光充裕，可加快微生物的繁殖，从而缩短脱胶时间。麻纤维脱胶后，需要对麻缕进行分劈、绩接、加捻，古称"绩麻"。绩麻织布承载着古代劳动妇女的勤劳与智慧。《墨子·非乐上》："妇人夙兴夜寐，纺绩织纴，多治麻丝葛绪捆布，此其分事也。"[32]《诗经·陈风·东门之枌》记载："不绩其麻，市也婆娑。"❷。不绩麻的时候，少女就在集市上翩翩起舞了。笔者认为，绩麻纺纱见证了中华民族的勤劳与智慧，更作为一种理念融入了人们生活。

二、葛麻服饰考

葛麻是先秦时期重要的服饰质料，基于古文献、古汉字和出土文物，从服饰的款式、质料及色彩探析先秦时期葛麻服饰的形制，具有极高的学术价值。

1. 葛麻质料服饰形式

葛麻作为先秦时期主要服饰质料，葛麻服饰形式种类繁多，据考察历史文献与考古资料显示，先秦时期葛麻类织物的运用广泛，涵盖了主要的服饰类型。一方面，春秋时期，用麻做帽子称麻冕。《春秋·左氏》疏云："冕以木为干，以布衣其上。"[33]葛纤维粗硬耐磨，初始模量大，是制鞋的好材料。《诗经·魏风·葛屦》记载："纠

---

❶ 郭超，夏于全.传世名著百部之诗经[M].北京：蓝天出版社，1998：67.

❷《东门之枌》："东门之枌，宛丘之栩。子仲之子，婆娑其下。榖旦于差，南方之原。不绩其麻，市也婆娑。榖旦于逝，越以鬷迈。视尔如荍，贻我握椒。"

纠葛屦，可以履霜。"[15]郑玄注云："葛屦贱，皮屦贵，魏俗至冬犹葛屦，可用履霜，利其贱也。"[6]葛、皮皆可制成鞋，麻也不例外。《左传·僖公四年》记载："若出于陈、郑之间，共其资粮屝屦，其可也。"[34]唐孔颖达引《方言》注："丝作之曰履，麻作之曰屝，粗者谓之屦。"[35]。另一方面，用葛麻织成的服装，古文献多有记载。郑玄注释："麻衣，深衣。诸侯之朝朝服，朝夕则深衣也。"[6]深衣是将上衣、下裳缝缀在一起，它既是古代诸侯贵族的日常之服，也是平民的礼服。另外，先秦时期无棉絮，先民便用乱旧的麻丝作填充物用来保暖。《论语·子罕》子曰："衣敝缊袍，与衣狐貉者立，而不耻者，其由也与！"[36]朱熹在《论语集注》中释"缊，枲著也；袍，衣有著者也。盖衣之贱者。"❶缊意为旧絮；缊袍，则多指用麻絮作填充物的袍服。衣敝缊袍，指与狐貉相对立的破旧低劣短袍。出土的葛麻服饰有中国塔吉克博物馆收藏的春秋时期麻布上衣（图4-7），以及1991年在河南三门峡上村的西周晚期虢国君虢仲墓（M2009）梳理中，发现的保存相对完整的麻裤和一片保存了完整矩形领口的麻上衣残片，[37]麻裤如图4-8所示。在服饰文明初期，先民并没有穿裤的习惯，多用草、葛、麻等质料在腿上绕裹，用袍服遮挡身体的生殖部位。而麻裤是迄今发现最早的，可见麻葛的用途之广泛。

图4-7　距今2500年的麻上衣 ❷

图4-8　距今2655—2800年的麻裤 ❸

2. 葛麻质料服饰色彩

葛麻衣多为素色、白色，或直接染以单色。葛麻纤维中胶质含量高，分子结构紧密，结合度、取向度高，使葛麻纤维染色困难，葛麻服饰颜色多直接呈现葛麻纤维的本色，即素色。《诗经·曹风·蜉蝣》记载："蜉蝣掘阅，麻衣如雪。"[15]直接从

---

❶　词典网。

❷　图片来源：百度百科。

❸　图片来源：李清丽，刘剑，贾丽玲，等.河南三门峡虢国墓地M2009出土麻织品检测分析[J].中原文物，2018，202（4）：125-128.

植物茎皮上得到的葛麻纤维，略带棕色，经过脱胶漂白染色以后，色泽泛白，尤以苎麻精练后色泽洁白。《战国策·齐策四》描述："后宫十妃，皆衣缟紵。"[38]缟，未经染色的白绢，紵，同"苎"，白色的苎布。如今仍然有模仿宫廷妇女的"白纻舞"保留下来，足见白色麻布的生命力。先秦时期，平民百姓与低等士人穿着的服饰色彩较为单一，由织好的生布染色制成。先染丝，再用染色丝织成的锦帛，需达到"大夫以上"才有资格服用。《礼记·玉藻》："士不衣织。"[39]孔颖达曰："织者，前染丝后织者。此服功多色重，故士贱不得衣之也。大夫以上衣织，染丝织之也。士衣染缯。"[6]由此推测，古语中的"白丁"也有平民服饰多素色的隐喻。

三、葛麻服饰等级考

《礼记·礼运》中言："昔者先王，未有麻丝，衣其羽皮；后圣有作，治其麻丝，以为布帛。"[39]以葛麻类纤维织成的粗糙织物，称之为"布"；以蚕丝纤维织成的丝织品，称之为"帛"。布衣本体指服饰，而其隐喻指平民百姓。在先秦时期，布衣完成了从本体到喻体的转换。

1. 葛麻服饰质料的贵贱

商周时已有性能更优的丝质衣料，麻衣主要为下层人们所穿用，但制作精良的麻布，奴隶主贵族也穿用。如河北藁城台西商代遗址出土有麻布实物，经测定为大麻纤维制成，为平纹组织，经纱为两股纱加捻合成，经纬密度每厘米分别为14～16和9～10、18～20和6～8，经纱和纬纱的投影宽度分别为0.8～1.0及0.41毫米[40]，精细程度与现代白布相当。

从考古资料来看，商代衣服的质料以麻、丝织品为主。河北藁城台西商代中期遗址出土的纺织品，有麻布类、丝织类。麻布为大麻织物，纱线大都为S捻向，麻布细密柔软，和以前麻布相比，脱胶及织造技术明显提高。M38铜觚上的黏附物为丝织品，多为平纹织物，如纨等，还有平纹绉丝的縠、绞纱类的纱罗等。M38是一座小型奴隶主殉葬墓，但已使用了如此繁多的丝织品，表明了商代中期纺织业已很发达了[40]。绉丝縠的织造所需技术较高，要有复杂的工艺才能织成。北京平谷刘家河商代中期墓中，出土有平纹麻布，经纬密度每厘米在8～20根、6～18根，纱线也为S捻向，与河北台西村出土麻布相似[41]。这些出土的遗物表明商中期时纺织技术已达到很高水平。

文献资料显示，在物质贫乏时，葛麻服饰制成的布衣并无贵贱与等级之分。《韩非子·五蠹》记载尧在位期间，"冬日鹿裘，夏日葛衣"。[42]尧将部落首领之位禅让舜时，《史记·五帝本纪》中载："尧乃赐舜絺衣，与琴，为筑仓廪，予牛羊。"[43]尧给出礼物清单是细葛布、琴、牛羊，以帮助舜建筑仓库，可见有葛布衣穿用，同拥有琴、牛羊、仓库一样重要。《大戴礼记·曾子制言中》："布衣不完，蔬食不饱，蓬户穴牖，日孜孜，上仁！"[44]。而对于平民百姓，如果穿有布衣，食有果蔬，住有窗户的房子，就已经很不错了。生产资料紧缺的时候，服饰质料并没有等级之分，而当物质财富有一定的积累后，先民开始对服饰质料进行选择。《墨子·节用中》记载："古者圣王制为衣服之法，曰：'冬服绀緅之衣，轻且暖；夏服絺绤之衣，轻且清。'"[45]绀緅之衣，即深青透红或黑中透红的服饰，多为裘皮丝帛类织物，它同粗细葛布各有适合的季节。葛藤散热透气性能良好，适宜夏季穿着，这方面也有记载。《礼记·月令·孟夏之月》中记载："是月也，天子始絺。"[39]意为夏天来了，天子穿细葛麻布。在春秋战国时期，丝、麻、葛在不同地方都有自己特色，统治阶级在服饰质料的选择上并没有刻意为之。历史上有缟纻之交，喻指朋友之间真诚相待。《左传·襄公二十九年》："聘于郑，见子产，如旧相识。与之缟带，子产献纻衣焉。"[34]缟带，未经染色的白生绢；纻衣，即为素色苎麻布衣。吴地特产为缟，郑地以纻为贵，而越地则以细葛麻闻名。《越绝书》："勾践种葛，使越女织治葛布，献于夫差。"[45]越王勾践以求吴王夫差放松对越国的警惕，进献细葛布以讨吴王之欢心。由此可见，早期的麻葛并没有身份等级之别。

丝、裘产量小，纺织的技术要求高，同葛麻布衣形成了价格上贵贱的差异。《尹文子·大道上》记载："昔晋国苦奢，文公以俭矫之，乃衣不重帛，食不兼肉。无几时，国人皆大布之衣。"[46]因国力苦奢，晋国公重耳崇俭，国君带头穿布衣，有悖于贵"重帛"的着衣习惯，形成全国上下穿布衣的节俭风俗。《晏子春秋·外篇》载："晏子相景公，布衣鹿裘以朝。公曰：'夫子之家，若此其贫也，是奚衣之恶也。'"[47]其中，鹿裘为粗制的皮衣；晏子是齐国上大夫，位高权重，其"布衣鹿裘以朝"，足以显示晏婴朴实、勤俭、谦卑的作风。王侯将相穿布衣，是厉行节俭与品质高尚的表现，带有特例的性质。可见，葛麻布衣在古代扮演着重要角色。

先秦至西汉的著作中，布衣开始慢慢指代平民。《孟子·尽心上》记载："五亩之宅，树墙下以桑，匹妇蚕之，则老者足以衣帛矣。"[48]。布与帛不等价，穿丝帛要达到一定条件。战国末年的荀子将布衣借喻平民。如《荀子·大略》所载："古之贤人，贱为布衣，贫为匹夫。"[49]西汉桓宽编撰的《盐铁论·散不足》有言："古者，庶人耋老而后衣丝，其余则麻枲而已，故命曰'布衣'。"[50]麻枲制成的布衣是平民百姓的日常穿着，在这里布衣也变成了庶人的视觉符号。西汉刘向编撰的《新序》记载："齐桓公见小臣稷，一日三至不得见也，从者曰：'万乘之主，布衣之士，一日三至而不得见，亦可以止矣。"[51]这里"布衣"指平民、士人。由此可见，麻葛逐渐成为平民的象征。

2. 服饰礼仪下的葛麻服饰

在服饰礼制的约束下，作为服饰的"布衣"与代表身份的"布衣"形成了对应关系。一方面，周公制礼，服饰属于礼的范畴，衣裳的质、色、纹饰都有卑尊、等级的规定，并成为周代宗法制度的象征[52]；另一方面，葛麻布衣在正式场合穿着也有颇多讲究。《礼记·玉藻》："振絺绤不入公门，表裘不入公门。"[39]郑玄注："振读为禅（单）也。表裘，外衣也。二者形且亵，皆当表之乃出。"[6]葛布粗糙而硬挺，适宜在夏天穿着，若单衣出席正式场合时，外面一定要加外套，这是礼的表现。在《论语·乡党篇》中孔子也强调："君子不以绀緅饰，红紫不以为亵服。当暑，袗絺绤，必表而出之。"[53]孔子在服饰上要求"文质彬彬"，君子不能过于"文饰"，不用绀緅布镶边，也不能疏于"粗野"，夏天穿絺绤，在外面要穿外套。穿着葛布衣有诸多的限制，势必压缩其应用空间。此外，春秋战国时，新兴的奴隶主阶级想获得更多的社会地位，在服饰穿着上也制定了严格的制度。《管子·立政》："度爵而制服，量禄而用财。饮食有量，衣服有制……虽有贤身贵体，毋其爵，不敢服其服……散民不敢服杂采，百工商贾不得服镳貂，刑余戮民不敢服絻。"[54]服制要求服饰穿着应与爵位相符，虽家境富裕也不能占有高档的丝制面料。平民服饰不能有过多的装饰，工匠技人、商人不得穿羊皮和貂裘，受过刑或正在服刑期间的人皆不能穿丝绸。战国时期，在礼崩乐坏的混乱局面下，统治阶级也希望制定新的礼制来维护君王权威和社会的稳定。《七国考·田齐刑法·锦绣之禁》："锁语云：'齐威王时，国中大靡，民不衣布，于是威王造锦绣之禁，罪若诽谤王矣。'"[55]由此可知，齐威王时期，平民百姓竞相奢侈，不穿葛麻制成的布衣，而穿锦绣的丝绸，于是威王制定禁令，要求国民不得穿丝绸，否则是对礼仪的贬损，罪等同于对君王的污蔑。《尚书大传》："古之帝王，必有命民，能敬长矜孤、取舍好让者，命于其君，然后得乘饰车骈马、衣文锦。未有命者，不得衣，不得乘。乘、衣者有罚。"[56]显然，服饰礼制的规定有赏有罚，先秦时期周代完善的冠服礼制，作为一种制度规范，以王权和伦理作后盾制约着人们穿衣的习惯，形成平民穿布衣不可僭越的社会风尚。

东周墓葬中出土的纺织品，佐证了贵族穿着多以丝帛织物为主。江西靖安李洲坳东周墓、湖北枣阳九连墩楚墓、湖北荆州八岭连心石料厂四号楚墓、浙江安吉五福一号楚墓等东周主要墓葬中，抽取122个纺织纤维样品进行检测，其中桑蚕丝100件、麻11件、葛7件、竹2件、棕榈叶1件、棕1件[57]。葛麻织物多为裹尸布，或用以覆盖棺椁，抑或是随葬的仆人穿着。先秦流行厚葬的风俗，视"事死亡如事生"，希望死后能继续享用生前贵重的丝绸物品。多有丝绸织物而鲜有葛麻织物的出土，也表明当时布衣在贵族中不受欢迎。

四、布衣本体的延伸

布衣指代平民，体现了葛麻纤维本身与服制的双重作用。服饰制度所反映的等级森严的礼制，发展到春秋战国日渐俗化，等级服饰呈松弛出现的态势[58]。其后，历朝历代虽有服饰等级制度的约束，但服饰僭越的现象很难杜绝。从服饰质料的等级来界定某种社会阶层，开始变得有所牵强。布衣变成一种俭朴生活的价值取向，一种身份的自谦，或是未仕士人总称，或是布衣精神。

1. 布衣与平民

布衣由作为服饰质料的本义，在新的人文语境下，布衣的词义开始衍变。一个词具有多义性，这往往是词义发生变化使然，而词义之所以发生变化，在多数情况下缘起于隐喻的作用[59]。在中国古代历史文献中，布衣常为粗糙服饰的视觉符号，更多时候指代平民百姓这样一个群体。《荀子·大略》："古之贤人，贱为布衣，贫为匹夫。"❶平民百姓干粗活，经济拮据，穿布衣是社会财富分配不均的表现。汉代司马迁❷（前145—前87）的《史记》中"布衣"多指平民身份。《史记·鲁仲连邹阳列传》："今夫天下布衣穷居之士，身在贫贱。"❸布衣与贫贱成对应关系。《史记·孔子世家》："孔子布衣，传十余世，学者宗之。"❹布衣是一种和贵族相区别的身份阶级。在宋代

---

❶ 荀况.荀子全译[M].蒋南华，罗书勤，杨寒清，注译.贵阳：贵州人民出版社，1995：578.

❷ 司马迁（公元前145—前87），字子长，世称"史迁""太史公""历史之父"，西汉左冯翊夏阳（今陕西韩城市）人，其父为太史令司马谈，为《史记》发凡起例。是西汉的史学家、文学家、思想家。司马迁早年生活在家乡，十岁随父入京，先后向古文大师孔安国、今文大师董仲舒学习了《尚书》《春秋》公羊学，对儒、道等各家学说有广泛的学习。初任郎中，奉使西南。汉武帝元封三年（前108年）继父职任太史令，并开始着手编写《史记》，后因替李陵辩解，触怒武帝，被处腐刑，出狱后，发愤著书，于征和元年（前92年）左右完成了这部巨著，完成不久后即去世。司马迁以"究天人之际，通古今之变，成一家之言"的史识创作了中国第一部纪传体通史《史记》（原名太史公书），该书文章风格、写作技巧、语言特点对后世学者影响较深，也为后代小说的创作积累了宝贵的经验，成为后代戏剧的取材对象，并大力弘扬人文精神，为后代作家树立起一面光辉的旗帜，是中国史书的典范，也是"二十五史之首"，被鲁迅誉为"史家之绝唱，无韵之离骚"。司马迁还著有《报任安书》《悲士不遇赋》等作品传世。

❸ 司马迁.史记[M].北京：中华书局，1999：1931.

❹ 司马迁.史记[M].北京：中华书局，1999：1566.

也有这一释义延用。宋代沈括❶（1031—1095）《梦溪笔谈·技艺》："庆历中，有布衣毕昇，又为活板。"❷布是平民百姓服用的面料，与平民日常生活紧密相关，平民称"布衣"其词义内涵与外延相统一。

2. 布衣的多元化内涵

布衣是优秀品格的代名词，内含勤俭、质朴、坚韧、智慧的正能量。《尹文子·大道上》记载："昔晋国苦奢，文公以俭矫之，乃衣不重帛，食不异肉。无几时，人皆大布之衣。"❸晋文公❹（前697年，一说前671—前628年，前636—前628年在位）文治武功卓绝，完成春秋霸业，着布衣，乃至全国上下效仿，一时成为美谈。布衣蕴含朴实、勤俭的作风，以正义的能量存在。《史记·高祖本纪》："吾以布衣持三尺剑取天下。"❺汉高祖刘邦（前256年或前247—前195，前202—前195年在位）本是一地方小吏，战胜了有贵族血统的项羽（前232—前202），可见，布衣的力量不可小觑。布衣不向权贵低头、白手起家、坚韧不拔。诸葛亮（181—234）在《出师表》里陈述道："臣本布衣，躬耕于南阳。"诸葛亮感慨先帝知遇之恩，肩负兴复汉室的历史重任，虽位居蜀国丞相肩权重一时，但仍保持淳朴的平民本色。布衣是贤人的谦称。布衣内蕴一种正能量，也因此发展成为具有独特文人价值的布衣文化。《老子·道德经》曰："圣人被褐怀玉。"那些出身贫寒、身穿粗布衣而有真实才学的人，怀才于内，不显露，但其志向却不曾磨灭。《汉书·艺文志》曰："春秋之后，周道浸坏，聘问歌咏不行于列国，学《诗》之士逸在布衣。"❻春秋之后，"礼坏乐崩"的时代，国家之间少了使

---

❶ 沈括（1031—1095），字存中，号梦溪丈人，汉族，杭州钱塘县（今浙江杭州）人，北宋官员、科学家。沈括出身于仕宦之家，幼年随父官游各地。嘉祐八年（1063年），进士及第，授扬州司理参军。宋神宗时参与熙宁变法，受王安石器重，历任太子中允、检正中书刑房、提举司天监、史馆检讨、三司使等职。元丰三年（1080年），出知延州，兼任鄜延路经略安抚使，驻守边境，抵御西夏，后因永乐城之战牵连被贬。晚年移居润州（今江苏镇江），隐居梦溪园。绍圣二年（1095年），因病辞世，享年六十五岁。沈括一生致志于科学研究，在数学、物理、化学、天文、地理、农业、水利、艺术、经济等众多学科领域都有很深的造诣和杰出的成就，被誉为"中国整部科学史中最卓越的人物"。其代表作《梦溪笔谈》，内容丰富，集前代科学成就之大成，在世界文化史上有着重要的地位，被称为"中国科学史上的里程碑"。

❷ 沈括.梦溪笔谈（插图本）[M].沈阳：万卷出版公司，2008：227.

❸ 慎子，尹文子.公孙龙子全译[M].高流水，林恒森，译注.贵阳：贵州人民出版社，1996：123-124.

❹ 晋文公姬重耳，姬姓，晋氏，名重耳，是中国春秋时期晋国的第二十二任国君（前636—前628年在位），晋献公之子，母为狐姬。重耳文治武功卓著，开创了晋国长达百年的霸业，是春秋五霸中第二位霸主，与齐桓公并称"齐桓晋文"或"桓文"。司马迁《史记》称赞他是"古所谓明君"。除卓越的事功外，他还留下了"退避三舍""志在四方""贪天之功"等典故。

❺ 司马迁.史记[M].北京：中华书局，1999：275.

❻ 班固.汉书[M].北京：中华书局，1962：1756.

者的互相访问，有学问的人流落民间，成为新的布衣阶层，平民布衣成为文化的传承人，在民间践行诗歌礼仪，并肩负起维护文化和社会道义的责任。贵族世袭政治的松动，上层阶级开始吸纳一些布衣人士。白居易（772—846）《读邓鲂诗》❶："嗟君两不如，三十在布衣。擢第禄不及，新婚妻未归。"在科举制度的推动下，一些平民书生希望通过科举来获得成功，进而发奋图强，积极向上，形成有别于纨绔子弟世袭爵位的士人群体。求取功名是平民书生光宗耀祖的通达之道，但不是人人都能达到的，其中的艰辛让落第的读书人备感痛楚。布衣，指未仕的士人。高适❷（？—765）《送蔡山人》❸诗："东山布衣明古今，自言独未逢知音。识者阅见一生事，到处翛然千里心。"布衣虽为平民书生，但却踌躇满志。由此可见，布衣是士人情怀的人格精神。贫穷不能磨灭君子的浩然之志，读书人秉承"修身齐家治国平天下"儒家传统理念，循道践义，安贫守节。明末清初思想家顾炎武❹（1613—1682）《日知录·正始》中提出：天

---

❶《读邓鲂诗》："尘架多文集，偶取一卷披。未及看姓名，疑是陶潜诗。看名知是君，恻恻令我悲。诗人多蹇厄，近日诚有之。京兆杜子美，犹得一拾遗。襄阳孟浩然，亦闻鬓成丝。嗟君两不如，三十在布衣。擢第禄不及，新婚妻未归。少年无疾患，溘死于路岐。天不与爵寿，唯与好文词。此理勿复道，巧历不能推。"

❷ 高适（？—765），字达夫，渤海蓨（今河北景县）人。安东都护高侃之孙，唐朝时期大臣、边塞诗人。高适早年家贫潦倒，壮年时期寓居梁宋一带，与李白、杜甫等人交游。近50岁才由人推荐中有道科进入仕途，任封丘县尉，不久辞去。天宝十二年到河西节度使哥舒翰幕中掌书记。此后历任侍御史、谏议大夫、淮南、西川节度使、散骑常侍等职，人称"高常侍"。765年，高适逝世。高适是盛唐诗人的杰出代表，他的作品既承载了恢宏豪迈的盛唐气势，又流露出与同时代其他诗人相异的特质。他在第一次长安应试失意之后，选择客居宋中，此时因怀才不遇、报国无门而滋生的深沉的失落与悲慨，使得其作品呈现一种苍凉与悲切的艺术风格。游于燕赵之时，诗人所见多令人愤怨之事，他以饱含悲痛的心情写下了《蓟门五首》等一系列揭露现实的诗作。寓居淇上之时，他有感于田园生活，写出了许多反映现实的山水田园诗作。著有《别韦参军》《燕歌行》《别董大》《封丘作》等。

❸《送蔡山人》："东山布衣明古今，自言独未逢知音。识者阅见一生事，到处翛然千里心。看书学剑长辛苦，近日方思谒明主。斗酒相留醉复醒，悲歌数年泪如雨。丈夫遭遇不可知，买臣主父皆如斯。"

❹ 顾炎武（1613—1682），明末清初思想家、学者，南直隶昆山（今江苏省昆山市）人。初名继绅、绛，字忠清，后改名炎武，字宁人，因避人陷害，曾化名蒋山佣。居亭林镇，学者尊称亭林先生。与黄宗羲、王夫之合称清初三先生，加上唐甄合称明末清初"四大启蒙思想家"。顾炎武论学主张"博学于文"，"行己有耻"。强调学以经世，自一身以至天下国家之事，都应探究原委，反对明末空谈心性的空疏学风。提出"保天下者，匹夫之贱，与有责焉耳矣"的名言，后人概括为"天下兴亡，匹夫有责"。治学方法主张博赡贯通，"每事必详其始末，参以佐证"，辨别源流，审核名实，注重实证。研究经学、文字音韵学、历史地理学，为清代乾嘉汉学开启先河。著书撰文注重独创，反对因袭、盲从和依傍。一生著述丰富，著有《日知录》《音学五书》《天下郡国利病书》《肇域志》《亭林诗文集》等书。

下兴亡、匹夫有责。在天下兴盛与灭亡的大事面前，每一个布衣也应该有所担当。因此，布衣演变成一种文化精神，成为左右文人的一种潜在道德标准，即以天下为己任的责任情怀，安贫乐道的士人气节，平交王侯的布衣立场[60]。

第三节 | 春秋战国时期"服妖"现象解析

"服妖"语出《汉书·五行志中》："风俗狂慢，变节易度，则为剽轻奇怪之服，故有服妖矣"。[61]因此，凡是人着不符合自身性别、地位和所处场合的服饰，与国家动乱或人事变迁相联系，均可视为"服妖"。事出反常必有妖，"服妖"的反常无疑是指与儒家礼制和习俗对立的状态[62]。"服妖"一词虽出自汉代（前206—220年），但早在春秋（前770—前476年）战国（前475—前221年）时期，就有大量"服妖"现象的文献记载与评述。目前，服装史学界对于中国"服妖"现象的研究，已经取得了一些可喜的成果，归纳起来主要有两大趋势。①从中国服饰通史的角度整体对"服妖"现象的历史、特征以及影响等进行研究，其中"服妖"的溯源就包括了春秋战国时期"服妖"现象分析，如潘晓明[63]、付晓彤[62]等。②基于历史断代的视角下，对汉代及汉代之后各个朝代的"服妖"现象进行解析。同时，涉及春秋战国时期的"服妖"现象的论述，但不够系统，如赵牧[64]、胡祥琴[65]、李剑国[66]、刘复生[67]、牛犁[68]、孙淑松[69]等。不难看出，对于春秋战国时期"服妖"现象的研究还呈现非系统化与碎片化的特征。此外，春秋战国时期发生的"胡服骑射""深衣流行"现象，也没有将其划入到"服妖"服饰转换成"正统"服饰的范畴，反而从政治、军事改革与服饰艺术文化的视角展开，没有在"服妖"转换的视角下进行深入研究。因此，春秋战国时期"服妖"现象的研究还需要从其本质、类型以及服妖转型模式三个维度对其进行系统、深入的研究，从而获得春秋战国时期"服妖"现象的本真。

一、先秦时期服妖现象的本质分析

先秦儒家学说对于服饰有着烦琐的规定，它是儒家伦理道德观念的反映，儒家经典《礼记》中的服饰制度所反映出来的"礼"实际上是和儒家的道德教化融为一体的。在儒家看来，穿衣戴帽不是生活小节，而是道德大事[66]。同时，先秦时期"披发左衽，华夷之辨"思想的确立，"交领右衽""束发着冠"的服饰形制构建了华夏族的民族形象。正如孔子（前551—前479）所言："微管仲，吾其被发左衽矣。"[70]充分反映了春秋时期"披发左衽，华夷之辨"已经深入华夏文化的骨髓。华夏族正是通过"交领右衽""束发着冠"的民族形象来标识自我，并不是从种族共同的生理特征进行区分，吸引周边大量少数民族融入华夏族。因此，华夏族以及后来的汉族均具有强大的包容性和延展性。而"服妖"本质上是对正统服饰制度的反动，是个性形象不符合集体形象的一种服饰表现形式。

笔者认为，先秦时期儒家"披发左衽，华夷之辨"思想的确立，虽然从文化的层面规范了华夏族的衣着服饰，然而，儒家只是春秋战国时期"百家争鸣"中众多学派中一个，并不能代表整个华夏文化。事实上，从古汉字字源学角度看，商（约前1600—约前1046年）周（前1046—前256年）时期的甲骨文和金文"衣"字的结构形态似乎能印证"衣"的形制并没有完全遵循正统"右衽"的结构。如甲骨文"衣"字的形态有深衣式"𧙧""𧘂"（右衽结构）、"𧘝""𧘇"（左衽结构）、短襦式"𧘏""𧘎"（左衽结构）以及对襟式"𧘍"反映了至少在商代并没有形成以左右衽结构来标定华夏文明的标准。同时，也辅证了上下连属的袍服早在商代就已经成为华夏族的基本服装形制之一。然而，到了周代深衣式结构的金文却并未见到，反而短襦式却频频可见，"𧘏"（右衽结构）"𧘎"（左衽结构）"𧘍"（对襟结构）。金文的结构形态变化似乎反映了上衣下裳式服制得到统治阶级的认同，而上下连属的服制受到礼制的影响，其发展受限。

同样，文物考古方面的证据也能支撑笔者的这一推论。如山西侯马出土的东周（前770—前256年）男女人物陶范（图4-9）、河南洛阳金村韩墓的战国舞女玉雕（图4-10），甚至出土的汉代俑人、绘画与砖刻都能看到大量左衽服装（"服妖"），如江苏徐州北洞山汉墓出土的男立侍俑、广西贵县罗泊湾西汉墓木俑、浙江汉墓出土铜镜上舞人[71]、广州东汉墓出土的舞俑[24]等。这些考古文物充分反映了至少在周代甚至在汉代贵族阶层还普遍存在着左衽形制的服装现象[72]，同时也说明了"正统"与"服妖"的区分是一个长期潜移默化式文化建构过程，并不是突发式形成的。

图4-9　东周男女人物陶范❶　　　　　　图4-10　战国舞女玉雕❷

---

❶❷　图片来源：王政手绘。

二、春秋战国时期服妖现象的类型分析

整体来看，春秋战国时期"服妖"现象主要包括违背服制的现象、性别易位的服饰现象、奇装异服的服饰现象三大类型。

1. 违背当时服制的现象

中国先秦时期统治阶级的服饰制度源于黄帝时代（原始社会晚期）、形成于夏（约前2070—约前1600年）商（约前1600—约前1046年）时期、完善于周代（约前1046—前256年）。服饰制度对社会各阶层的着装有着明确的规定，规范着民众的着装模式，形成井然有序的规矩。所有违反当时服饰制度的着装现象都被认为是"服妖"。一方面，僭越服饰是处罚极重的罪。据《左传》哀公十七年（前478年）记载了发生在卫国的一件事："（浑良夫）紫衣狐裘，至，袒裘，不释剑而食。大子使牵以退，数之以三罪而杀之。"[73]显然，浑良夫（生卒不详）穿着与自己身份不符的紫衣狐裘是为僭越君服，袒裘是为无礼于君上，带剑是为有害君上之心，基于这三罪被处死。另一方面，与"礼"不符的着装预示着不吉。《左传》记载，闵公二年（前660年），晋献公（？—前651）派太子申生（？—前656）出征，却做出异常的举动，"公衣之偏衣，佩之金玦"。[17]此处名为"偏衣"是左右异色，其半似公服[74]。那么，这样的衣服以中缝为界，左右两边颜色不一，算得上一种奇异的衣服，显然是不符合当时的服制与礼制。事实上，晋献公赐偏衣与金玦有杀害申生之意。正如申生的随从先丹木（生卒不详）所言"是服也，狂夫阻之。曰'尽敌而反'。敌可尽乎？虽尽敌，犹有内谗，不如违之"。[71]说明先丹木已看出晋献公赐申生违背礼制的"偏衣"与"金玦"，不管申生是否取胜，将来都会找到理由杀害申生，"偏衣"与"金玦"呈现不吉之象。

2. 性别易位的服饰现象

春秋战国时期性别易位的服饰一般被视为"服妖"，性别易位包含男扮女装（女扮男装）与男着女装（女着男装）。事实上，男扮女装（女扮男装）与男着女装（女着男装）有着极大的差异性，男扮女装（女扮男装）不仅是服饰上性别的易位，同时心理上也存在着易位的偏向，而男着女装（女着男装）则仅仅是服饰上的性别易位。实质上，性别易位的服饰现象很复杂，不能简单粗暴地将其定义为"服妖"，需要具体情况具体分析。

①"男扮女装"形成风气一般会出现妖娆淫乱之象。据《荀子》中记载："今世俗之乱君，乡曲之儇子，莫不美丽妖冶，奇衣女饰，血气态度拟于女子。妇人莫不

愿得以为夫，处女莫不愿得以为士，弃其亲家而欲奔之者，比肩并起。"[49]由此可知，荀子所处的年代就出现轻薄的男子为取悦于异性，男着女装，男拟女态，矫揉造作，竟然也博得一些少妇处女的垂青。当然，这种现象的结局必然不会好到哪里去，正如《礼记·王制》："析言破律、乱名改作，执左道以乱政，杀！作淫声、异服、奇技、奇器以疑众，杀！"[39]同样，即使君王也难免受到妖娆男子的媚惑。如春秋战国时期，最著名的性别易位者是楚国的安陵君❶与魏国的龙阳君❷。三国时期魏国（220—265年）阮籍（210—263）《咏怀诗·三》曰："昔日繁华子，安陵与龙阳。夭夭桃李花，灼灼有辉光。悦怿若九春，磬折似秋霜。流盼姿媚，言笑吐芬芳，携手等欢，宿昔同衾裳。"[75]由此可知，安陵与龙阳两君在仪态与服饰上必然偏女性化，不然他们也无法媚惑到各自的君王。

②"男着女装"现象属于一种为了达到某种目的而采用的伪装策略，属于"中性之事"，即用以指称那些在道德上价值中立的事物，其本质并无好坏之分，需要看使用者的出发点与目的[76]。为了个人的私欲而"男着女装"，如齐灵公（？—前554，前581—前554年在位）当政时期，大夫庆克（？—前574）与灵公的母亲声孟子（？—前554）私通。灵公八年，庆克男扮女装，假扮成妇女出入宫闱，被大夫鲍牵（生卒不详）发现，齐国的宫廷丑闻大曝于天下。然而，为了国家或民族大义而"男着女装"，如刺客为刺杀暴君而着女装，虽然春秋战国时期的事例未见于史籍，但后世却频频相见。因此，不能完全排除春秋战国时期不存在这种未见于史册的案例。简言之，春秋战国时期"男着女装"一般属于行不轨之事，"服妖"行为应该能坐实。

③"女扮男装"有两种情况，一是为道义而从面容、服饰、仪态等方面，隐瞒自己女性的身份，承担男性才能承担的责任。目前，笔者还未曾在史籍中发现春秋战国时期"女扮男装"的事例，然而，不能否认这一时期就没有"女扮男装"现象的可能，毕竟后世类似"木兰代父从军""女驸马"等事例不绝于耳。二是并不隐瞒自己女性的身份，身着男装，心比男子还坚毅，取得男子都难望其项背的成果。如商王武丁（前1250—前1192，依据夏商周断代工程数据）的王后妇好（生卒不详），经常代替商王披甲出征并取得大胜。据妇好刻辞显示共有20版妇好参与战争的记录。

---

❶ 此为楚宣王时期的安陵君，因为美色被楚宣王宠幸。当然著名的谋臣江乙在楚国，为安陵君建议说："你迟早会年老色衰，到时候楚王就不会这么宠爱你了。"并且对安陵君说，要告诉楚王自己要与他共生死。安陵君三年没说，之后在一次打猎的机会，对楚宣王说道，愿追随他到九泉之下。楚宣王听了很高兴，便设坛封为安陵君。

❷ 龙阳君是《战国策》中记载的魏王的男宠，以"龙阳泣鱼"的典故而著称，龙阳之好也成了同性恋的代名词。

其中包括妇好征伐土方❶、尸❷、巴方❸等[77]。毫无疑问，妇好出征时必然会身着军装，性别易位，妇好刻辞中并没有出现非难妇好的言论，反而是赞美与崇拜。

④ "女着男装"本质就是追求一种性别的中性美，在保留女性认知的前提下，体现女性的英姿飒爽，呈现中性之美。最早见于史籍的"女着男装"名人是夏代的妹喜（生卒不详），据刘安（前179—前122）《列女传》记载夏朝末王桀（生卒不详）的宠妃妹喜"末喜者，夏桀之妃也。美于色，薄于德，乱孽无道，女子行丈夫心，佩剑带冠"[78]，说明了妹喜有过女着男装的行为。然而，妹喜如此着装无非是为了博得夏王的宠爱，本质上并没有改变女人的本质。但涉及夏朝灭亡的命运，妹喜的女着男装的性别易位行为被视为"服妖"现象。此外，春秋时期齐灵公就有喜欢"女着男装"的癖好。据《晏子春秋·内篇杂下》："灵公好妇人而丈夫饰者，国人尽服之，公使吏禁之。"[79]由此可知，齐灵公喜欢女子着男装的怪癖本来是个人行为与喜好。然而，当个人喜好演变成群体现象时，就转变为"服妖"现象，齐灵公断然禁止这种行为。

综上所述，春秋战国时期"男扮女装""女着男装"的着装行为被确认为"服妖"的可能性非常大，而"男着女装""女扮男装"则是"中性之事"。笔者认为，春秋战国时期评判性别易位服饰现象是否为"服妖"的标准，首要的是区分行为的属性与目的。一方面，个体偶尔性别易位的服饰行为还算不上"服妖"现象，只能算作个人的行为或怪癖。然而，当个体性别易位的服饰行为演化为群体风尚现象时，就会影响到统治次序与社会安定，这时就会被视为"服妖"。毕竟，儒家传统的"男耕女织"思想本质就是严格的性别分工的体现。另一方面，着装的目的不同也会带来不同的结果。当为了个人私利而穿着性别易位服饰，会被认为是"服妖"。反之，为了大道仁义则被大加赞赏。

3. 奇装异服的服饰现象

春秋战国时期，奇装异服现象一般被归于"服妖"之列。据《左传》所载："郑

---

❶ 土方，古代北方地区部落，屡见于甲骨文。《诗·商颂·长发》："洪水芒芒，禹敷下土方，外大国是疆。"土方在唐虞夏商时期活动在中国包括山西、陕西一直到内蒙古以北地区的部族之一。今天所称土方是一个族的广义性的称谓，因为从当时的社会发展情况来看，这一族称所代表的群体，大概还只是处于一个部落群的阶段，其文明程度和经济水平还远远落后于当时的商。土方是殷代北方距离商王畿较近的一个部族，屡屡侵扰商地，武丁在征伐土方的时候，用两三年时间消灭了土方，土方之地也成为商朝领土。

❷ 商周时对周围诸族的通称。武丁卜辞中有东、南、西、北及东北等尸方。西周金文中称"尸"，如"尸伯、反尸"及"东尸、南尸、淮尸、南淮尸、西门尸⋯⋯"等。"尸"即文献中之"夷"。

❸ 商代巴方活动于陕南，与蜀之北部地区毗邻。

子华之弟子臧出奔宋，好聚鹬冠。郑伯恶之，使盗杀之。八月，盗杀之于陈、宋之间。君子曰：'服之不衷，身之灾也。'"[17]由此可知，郑子华之弟子臧（？—前636）喜欢收集一种鹬鸟羽毛装饰的冠饰，结果招来杀身之祸，被郑文公（？—前628）派刺客暗杀了。事实上，中国历史上的失败者总会被冠以"服妖"的罪名，而成功者却又有另一番说法。如《墨子·公孟》："昔者齐桓公高冠博带，金剑木盾……昔者晋文公大布之衣，牂羊之裘，韦以带剑……昔者楚庄王鲜冠组缨，绛衣博袍……昔者越王勾践剪发文身……此四君者，其服不同，其行犹一也，翟以是知行之不在服也。"[80]不难看出，儒家与墨家❶关于奇装异服的态度是完全不一样的。儒家要求身份与服饰要相称，不相称的话会带来灾祸，那是自找忧戚；而墨家列举了春秋时期四位著名君王，说明奇装异服并不可怕，着装者的雄才伟略、政治英明才是关键。

三、"服妖"转型"正统"的两种模式

笔者认为，春秋战国时期的"服妖"是个动态的概念，随着政治与社会环境的变迁，昔日的"服妖"由于其服用的优势可能会转型为"正统"服饰。春秋战国时期出现过两种"服妖"转型为"正统"服饰的模式，即胡服骑射式转型——自上而下式与连体深衣式转型——自下而上式。

1. 胡服骑射式转型——自上而下式

"胡服骑射"是战国时期（前475—前221年）赵武灵王赵雍（前340—前295）为了改变赵国国力贫弱的局面，而推行的一项军事体制改革。其改革内容主要包括"习骑射"与"易胡服"两个层面。"习骑射"就是训练精通骑术与马上箭术的骑兵，用灵活机动的骑兵取代笨重的传统战车与步兵，重视骑兵的突袭作用。"易胡服"则是为了适应骑兵作战，改革中原地区传统的宽袍大袖式的军服，选择轻便敏捷的胡服作为军事服装。胡服骑射不仅仅是一场重大的军事改革，还是社会生活习惯的一次深刻变革[81]。改革过程中，赵武灵王受到极大的阻力，为了能使改革顺利进行，他亲自来到其叔公子成家，晓以利害与道理，睿智地指出："……乡异而用变，事异而礼易。是以圣人果可以利其国，不一其用；果可以便其事，不同其礼。"[82]事实上，"胡服骑射"也并不是赵武灵王天才式想法，而是在当时军事战争与社会生产实践基础上取得创新认识。

---

❶ 墨家，诸子百家之一，是中国东周时期的哲学派别，其与"名家""数术家"等并列为先秦诸子百家中专门研究"自然科学"的学派。

一方面，胡人的控弦之士采用骑兵作战，来去迅猛、机动灵活，而赵国则采用步兵加上战车的传统战术。很显然，传统的步车混合战术已经不再适应战国时期军事环境。特别是当楚国迅速崛起后，"礼崩乐坏"导致战争不再讲究"先礼后兵"的过程，注重追求战争的实际效果。而当时的赵国处境非常复杂，边界有燕、秦、韩战国三雄以及东胡、林胡、楼烦等少数民族环顾四周，腹心地带还有中山存在，政治、军事形势相当险恶。在与胡人长期的战争中，大臣中的有识之士应该早就发现了胡人围而不亡、剿而不灭的根源，即战术的灵活机动性、服装的便捷适用性。赵武灵王在开始实施"胡服骑射"政策前，曾召肥义（? —前295）商量大事，讨论了五日才结束，说明赵武灵王与肥义已经深入讨论过"胡服骑射"，并得到以肥义为首大臣们的支持与肯定。接着当赵武灵王提出"吾欲胡服"时，著名的纵横家楼缓（生卒不详）马上站出来表示赞成。这些充分反映了"胡服骑射"是一场经过前期可行性分析，深思熟虑、计划周详的军事政治改革运动。"易胡服"的行为也应该进行过周密的观察与实践。

另一方面，山西长治分水岭东周墓地M14出土的战国青铜佩剑武士（图4-11），高7厘米[83]，据考证其形象为头戴冠，上身着右衽矩形领紧身半长花衣，下身穿袴[84]。值得注意的是，武士下身所穿的"袴"，"袴"即"裤"的异体字，"胫衣也。今所谓套袴也，左右各一，分衣两胫。古之所谓绔，亦谓之褰，亦谓之襗，见衣部"。事实上，华夏族原本采用上衣下裳式的服装款式，并没有"袴"这种衣物。主要原因是华夏族生活在相对温暖地区，在纺织面料不够精细的情况下，行走在泥泞的田野间时，提起下身的裳可以减少弄脏的概率，从而减少清洗次数使服装更加耐久。而北方游牧民族，由于天气寒冷，经常行走于野草荆棘之间，着裤就成了最好的选择[85]。其实骑马还需要用双腿夹住马肚子，穿裤不仅能方便骑乘，同时也能保护双腿皮肤

图4-11 山西长治分水岭出土战国青铜佩剑武士❶

---

❶ 图片来源：王政手绘（参考：沈从文.中国古代服饰研究[M].北京：商务印书馆，2017：12.）。

免于破损。然而，随着华夏文明势力范围的全方位扩大，必然会延伸到北方少数民族地区，华胡之间会经常产生冲突与交流。据考古报告显示，山西长治分水岭东周墓地M14的墓葬时代约为公元前450年左右[86]。以上证据充分说明了，早在赵武灵王实行"胡服骑射"前的晋国时代，处于华夏与胡族交融山西长治分水岭地区就已经出现身穿改良胡服的晋国士兵。胡人服饰与战术早就在战国时期引起各路诸侯边军将领的注意，并针对自身的条件进行过小规模的服制与战术改革。"胡服骑射"极可能是边军在成功经验与教训的基础上，大张旗鼓地在赵国全境范围内进行的全方位的改革，其目的远远超过军队服制与战术组织形式的改革，可能延伸到统治阶级的权力斗争领域。当赵武灵王退位做上"主父"后，在"沙丘之变"中公子成的表现以及赵武灵王被饿死的结局似乎也反映了"胡服骑射"远比表象复杂得多。

事实上，出土的春秋战国时期人物俑基本上是平民或士兵，战国水陆攻占图中的武士（图4-12）着装也是短衣窄袖式服饰风格[87]。沈从文认为"胡服骑射"中的胡服式样其实是我国劳动人民固有的服制形态，只是春秋战国以来，统治阶级用"宽衣博带"营造出尊贵的象征，上下层社会在着装上逐渐分离，原本的短衣窄袖加上胡人特有的短靴和带钩，构成了"胡服骑射"中的"胡服"[24]。因此，笔者认为，中国春秋战国时期的服饰制度中应该存在着贵族与平民两种制度。同时，先秦的历史完全是贵族与英雄的历史，史籍中记载的服饰非常注重贵族的服饰制度，却有意或无意忽略平民的服饰记载。而"胡服骑射"是统治阶级自上而下地在社会下层服饰形制基础上融合胡人裤装上移的一次有益尝试，以适合骑兵作战的实际需要，其体现的政治体制变革意义远远大于其实际作用。

图4-12　战国水陆攻占图上的武士❶

---

❶　图片来源：王政手绘（参考河南汲县山彪镇大墓出土的战国水陆攻占图）。

2. 连体深衣式转型——自下而上式

春秋战国时期广泛流行的深衣本质是上下连属的袍服，原属北方少数民族特有的袍服，按照儒家的传统观念，理应划归"服妖"的范畴。然而，事实却相反，深衣逐渐演变成一种正统的服装。春秋战国时期正统服装形制为"上衣下裳"制，正如东汉（25—220年）刘熙（生卒不详）《释名·释衣裳》："上曰衣，衣，依也，人所依以庇寒暑也；下曰裳，裳，障也，所以自障蔽也。"[88]而深衣却是"上下连属"式的袍服。西周时，深衣多用白色麻布制成，分为有纹样色彩和无纹样色彩两种类型，无彩饰的是孝服，有彩饰者则是朝服。朝服用麻1.5升（1升80缕，古代织物密度的计量单位），孝服则密度减半，但精粗不同[21]。深衣的形制如图4-13所示，归纳起来有如下特征。①整体上看，深衣上下连属，右衽。②续衽钩边，不开衩，衣襟加长，使其形成三角绕至背后，以丝带系扎。③长度上看，长度应在足踝间。④领袖上看，领形应为方形交领，袖窿的深浅要使肘部运动自如，袖子长度约为一臂半的样子。

既然深衣并不符合华夏传统"上衣下裳"式的传统服制，那么春秋战国时期的儒家必然会重新对其进行定义与改造。①制定深衣的制作原则。首先，深衣在裁剪时本可以上下通裁，但为了不违背"上衣下裳"原则，采用上下分裁，然后再合缝的制作原则[89]。其次，将深衣的裁片数量量化成符合阴阳五行的观点。如盖衣裳各六幅象一岁十二月之六阴六阳也[7]。即上衣下裳各有六幅，同时下裳的六幅，每幅又分解成二幅，一共裁出十二幅[90]，象征一年十二个月，六阴六阳。下裳六幅又细分为十二幅反映了裳比衣更重要，冕服中纹样运用"上绘下绣"的方法似乎也能辅证这点。②规定深衣的使用场合，如《玉藻》云："朝玄端，夕深衣。"❶说明深衣最初作为燕居之服，并非礼服。③建构深衣的合礼场域。搬出"天圆地方"的传统自然观，强化深衣的正统性。据《礼记·深衣》所言："古者深衣，盖有制度，以应规矩，绳权衡。"❷中国古代服装袖子的重要部件"祛"和"袂"（图4-14）能充分反映这一情况，"袂"原本指整个袖子，"祛"为在袖口收敛的部件。"袂"和"祛"在服装上有着重要的象征作用，袂的形制是"袂圆以应规"，即袖型强调圆弧线性，与天相应[91]。"祛"方以应地，象征着方形的大地。由此可知，通过"祛"和"袂"的形制与关系体现出"礼"的思想。因此，通过以上烦琐复杂的改造与宣传深衣从"胡服"转化为"华服"就水到渠成了。

---

❶ 孙希旦.礼记集解[M].北京：中华书局，1989：776，782.

❷ 孙希旦.礼记集解[M].北京：中华书局，1989：1379.

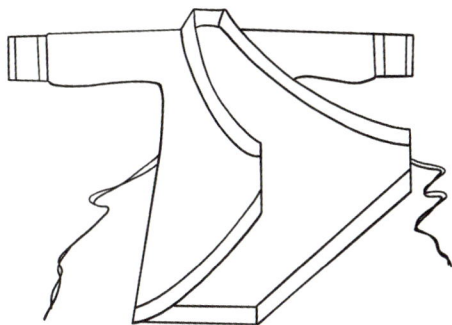

图4-13　深衣的形制❶

图4-14　袪和袂的关系图❷

　　笔者认为，深衣制在华夏文化区得到广泛的接受与流传，本质是自下而上逐渐进式转化的。先秦时期，在裤装并未得到中原文化认同的情形下，华夏"上衣下裳"的正统衣裳制度一直为"失礼"的行为所困扰。先秦时期乃至汉晋时期，华夏族在生活习惯上是席地而坐、几案相随。显然，在内衣并不完善时代，上衣下裳制中的下裳（裙）无法避免走光现象，有违于"礼"的生活，体现了华夏族低坐具的现实与"礼"的生活方式相矛盾。然而，上下连属曲裾缠绕的袍服能很好地避免"违礼"现象，从而使袍服这种蛮族服装得到广泛的传播与使用。同时，为了使深衣符合传统服制的思想，创造出上下分开裁剪、最后缝合的制作方式，并建构出一整套复杂完备的深衣理论，最终确立了深衣的正统地位。

参考文献

[1] 孙庆国，刘绍文．蔽膝的形制与功能[J].浙江纺织服装职业技术学院学报．2020（2）：46-50.

[2] 陆笑笑，潘健华．漫议中华古代女性的贴身秘密：内衣[J].艺术品，2018（2）：88-93.

[3] 徐茂松，白树敏．古代女子内衣的造型功能与思维[J].邢台职业技术学院学报，2010（2）：100-101.

[4] 范洪梅．服装起源与内衣功能的演变[J].浙江纺织服装职业技术学院学报，2007（1）：24-25.

[5] 毕亦痴．从覆体部位谈袤衣[J].文艺争鸣，2011（12）：76-78.

[6] 孔颖达．十三经注疏：毛诗正义[M].北京：中华书局，1980：489.

[7] 王圻，王思义．三才图会（中）[M].上海：上海古籍出版社，1988：1508，3510.

❶❷　图片来源：王政手绘。

[8] 田合伟，涂红燕. 中外男性内衣历史文化及影响研究[J]. 南宁职业技术学院学报，2011，16（2）：30-33.

[9] 李斌，杨振宇，李强，等. 服装起源的再研究[J]. 丝绸，2018，55（9）：98-105.

[10] 孔颖达. 礼记正义[M]. 郑玄，注. 上海：上海古籍出版社，2008：888.

[11] 李斌，严雅琪，李强，等. 基于古汉字字源学视角下皮服起源的考辨[J]. 丝绸，2021，58（7）：94-98.

[12] 宋应星. 天工开物[M]. 沈阳：万卷出版公司，2008：56.

[13] 陈叶斐. 汉日隐性性别词语对比研究[D]. 上海：华东师范大学，2013：81.

[14] 李金莲. 女性、污秽与象征：宗教人类学视野中的月经禁忌[J]. 宗教学研究，2006（3）：152-159.

[15] 郭超，夏于全. 传世名著百部之诗经[M]. 北京：蓝天出版社，1998：13，37，86，89，95，98.

[16] 刘安定，杨振宇，叶洪光. 基于古汉字字源学的中国远古至先秦时期服装文化[J]. 服装学报，2018，3（4）：351-356.

[17] 王守谦，金秀珍，王凤春. 左传全译[M]. 贵阳：贵州人民出版社，1990：189-190，513.

[18] 黄金贵. "衵"和"襌"[N]. 中国社会科学报，2018-10-30（3）.

[19] 许嘉璐. 后汉书全译[M]. 上海：汉语大词典出版社，2004：1610.

[20] 黄能馥，陈娟娟. 中国服饰史[M]. 上海：上海人民出版社，2004：137.

[21] 朱和平. 中国服饰史稿[M]. 郑州：中州古籍出版社，2001：45，102.

[22] 赵波. 先秦袍服研究[J]. 服饰导刊，2014（3）：61-65.

[23] 范晔. 后汉书·舆服志[M]. 北京：中华书局，1965：3666.

[24] 沈从文. 中国古代服饰研究[M]. 上海：上海书店出版社，2011：46，95-96，155.

[25] 刘彬徽. 关于先秦汉初袍服的定名问题[J]. 江汉考古，2000（1）：72-74.

[26] 吴爱琴. 先秦服饰制度形成研究[D]. 开封：河南大学，2013.

[27] 刘艳清. 从汉字看中国古代服饰文化的发展[J]. 兰州学刊，2010（2）：208-210.

[28] 南京博物馆. 文物资料丛刊[M]. 北京：文物出版社，1980：1-24.

[29] 杨天宇. 周礼注译[M]. 上海：上海古籍出版社，2007：67.

[30] 廖江波，杨小明. 布衣本体语义视角下的葛麻服饰研究[J]. 服饰导刊，2017，6（3）：67-71.

[31] 周启澄，程文红. 纺织科技史导论[M]. 上海：东华大学出版社，2013：78.

[32] 墨子. 墨子[M]. 毕元，校注. 上海：上海古籍出版社，2016：106.

[33] 孔子. 春秋[M]. 长春：吉林文史出版社，1977：47.

[34] 左丘明. 春秋左传集解[M]. 上海：上海人民出版社，1977：16.

[35] 孔颖达，郑玄，贾公彦，等. 十三经注疏：上[M]. 上海：上海古籍出版社，1997：164.

[36] 张涛. 孔子家语注释[M]. 西安：三秦出版社，1998：75.

[37] 河南省文物考古研究所，三门峡文物工作队. 三门峡虢国墓地[M]. 北京：文物出版社，
1994：109.

[38] 何建章. 战国策注释：第2卷[M]. 北京：中华书局，1990：113.

[39] 孙希旦. 礼记集解[M]. 北京：中华书局，1989：373，587.

[40] 河北省文物研究所. 藁城台西商代遗址[M]. 北京：文物出版社，1985：89，173-174.

[41] 北京市文物管理处. 北京市平谷县发现商代墓葬[J]. 文物，1977（11）：6.

[42] 张觉. 韩非子全译[M]. 贵阳：贵州人民出版社，1992：1029.

[43] 司马迁. 史记：第30卷[M]. 郑州：中州古籍出版社，2009：20.

[44] 王聘珍. 大戴礼记解诂[M]. 王文锦，校注. 北京：中华书局，1983：46.

[45] 袁康，吴平. 越绝书[M]. 上海：上海古籍出版社，1985：73.

[46] 厉时熙. 尹文子简注[M]. 上海：上海人民出版社，1977：8.

[47] 佚名. 晏子春秋[M]. 陈涛，译注. 北京：中华书局，2007：12.

[48] 孟子. 孟子[M]. 陈蒲清，注. 广州：花城出版社，2008：23.

[49] 荀况. 荀子全译[M]. 蒋南华，罗书勤，杨寒清，注译. 贵阳：贵州人民出版社，1995：69，578.

[50] 桓宽. 盐铁论[M]. 白兆麟，注. 合肥：安徽大学出版社，2001：132.

[51] 刘向. 新序全译[M]. 李华年，译注. 贵阳：贵州人民出版社，1990：57.

[52] 李超德. 先秦服装审美之思考[J]. 装饰，2002（6）：60-62.

[53] 郭超，夏于全. 传世名著百部之论语孝经[M]. 北京：蓝天出版社，1998：37.

[54] 管子. 管子[M]. 李山，译注. 上海：上海古籍出版社，2009：16.

[55] 董说. 七国考[M]. 北京：中华书局，1998：22.

[56] 王闿运. 尚书大传补注（第1卷）[M]. 北京：中华书局，1991：8.

[57] 赵丰，樊昌生，钱小萍，等. 成是贝锦：东周纺织织造技术研究[M]. 上海：上海古籍出版
社，2012：28.

[58] 李岩. 论春秋战国服饰等级礼制的俗化[J]. 求索，2015（11）：152-156.

[59] 王文斌. 隐喻性词义的生成与演变[J]. 外语与外语教学，2007（4）：13-17.

[60] 詹福瑞. 布衣及其文化精神[J]. 清华大学学报（哲学社会科学版），2011（2）：107-117.

[61] 许嘉璐. 二十四史全译·汉书[M]. 上海：汉语大词典出版社，2004：612.

[62] 付晓彤. 从赋魅到祛魅："服妖"内涵的嬗变[J]. 爱尚美术，2017（6）：104-107.

[63] 潘晓明. 中国古代"服妖"刍议[J]. 浙江工艺美术，1998（1）：15-19.

[64] 赵牧. 汉代"服妖"透视[J]. 辽宁教育行政学院学报，1995（3）：75-78.

[65] 胡祥琴. 略论魏晋南北朝正史《五行志》中的"服妖"[J]. 社会科学战线，2014（9）：89-96.

[66] 李剑国，孟琳. 简论唐前"服妖"现象[J]. 武汉大学学报（人文科学版），2006（4）：427-433.

[67] 刘复生. 宋代"衣服变古"及其时代特征——兼论"服妖"现象的社会意义[J]. 中国史研

究，1998（2）：85-85.

[68] 牛犁，崔荣荣，高卫东.明代中晚期"服妖"风俗考[J].服饰导刊，2013（3）：21-24.

[69] 孙淑松，黄益.晚清"服妖"现象的探讨与反思[J].聊城大学学报（社会科学版），2010（1）：38-43.

[70] 刘宝楠.论语正义[M].北京：中华书局，1990：578.

[71] 杨豪.我国古代尊右卑左制俗与衣著左右衽[J].岭南文史，2003（1）：19-21，49.

[72] 陶辉，李斌，戴紫薇，等."披发左衽，华夷之辨"的考辨[J].装饰，2020（7）：90-92.

[73] 杨伯峻.春秋左传注[M].北京：中华书局，2008：1706.

[74] 卢翰明.中国古代衣冠辞典[M].台北：常春树书坊，1991：31.

[75] 陈伯君.阮籍集校注[M].北京：中华书局，1987：256.

[76] 林美香.身体的身体：欧洲近代早期服饰观念史[M].新北：联经出版事业股份有限公司，2017：146.

[77] 朱雪珂.甲骨文妇好刻辞的整理与联系[D].开封：河南大学，2019：31.

[78] 张涛.列女传译注[M].济南：山东大学出版社，1990：254.

[79] 汤化泽.晏子春秋[M].北京：中华书局，2011：381.

[80] 周才珠，齐瑞端.墨子全译[M].贵阳：贵州人民出版社，1995：569.

[81] 崔鼒.胡服骑射对战国时期中原地区民族文化、思想的影响[J].洛阳师范学院学报，2016（9）：33-34，56.

[82] 安平秋.二十四史全译史记[M].上海：汉语大词典出版社，2004：694.

[83] 山西省考古研究所，山西博物院，长治市博物馆.长治分水岭东周墓地[M].北京：文物出版社，2010：252.

[84] 黄能馥，陈娟娟.中国服装史[M].北京：中国旅游出版社，1995：64.

[85] 李任飞.中国衣裳[M].北京：中国青年出版社，2017：130.

[86] 李夏廷，李建生.也谈长治分水岭东周墓地[J].中国国家博物馆馆刊，2012（3）：15-30.

[87] 郭宝钧.山彪镇与琉璃阁[M].北京：科学出版社，1959：20-22.

[88] 刘熙.释名[M].北京：中华书局，2016：71.

[89] 王晓梦.汉服基本元素的传统文化内涵解析[J].现代装饰（理论），2014（6）：127-128.

[90] 穆慧玲.中外服饰艺术[M].北京：中国社会科学出版社，2014：27.

[91] 潘健华.戏曲服装文化深层结构考辨[J].中国戏曲学院学报，2019（1）：125-130.

第五章

中国古代兵服的起源及其文化

兵服是伴随着古代武器和战争的出现应运而生的，有了武器的出现，自然就有了防御装备，有"矛"就有了"盾"。古代军队出征作战时，需要穿着具有防御和保护作用的服装即兵服。在我国悠久的服饰文化历史长河中，兵服作为一种特殊的服装形制，既要保障其实用性、功能性等，来充分发挥将军士兵作战时的战斗力，又要通过兵服进行阶级划分明确身份特征。而且兵服能反映出不同历史时期下的政治、经济、文化等的发展状况，因此其服装形制和材料性能在历代各朝进行不断的改革、创新和发展，以满足不同环境下的需求。本章通过古文献研究，结合古汉字字源角度，对先秦时期的兵服起源、类型和形制进行分析。笔者发现，最初的兵服主要是起到作战时对身体的重要部位进行保护的作用，且在不同时期有着不同的称谓。基于古汉字字源学，对先秦时期的兵服进行深入研究，对于分析汉族传统服饰发展过程中的少数民族服饰起到过重要作用且具有积极的意义，对于中华服饰文化的起源研究提供了一条新的研究思路。同时彰显了历史劳动人民的高超技艺，蕴含了浓厚的中华优秀文化内涵。

第一节 | 古汉字字源学视角下兵服起源分析

最早的兵服记载于《周礼·春官·司服》："凡兵事，韦弁服。"汉代郑玄注："今时伍伯缇衣，古兵服之遗色。"《释名》中提道：皮弁"以韎韦为之也"。❶《仪礼·聘礼》又云："君使卿韦弁，归饔饩五牢。"❷并注："韎韦之弁，兵服也。"汉代郑玄注谓：用韎、韦（熟皮）为弁，又以此为衣裳。此冠用熟皮，即古代称之为韎韦的革制成，韎是指用韎韐草（也叫茅蒐草）将革染成赤色。由此可见，韦弁服是赤色的兵服[1]。从古汉字字源学角度也能提供"韦弁"即兵服的证据，如甲骨文"🔲（韦）"中的"🔲"是双脚四周巡逻的象形，甲骨文"🔲（衛）"是在"🔲（韋）"字基础上再加"🔲（行，行进）"构成，表示守卒围绕城邑行进巡逻，警戒护城；或金文"🔲（圍）"是在"🔲（韋）"字基础上再加"🔲（囗，城邑）"组成。笔者认为"圍"意为加强岗警卫，表示既有固定岗，又有流动巡逻岗，把整个城给严严实实地围起来了，意为卫兵绕城巡逻。见于《说文解字》："韋，相背也。从舛，囗聲。兽皮之韋，可以束枉戾相韋背，故借以爲皮韋。凡韋之屬皆从韋。"❸由此可知，古人用"韦"来表示皮革。金文"🔲（弁）"承续甲骨文字形"🔲"。因此，笔者认为，古人戴帽子

---

❶ 刘熙.释名[M].北京：中华书局，2016：67.

❷ 彭林.仪礼全译[M].贵阳：贵州人民出版社，1997：296.

❸ 许慎.说文解字[M].北京：九州出版社，2001：309.

是为了保护头部，巡逻城邑则是以防外来敌人入侵，以此类推，"韦弁"则是古代兵服的具体称谓。根据古文献分析，这种韦弁服，到汉时还用作伍佰的服色。晋制谓韦弁制如皮弁，顶上尖，用靺草染之为浅绛色。据《太平御览》所言："《三礼图》曰：韦弁，王及诸侯兵服也。"❶这种韦弁，一直是军队戴用的首服，并沿用至北朝（图5-1）。《通典》又云："晋以韦为之，顶上小尖。宋因之，或为车驾亲戎、中外戒严之服。后周巡兵即戎则服之，自此以来，无复其制。"❷到南北朝后期，以后就不闻有此弁制了。除此之外，根据文献记载，笔者发现对于先秦时期的兵服还有很多其他称谓。

一、先秦时期兵服的称谓分析

先秦时期，兵服的称谓很多，主要分为扞、拾、遂（一物三名，臂衣）、跗注、厉饰、均服、常服、戎服等。

图5-1　（宋）聂崇义集注《新定三礼图》所绘"韦弁服"图❸

1. 扞、拾、遂

扞、拾、遂是古代射箭时用来护臂的臂衣，它们是一物三名。一则从古籍角度来解读可见于《周礼·夏官·缮人》："掌王之用弓、弩、矢、箙、矰、戈、抉、拾。"郑玄注引郑司农曰："《诗》云：'抉拾既次。'诗家说，或谓抉谓引弦彄也；拾谓韝扞也。"❹《仪礼·大射》："司射适次，袒决遂。"❺二则从古汉字字源来解读，"扞"除籀文"𢴃"以外，篆文"𢴬"将简体籀文字形"𢱬"中的"𢆶（干）"写成"𢆶（干）"，并用"𢬶（手）"代替简体籀文字形中的"𢌵（支，支为持械击打）"。"扞"意为刚烈勇猛、无所畏惧地持械搏杀。因此，笔者认为扞、拾、遂为古时对兵服臂衣的一种称谓。

2. 跗注

跗注是指一种上下相连的兵服。一则从古籍角度来解读可见于《左传·成公十六

---

❶ 李昉. 太平御览[M]. 北京：中华书局，1960：3062.

❷ 学诗词网.

❸ 图片来源：肖蝶手绘.

❹ 孙诒让. 周礼正义[M]. 北京：中华书局，1987：2570.

❺ 彭林. 仪礼全译[M]. 贵阳：贵州人民出版社，1997：241.

年》："楚子使工尹襄问之以弓，曰：'方事之殷也，有韎韦之跗注，君子也。'"杜预注："跗注，戎服。若袴而属于跗，与袴连。"二则从古汉字字源来解读，小篆"𩕏（跗）"中"𤴆（足，脚）"加上"𠨍（伏，趴地）"表示手足伏地。除金文"𣵀（注）"以外，篆文"𣲷（注）"将金文字形中的"𡈼"写成"𡉉"，隶书"𣽈（注）"将篆文字形中的"𣲠（水）"写成"𣱱（三点水，水为液体）"将篆文字形中的"𡉉"写成"𡉈（主为'柱'的省略）"。即跗应为一种上下相连的兵服，方便手足伏地作战的兵服。

3. 厉饰

厉饰是指一种带有猛厉之物图案的兵服。一则从古籍角度来解读可见于《礼记·月令》："（季秋之月）天子乃厉饰，执弓挟矢以猎。"汉郑玄注："厉饰谓戎服，尚威武也。"[1] 二则从古汉字字源来解读，除金文"𧕓（厉）"以外，篆文"厲（厉）"承续金文字形。隶书"厲（厉）"误将篆文字形中两螯的形象"𤇢"写成"艹（草头）"。即厉意为石间毒蝎。因此，笔者认为，厉饰为古时将士穿着用于震慑敌人、张扬军威的一种兵服。

4. 均服

均服是指将帅士兵在作战时穿着的上下同为黑色的戎服[2]。如《左传·僖公五年》"均服振振，取虢之旂"。晋代杜预[2]（222—285）注："戎事上下同服。"孔颖达疏："均服者，谓兵戎之事、贵贱上下均同此服也。"段玉裁《说文解字注》认为"袀"是"均"的通假字。袀，玄服也。从古汉字字源角度看，除金文"𡎝（均）"外，篆文"𡎁（均）"误将金文字形中的"𠬝（又，用手抓）"写成"𠤎（勹，人）"。隶化后楷书"均"将篆文字形中的"𠣑（匀）"写成"匀"。楷书异体字"甸"用"田（田）"代替"𡉚（土）"，强调平土均田。因此，笔者认为均服指古代无论等级高低，将士卒都可穿的军服。

5. 常服

常服是指专用于古代士兵日常所着的军用服饰。如《诗经·小雅·六月》："四

---

❶ 孙希旦.礼记集解[M].北京：中华书局，1989：482.

❷ 杜预（222—285），字元凯，京兆郡杜陵县（今陕西省西安市）人。中国魏晋时期军事家、经学家、律学家，曹魏散骑常侍杜恕之子。杜预耽思经籍，博学多通，多有建树，时誉为"杜武库"。他与张斐对《晋律》的注解，在当时有"张杜律"之称。其所撰的《春秋左氏经传集解》考释严密，注解准确，其中不乏自己独立的见解和精辟的论述，是《左传》注解流传至今最早的一种。他也是明朝之前唯一一位同时进入文庙和武庙之人。

牡骙骙，载是常服。"❶ 毛亨传："常服，戎服也。"又如《闵公二年》："受脤于社，有常服矣。"意为将帅在祭祀坛前享用祭肉，还应该有日常用的军服。另《说文解字》中提道："常，下帬也。从巾，尚声。裳，常或从衣。"❷ 从古汉字字源学的角度来看，除金文"常（常）"以外，篆文"常（常）"将金文字形中的"尚"写成"尚"，篆文异体字"裳（裳）"用"衣（衣）"代替"巾（巾）"，"裳"是"常"的异体字。隶化后楷书"常"将篆文字形中的"尚"写成"⺌"，尚，既是声旁也是形旁，表示崇尚的、流行的。因此，笔者认为，常服就是日常军服之意。

6. 戎服

戎服是指专用于古代士兵作战所着的军用服饰。如《左传·襄公二十五年》："郑子产献捷于晋，戎服将事。"杜预注："戎服，军旅之衣，异于朝服。"[3] 另《说文解字》中提道："戎，兵也。从戈，从甲。"❸ 戎衣同"戎服"，如《书·武成》："一戎衣，天下大定。"汉孔安国传："一着戎服而灭纣。"除此之外，戎服亦称"戎装"，据《魏书·杨大眼传》中所言："至于攻陈游猎之际，大眼令妻潘戎装，或齐镳战场，或并驱林壑。"从古汉字字源学角度看，"戎"字除甲骨文"𢦏"以外，金文"戎"基本承续甲骨文字形。篆文"戎"将金文字形中的"⾏（盾）"写成"甲（甲）"。隶书"戎"继承金文字形。显然，有盾有甲，"戎"服是不同于朝服的作战服装。

二、古汉字中与兵服相关的字源解析

古汉字中与兵服相关的字如表5-1所示。

表5-1　反映先秦时期兵服的部分古汉字字源分析表

现代汉字	最早字源	字形分解	造字本义
韦	𢐂（甲骨文）	用三"止"ⱱ代替两"止"ⱱⱱ（两个"止"，即两个"趾"，借代两只脚），表示警哨围绕城邑南、北、东三面巡逻、把守	动词，士兵围绕城邑巡逻守护
弁	爲（甲骨文）	ⴼ（双手持举）加上◯（口，像帽子），表示手举帽子戴在头上	动词，古代男子年满二十岁时必须在宗庙中举行加冠的仪式，标志进入成年，从此享有成年人的社会权利与义务

❶ 郭超，夏于全.传世名著百部之诗经[M].北京：蓝天出版社，1998：116.

❷ 许慎.说文解字[M].北京：九州出版社，2001：440.

❸ 许慎.说文解字[M].北京：九州出版社，2001：741.

续表

现代汉字	最早字源	字形分解	造字本义
扞	（籀文）	（旱，即"悍"，刚烈勇猛，无所畏惧）加上（攴，持械击打），表示持械搏杀，无所畏惧	动词，刚烈勇猛、无所畏惧地持械搏杀
拾	（篆文）	（手，捡）加上（合，并、连）表示将散落在地面的东西捡在一起	动词，将零星散落在地面的东西捡在一起
遂	（金文）	（辵，行进）加上（又，抓），手上几点指事符号，表示远行采集	动词，上山采集
跗	（小篆）	（足，脚）加上（伏，趴地）表示手足伏地	动词，手足伏地
注	（金文）	（水，液体）加上（主，即"柱"的省略），比喻液体直流如柱	动词，液体直流如柱，由上往下灌入器皿
厉	（金文）	（厂，石崖）加上（萬，两螯多足的毒蝎），表示石间毒蝎	名词，两螯多足的蜘蛛类节肢动物，一种大量分布在山涧石崖的剧毒蝎子
均	（金文）	（匀，使齐平、使相等）加上（土，泥土），表示使土地高低平整	动词，在播种前松土整地，使庄稼地平展
常	（金文）	（尚，崇尚、流行）加上（巾，布），表示人们崇尚的服饰	名词，古代长期流行的服饰
戎	（甲骨文）	（戈，有钩刃的长柄战具）加上（十，盾牌的握柄，代盾牌），表示戈戟与盾牌	名词，戈戟与盾牌，古代士兵的基本装备
甲	（甲骨文）	（口，抵御矛枪的方形坚硬盾牌）加上（十，是"又"的变形，抓握），表示可持握的陆战士兵护身的坚硬盾牌	名词，古代士兵作战时手持的庇护身体的坚硬盾牌，有握柄，可以抵御矛枪进攻；士兵一手持盾牌抵御防守，一手持戈戟展开进攻
介	（甲骨文）	指事字，字形在"人"的四周加四点指事符号，表示裹在身上的护革	名词，裹在士卒身上的护革
函	（甲骨文）	（带系扣的盛器）加上（倒写的"矢"，箭头朝下的箭支），表示装箭的箭筒	名词，有系扣的箭筒
铠	（篆文）	（金，金属）加上（岂，即"凯"），表示确保战胜的金属甲衣	名词，古代军队用金属薄片连缀成的护身甲衣，可以防御刀箭攻击

第二节 | 中国古代兵服的类型与形制

众所周知，行军打仗时，人们为了保护自己通常会使用铠甲。如东汉刘熙《释名·释兵》云："铠或谓之甲，似物孚甲以自御也。"❶《玉篇·八部》又云："介，甲也。"❷加上《孟子·公孙丑上》中提道："矢人岂不仁于函人哉。"赵岐❸（约108—201）注："函，甲也。"综上所述，笔者认为，先秦时期铠甲称为"甲""介""函"，且多用革制造。从古汉字字源角度来看，"甲"字在有的甲骨文中的"十"省去表示盾牌的方框"口"，字形简化成"十"，像纵横交叉的握柄。笔者认为"甲"中间"十"表示绳索，甲是指用绳索编在一起穿在身上鳞片状的保护层。金文"田"承续甲骨文字形，有的金文"甲"将甲骨文字形中方形的挡牌"口（囗）"写成弧形"〇"，表示贴身的弧形护身坚硬盾牌。如《说文解字》曰："甲，东方之孟，阳气萌动，从木戴孚甲之象。一曰人头宜为甲，甲象人头。凡甲之属皆从甲。'甲'，古文甲，始于十，见于千，成于木之象。"❹由此可见，甲即古人最初保护自身的坚硬盾牌。

一、先秦时期兵服形制分析

《周礼·冬官·考工记》中记载："函人为甲。犀甲七属，兕甲六属，合甲五属。犀甲寿百年，兕甲寿二百年，合甲寿三百年。"[4]由此可见，铠甲根据材质的不同又有"犀甲""兕甲""合甲""组甲"等称谓。犀甲是用犀牛皮制作的甲衣。兕则是传说中的动物，其形状似牛，全身长着黑色的毛，头上只长着一只角。有的学者认为，兕是雌犀牛。事实上，笔者认为，兕为某一种野牛的可能性更大。一方面，"犀甲寿百年，兕甲寿二百年"似乎说明"犀"与"兕"并不是同一种动物；另一方面，根据相关的史书记载，兕形如牛，有一只角。然而，根据"兕"的甲骨文"兕"来看，其形确实像牛，且并没有着重体现有一只独角，反倒强调其大耳朵"兕"的巨兽。事实上，野牛不仅耳朵大，同时也是当时人们眼中的巨兽。

"甲"穿在身上，按衣和裳的位置分布，可分腰以上部分和腰以下部分。记载中也有将"甲"分成三个部位的，即盔、领和裹腿，也有分成上衣、下身和绑腿的，

❶ 刘熙.释名[M].北京：中华书局，2016：103.

❷ 胡吉宣.玉篇校释[M].上海：上海古籍出版社，1989：5766.

❸ 赵岐（约108—201）东汉经学家，初名嘉，字邠卿、台卿。京兆长陵（今陕西咸阳东北）人，任并州刺史，因"党锢之祸"被免职。后任议郎、太常等职。

❹ 许慎.说文解字[M].北京：九州出版社，2001：859.

从出土文物中证实，是戎衣、胸铠、腹铠和披膊四个部分，也就是战袍、胸甲、腹甲和两肩的披膊。所谓胸甲，可从西安秦始皇陵出土的兵马俑的俑衣上见之一二，如同当年青少年服用背带裙或背带裤式样，在当时称其谓"裲裆甲"（图5-2）。当时的甲片，为区别各军阵之容，涂漆上色甚为鲜明，比如有白裳素甲白旗、红裳红甲红旗、黑裳黑甲黑旗。周代的戎服，除甲、胄外全用红色，赵国王宫卫士衣着全用黑色，古代战服取红黑二色，皆为保护和隐蔽色，一方面为预防因流血引起战士的心理恐惧，一方面为保护战士的战斗情绪而采用避血的色彩。兵将在服用甲衣时，也曾将战袍披在甲衣之外，以防甲被暴露出来。文献记载，赵武灵王由于战争需要，毅然改革军服，所谓"胡服骑射"即通过作战领悟到窄袖、长鞿靴、衣束腰带的胡服能适应长途跋涉的战时需要，战时地势险要，北方匈奴强悍，并要行程数千里，如只以步行和战车是远远无法抵御的，最有效的是在迎战时以骑兵为主力，步兵配合，才可取胜，所以军服的改革是意义重大的创举[5]。

图5-2　周代裲裆甲 ❶

据记载，在殷墟侯家庄M1004号大墓南墓道发现有两处古甲腐烂后的遗迹，具体形制如图5-3所示，从残片上看应为整片皮甲，这可能是我国目前发现的最早的皮甲。说明最初的衣甲是以整片皮革裁制与缝合而成，主要用来保护前胸与后背。笔者认为此种皮甲形制虽简单，但整片皮革制成的衣甲穿在身上无法完全贴合身体，与人体形成了较多的空间。首先是皮革本身具有一定的回弹性，如果使用较厚的皮革，就更无法完全地贴合人体。其次，如用绳带将前后片系合或是固定，长期的训练或战斗过程中，整块不透气的皮甲会使人体散发更多的汗液，必定会加

图5-3　皮甲（安阳侯家庄
M1004号墓出土）❷

快自身疲惫感，因此也就形成了后来的片状皮甲。因此，为了使皮甲能够更大程度地保护人体、抵御战场上敌人武器的伤害，同时也能够增加这种甲衣的透气感，减少厚重服装带来的不适感，于是将皮革裁剪成片状后再根据人体的形态特征用丝线

---

❶　图片来源：红动中国设计素材网。

❷　图片来源：肖蝶手绘。

或皮条连缀而成，当然，片状的甲片大小也会不同，以适应人体的形态与活动范围，这也就为后代片甲戎服的演变奠定了基础。

皮甲作为防御性武器装备有作为随葬品的习俗，不仅具有军事方面的意义，而且皮甲也是表明墓主身份、等级、地位的标志物之一。湖北随县曾侯乙墓曾出土过战国时期皮甲，具体形制如图5-4所示。甲身是由大块甲片编成，胸背甲为固定编缀，下垂甲裙的甲片横排固定，上下用丝线吊挂，甲片之间都相互叠压。甲衣领圈处有竖立的护领，甲袖、胄都用小甲片编缀而成，袖与甲裙编法相同。甲片是用数层牛皮叠压黏合制成，表面较平滑，外面髹漆，并彩绘花纹，可用组线编连在一起，其中半数以上还附有胄、盾、甲等防护武器，均用皮革制成[6]。《楚辞》中也提到过，"操吴戈兮披犀甲，车错毂兮短兵接"❶，形象地描绘出当时车战的场面。通过对已出土的甲片研究中，笔者可推断出，东周时期的甲以皮革制作居多，且若甲片尺寸过大或过于贴身容易影响人的动作，所以在以步战、车战、青铜兵器为主的战争时代，皮甲应该是当时最主要的护体装备。

图5-4　战国皮甲
（湖北随县曾侯乙墓出土）❷

战国中晚期，随着铸铁冶炼技术的成熟，开始用铁制造铠甲，改称"铠"或"铁甲"见于《吕氏春秋·贵卒篇》"衣铁甲操铁杖以战"❸。唐宋以后，不分材料质地，或称"甲"或称"铠"或"铠甲"连称。还有一种称法为"甲胄"，胄是与甲衣所搭配的头盔。随着武器的发展变化，衣物的防护装备也受到影响。殷周的青铜器物也就取代了石器物，在安阳侯家庄1004号墓中就发现了大量的青铜胄，成型的达141顶[7]，说明当时的青铜胄已臻成熟。从古汉字字源角度来看，"胄"金文为𦥑，金文下部为目，目之上是一顶帽子（古代武士所戴的头盔），上端还有装饰品。小篆𦥑则变为从肉（月）、由声的形声字。隶变后楷书写作"胄"。曾侯乙墓和包山楚墓竹简简文沿用了金文的写法，均写成上由下革。从古汉字"胄"字的分析中也不难看出，"𦥑"的上半部分"𠃋"似"由"字，形似一种正在滴油的器皿，下半部分的"𦥑"似"冃"字，帽子之意；"𦥑"中的器皿与帽子连为一体，形成了"𦥑"，似"目"字，以示头盔位于眼睛的上方，这也就印证了图5-5中的头盔样式。因此笔者认为，

❶　郭超，夏于全.传世名著百部之楚辞[M].北京：蓝天出版社，1998：40.
❷　图片来源：肖蝶手绘。
❸　吕不韦门客.吕氏春秋全译[M].贵阳：贵州人民出版社，1997：820.

"胄"为古代打仗时所戴的保护头部的金属帽子即头盔，"甲胄"即"铠甲"和"头盔"的合称，基于防御的需要而设计。古代军官有护头的"胄""甲"，和护肩护胸的"铠"，而士卒只有护革"介"。据古文献记载，"胄"亦称为"鞮瞀"，可见于《墨子·备水》云："选材士有力者三十人共船，其二十人人擅有方，剑甲鞮瞀，十人人擅苗。"[1]孙诒让注引王引之云："疑琴即兜鍪也，兜鍪，胄也。"，据居延汉简和尹湾汉墓简牍中记载，两汉时期均有以此称之，称为"鞮瞀"。而后代胄取自其形状像炊器鍪，多称作兜鍪，唐宋以后则多以盔称之[8]。

图 5-5 青铜胄（安阳侯家庄 M1004 号墓出土）[2]

笔者认为，铠甲离不开战争，早期的甲胄不仅用于将军士卒，同时还用于战马上。从古文献角度来看，据《韩非子·十过篇》中载："革车五百乘，畴骑二千，步卒五万，辅重耳入之于晋，立为晋君。"[3]其中的"畴骑"，有笔者认为是骑兵。又如《诗·秦风·小戎》中有提道："俴驷孔群。"[4]《毛传》曰："俴驷，四介马也。"郑玄笺："俴，浅也，谓以薄金为介之札。介，甲也。"孔颖达疏："正义曰：俴训为浅，驷是四马。是用浅薄之金以为四马之甲，故知俴驷四介马也。成公二年，左传说齐侯与晋战，云不介马而驰之，是战马皆披甲也。"[9]笔者认为，由此看出，早期就出现了马铠用作骑兵，由此来提升作战的机动性。另外，李守义的《刀矛剑戟与战争》提出"赏其末则骑乘者存，赏其本则臣闻之郄虎"。其"骑存者"也指的是骑兵，正如第一次服饰变革，赵武灵王"胡服骑射"，据记载，赵武灵王之所以实行胡服骑射是由于汉族服饰大多宽衣博带，穿戴甲胄不便，且在战事中，活动不灵活，外加甲胄笨重，更显不易。于是下令"着胡服，习骑射"，改穿"裤褶"，上穿窄袖短袄，下身裤子为前后裆，裤管连为一体，足穿靴，便于马上骑射，并且这一时期的战马披甲是一大亮点，强化了军队的战斗力，后在军队官吏中逐步推广，平民百姓也纷纷效仿，逐步地强化了服饰的实用功能。

二、秦汉时期兵服形制

秦汉时期，作战依靠步行、骑兵和战车三种并进的形式。这可以从西安秦始皇

---

❶ 墨子.墨子全译[M].周才珠，齐瑞端，译注.贵阳：贵州人民出版社，1995：661.

❷ 图片来源：腾讯新闻。

❸ 张觉.韩非子全译[M].贵阳：贵州人民出版社，1992：125.

❹ 郭超，夏于全.传世名著百部之诗经[M].北京：蓝天出版社，1998：83.

陵兵马俑坑发现的千余兵士、百余战车和万余马匹的阵式得到证实。所见气势之壮观、盛况之空前属实罕见。铁甲的出现始于秦汉，从内蒙古呼和浩特市及河北省保定市满城出土的汉城遗址汉刘胜墓，发现了两千八百多块甲片组成的铠甲兵马俑（图5-6）。古时铁甲，每副至少几百片，分领叶、身叶、心叶和腋窝叶等。秦汉时期除使用铁甲以外，常见的还有铁片和革片共用，其特点是：甲身前长后短，裲裆式可套头服用，两肩有披膊，当时的铠甲片形状已不是单一形式，有方形、长方形、扁方形，还有加以修饰的鱼鳞状或龟纹状。

秦汉时期兵将着甲，有七种不同形制，但也可以分为两种类型。

①指挥人员着装：甲衣用整块原料制成（皮革或其他）。在甲衣上嵌犀牛皮或金属的甲片，四周留边。高级官员军戎甲片采用经过修饰的鳞甲片，有的甲片小并绘有精致的花纹。

②兵士着装：在战袍外采用裲裆形式（图5-7），从头上套进，两肩用带钩相扣连接，方形甲片组缀排齐，甲片较大，排列简单，胸前和背后的甲片钉牢不动，而领部、双肩、腹部和腰部的甲片采用活动形式，这种排列有利于肢体活动，为了战时需要，步兵甲衣较长，骑兵甲衣较短。

图5-6　秦代士兵俑❶

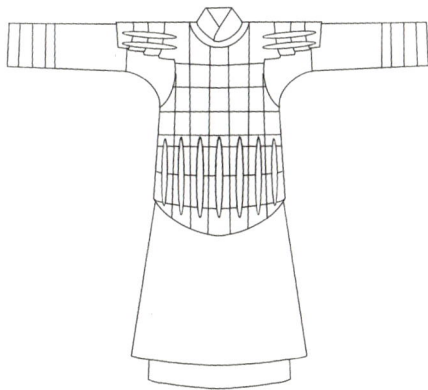

图5-7　秦代兵士铠甲❷

从秦兵的甲俑（表5-2）中发现，这些皮甲会根据兵种和军职的不同而有所区别。将军俑的皮甲将前后两片系带连接，皮甲由大小不同的甲片组成；跪射弩手俑的甲片较大，并在肩部也附加了皮甲，形制同驭手俑和左手俑；军吏俑下缘呈现明显的椭圆形，甲片大小规整且相同，整体形制同骑兵俑。由此可看出将军俑是明显有别于其他兵俑，皮甲下端的尖状及上端的系带极有可能为军阶的标志。

---

❶ 图片来源：秦始皇帝陵博物院官网。
❷ 图片来源：肖蝶手绘。

表5-2　秦始皇陵兵马俑中的甲俑 ❶

将军俑	跪射弩手俑	驭手俑	左手俑	军吏俑	骑兵俑

随着冶铁技术的进步，秦兵的甲衣从皮质发展为钢铁质，在众多的考古发掘中可证实楚国、燕国已大量生产铁制甲衣，这时的甲衣就向"铠甲"发生了过渡。根据秦始皇陵陶俑中的铠甲（表5-3），可将其形制归为三种，最简易的为背心样式，只在正背面有甲片护身，用绳带连缀；其二式为一种护身铠甲，下摆呈平直状，在前后衣身和肩部都有甲片，只是此铠甲的甲片较小，且覆盖面积也较少；其三式的衣身和肩部完全由大块甲片所覆盖，下缘呈弧线形，是较为完备的铠甲服。这三种样式的甲片大小并无固定性，是为适应人体弯曲机能形态的变化而设定，每块甲片基本都为上下左右打孔固定，胸前和背后的甲片为"上下叠加"，而腹部和臂膀处则是"下上叠加"，这样才能满足人体的活动需求。笔者认为，这时期的甲胄因兵种及身份的不同而形制有别，开始带有浓厚的等级色彩，也突出了这时期甲胄武器的重要作用。

表5-3　秦始皇陵兵马俑中的铠甲形制分类 ❷

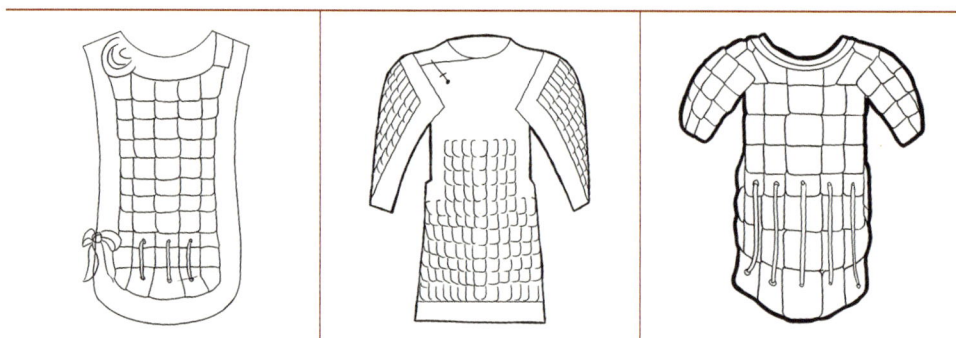

戎装属防御性服装，可作为甲胄的内衬使用，在日常训练中也可作为外衣穿用。戎装为袍制，分为上衣下裳和上衣下裤两种形制，且将士与士兵的戎服也有一定区

---

❶ 图片来源：秦始皇帝陵博物院官网。
❷ 图片来源：胡晓涵绘制。

分，如表5-4中的戎服，从图中可看出将军的戎服较为完整，多为上衣下裳，而士兵则是上衣下裤制居多。戎服既然是一种袍制的服装，看似与普通的服制别无二致，早期又怎能作为重要的兵服呢？其实不然，笔者认为原因有二。其一是因为在古代相对落后的生产状况下，大量的兵器和兵服只能通过手工制造，越是战争频繁时期，越会出现供不应求的状况，那么就只能着戎服抵御兵器，通常会将戎服做成夹层，并在其中加入丝和麻，再用缝线压紧，这在选材上就优于普通的袍服，偏向功能性而非美观性。其二是戎服的服色具有统一性，在战场上，统一的服色可区分敌我，振作军队士气，也可区分兵种和等级，以示军人威严形象。

表5-4　将军与士兵戎服[1]

戎服	秦代	汉代	唐代	宋代	明代
将军戎服					
士兵戎服					

---

[1] 图片来源：胡晓涵、李龙绘制。

主服篇小结

　　主服篇分为礼服、常服与兵服三章内容。礼服体现了中国古人"礼"的生活，同时，也是中国古代治理国家的理念的映射，它是一种精神的象征。常服则是人们日常生活中所穿着的服装，本质上分为贵族与平民两大类，反映中国古代社会的层级性。而兵服则是军队将士所穿着的服装，以盔甲、甲胄等为主。站在古汉字字源学的视角下，通过系统深入的研究，我们分别得到这三种类型的古代服装的一些新观点。

一、中国古代礼服的起源及其文化章小结

　　礼学作为中国传统文化的核心，其自古以来就占据重要地位。而礼服作为礼学文化的重要组成部分，从整个礼学而言，其都具有重大意义。故而本文立足于古文字字源学及其他相关文献资料，对礼服起源及其文化思想进行分析与探究，以期通过对礼服礼仪与礼义的把握，来发掘古代礼服的现代价值，从而实现礼服的传承与发展。通过对礼服起源的梳理，礼的起源对于古之礼服的研究，更有助于实现其传承与发展。中国传统文化是国家、民族的立命之本，文化不能断层，而礼服作为中国传统文化的重要组成部分，对其的传承与发展也不该出现断层。故而要重视礼服文化，只有青年一代拥有历史文化认同感，国家才能实现稳步发展。

　　随着中国伟大复兴工程的启动，政治、经济力量越来越强大，使中国在处理国际事务中越来越自信并具有一定的话语权。尽管中国已经在全球范围内开始努力传播、推广中华优秀传统文化，建立了一些孔子学院、孟子学院等文化传播机构，努力扩大其文化的影响力。然而，全球范围内我们在文化上的影响力还相对比较薄弱，没有形成自动、自觉的文化传播路径。笔者认为，究其根源，历史文化与传统文化产生断裂层、突变层可能是一个重要的因素。作为中国主体民族的汉族，自清代开始传统服饰与成人礼的突然缺失，使其民族性逐渐减弱，导致汉族历经数千年形成的传统文化精髓——传统服饰和成人礼也成为一种典型的历史服饰和礼仪，而现在所谓的汉族的传统服饰又掺杂了太多满族的基因。当然，笔者并不是想要否定民族融合的必要性，但作为中国主体民族的汉族必须要在传统服饰的断裂点，找回民族丢失的优秀传统文化。因此，汉族成人礼及其真正意义上传统服饰的复兴非常有必要。汉族传统成人礼不仅具有独特的个人和社会价值，同时，其中以"礼"为核心的价值观、人生观还与当代培养社会主义接班人"爱国、励志、求真、力行"的要

求有很多契合的地方，以"礼"为核心的价值观和人生观是"根"和基础，"爱国、励志、求真、力行"这样的品质则是"叶"和外在表现。因此，当代汉族成人礼的重构就显得非常紧迫。从当代汉族成人礼价值体系建构的因素分析上看，其重构需要把握以下3条原则：①传统成人思想继承与发展是当代汉族成人礼体系建构的核心；②民族服装的确立是当代汉族成人礼体系建构的保障；③传统仪式的改造是中国当代汉族成人礼体系建构的基础。从当代汉族成人礼建构的模式上看，其重新建构需要把握"一个核心、两个阶段、四个维面"的原则。在传统以"礼"为核心的价值观、人生观的基础上，循序渐进式地将成人礼分成"士冠礼"和"婚礼"两个阶段，在这两个阶段合理、灵活地在成人礼的目标、类型、服饰和方式四个维面展开。当然，当代汉族成人礼体系的建构是个系统工程，不仅需要学术界和政府的推动和引导，还需要社会各个方面达成共识，从思想和行动上达到一致才能推进当代汉族成人礼体系的建构。

"交领右衽""束发着冠"的服饰形制构建了华夏族的民族形象，从其历史价值上看，它使华夏族与周边少数民族明显地区分开来，建构出一种区别于游牧民族的服饰文化。传说自黄帝时期就有"垂衣裳而天下治"反映出中国古人就有从服饰的角度确立"礼"和"矩"的思想，凡事做到不逾礼、不逾矩。它们不仅增加了华夏族的民族凝聚力，同时也增加了其文化的吸引力，先进稳定的政治、经济、文化制度又吸引周边游牧民族改变自身的生产生活方式和着装形制，融到华夏族，最终逐步形成人口数量占据绝对优势的汉族。事实上，华夏族正是通过"交领右衽""束发着冠"的民族形象来标识自我，并不是从种族共同的生理特征进行区分，先秦时期的楚人、越人等均在春秋战国时期逐渐融到华夏族，因此，华夏族以及后来的汉族均具有强大的包容性和延展性。从其文化本质上看，"交领右衽""束发着冠"的服饰形象是华夏族建构出来的一种文化。事实上，自远古至汉代，华夏族至少在平民阶层大量存在着"交领左衽"的服饰现象，充分反映了"交领右衽"的服饰形制是文化上的一种建构现象。同时，男子"束发着冠"最初并不使用笄，而采用辫发而冠的方式。总言之，"交领右衽""束发着冠"曾在华夏族形成和发展过程中发挥过重要作用，它本质是一种文化的建构现象。

中国古代传统服饰与礼制紧密结合，如祭祀着祭服、朝会着朝服、公务着公服、居丧着凶服等，服饰从质料、色彩、花纹、款式无不为礼制所规范，被赋予天道伦理和身份地位的诸多含义，成为封建政治的图解和符号。优秀传统文化是构建人类命运共同体的一个重要文化资源。把中华优秀传统文化精神标识提炼出来、展示出来，提升优秀传统文化的对外传播能力，是值得持续关注的话题。

二、中国古代常服的起源及其文化章小结

通过对中国内衣起源蔽膝说的质疑，使我们明晰了服装的起源与内衣的起源有着本质的差别，蔽膝并不是初态内衣，而是原始服装形制的初始样式。服装的出现价值在于携带工具与包裹的生存需要，它是人类进化进程中最伟大的发明之一，服装的出现不仅提高了原始人类的生产效率，进而拓展了其生存空间，同时也是原始人类文化向文明跃迁的重要基础。而内衣的产生则完全源于人自身，除了其护体保暖的实际功能外，它更多地体现了礼仪观念施加于自身的要求。内衣的出现至少要建立在纺织面料的产生与礼仪观点的完善两大基础上，纺织面料的出现是其产生的物质基础，而礼仪观点的建构与完善则是其产生的精神动力。中国古代内衣从里向外被分别通称为里亵衣与亵衣。依据性别的不同，在男女亵衣均为袍服的外表下，男女里亵衣最初被分别称为"泽"与"袙服"。中国古代男子里亵衣"泽"的本质上就是长襦，而女子里亵衣"袙服"形制类似于汉代的抱腹。

布衣服饰是人类最早的物化形式之一，它以质地为物质前提、以服制为礼制载体，体现了其作为服饰面料和礼乐精神的二元文化内涵。先秦时期，葛麻植物生产与纺织获得重视并取得空前发展，葛麻纤维的服用揭开了人类纺织文明的序幕。与丝裘相比，葛麻原料来源广，纺织技术要求相对较低，葛麻织成的布衣成为平民百姓的主要服饰。丝、裘艳丽、保暖，珍贵且稀有，使平民鲜有机会占有，以葛麻织成的粗布与贫穷形成对应关系。从服饰等级上看，受宗法礼制的约束，服饰不但需满足服用功能，而且需服从社会伦理，平民穿葛麻织成的布衣形成与身份对等的关系。先秦纺织科技的发展，以及逐步完善的服饰制度，使身份等级的上下尊卑从人穿着的服饰质料望而知之。因此，布衣变成一种平民的视觉符号，布衣与平民以先秦葛麻纺织服饰为载体完成了二元合一。

"服妖"本质上是对儒家正统的服饰制度的反动，是自我着装意识与民族着装标准相冲突的产物。春秋战国时期"服妖"现象包括违反服制的现象、性别易位的服饰现象、奇装异服的服饰现象三大类型。事实上"服妖"属于"中性之事"，当它与当时的政治经济、生活习俗、生产方式等相适应时，促进社会进步时就不会认定为"服妖"。反之亦然，当它们互相不相适应时，那么就会被认定为"服妖"。此外，"服妖"现象是一种动态的过程。一方面，日常生活中常见的服饰类型在思想转型与建构的过程中，可以从正常的服装转变成服妖，如古汉字中大量出现左衽结构的服装结构，说明了穿着左衽的服装在最初并不是"服妖"行为，左衽结构的服装自上而下逐渐演变成"服妖"。另一方面，原本被认为是服妖的服装，也有可能自上而下或自下而上演变成正统服装。战国时期的"胡服骑射"与春秋时期的"深衣流行"就

是两种转型的典型，"裤"与"袍"原本违背"上衣下裳"的正统，然而由于便利性自下而上转变成正统的服饰类型。

三、中国古代兵服的起源及其文化章小结

兵服是中华服饰文化的重要组成部分，是古代人民抵御外来侵略、对内巩固政权的重要工具，无论在任何历史时期都起着举足轻重的作用。古代人民对兵服的发展不断进行思索和创新，从皮甲到铁甲，甚至后来出现宋代纸甲、明代棉甲等，都彰显出古代手工艺人的智慧。给中华儿女留下了一大笔宝贵的财富和灿烂的文化遗产，例如，秦始皇兵马俑为人们提供了较为完整的中式铠甲的形象资料和大量的皮制、铁质铠甲实物参考价值，也是中国古代兵服发展史上承上启下的关键时期。针对古代兵服的起源研究，笔者结合古汉字字源学，通过对甲骨文的分析，更加有力说明了兵服起源的保护防御动机。从服饰等级上来看，兵服在穿着上涵盖了传统的等级观念，带有明显的伦理色彩。通过兵服的发展，可以看到历史时期下科学文化、制作技术的进步，同时可以看作一个时代的缩影。兵服的研究对于当今的研究意义不仅仅是局限于其款式上，更多的则是凸显出了中国古代人民的智慧和勤劳拼搏的精神。

参考文献

[1] 李岩. 周代服饰制度研究 [D]. 长春：吉林大学，2010：88.

[2] 武丽娟.《十三经》服装词汇语义辨析 [D]. 太原：山西师范大学，2020：30.

[3] 杨伯峻. 春秋左传注 [M]. 北京：中华书局：1981：1104.

[4] 郭超，夏于全. 传世名著百部·考工记·新仪象法要·数书九章 [M]. 北京：蓝天出版社，1998：12.

[5] 袁杰英. 中国历代服饰史 [M]. 北京：高等教育出版社，1994：33.

[6] 随县擂鼓墩一号墓考古发掘队. 湖北随县曾侯乙墓发掘简报 [J]. 文物，1979（7）：1-24，98-105.

[7] 梁思永. 梁思永考古论文集 [M]. 北京：科学出版社，1959：153.

[8] 张卫星. 先秦至两汉出土甲胄研究 [D]. 郑州：郑州大学. 2005：2.

[9] 袁仲一. 秦代的甲胄和马甲浅析 [J]. 秦文化论丛. 2002（00）：1-16.

足服篇

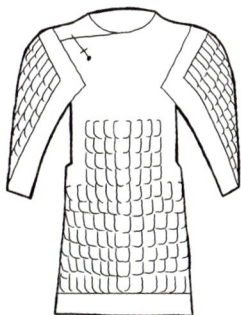

鞋履作为我们日常生活中的重要服饰之一，起源于人类对足部的保护。综观整个中国鞋履历史，鞋履在其发展过程中逐步由保护足部发展出了更多的价值，如阶级地位的表现、人类情感的寄托等，但是对于足服起源时间以及最初形制，学术界又有诸多观点。第一种观点认为我国足服起源于黄帝时期，该观点认为足服最初的形制是木质的，足服的出现改变了人们赤脚的状态，对古人类的脚进行了保护。与这种观点不同的第二种观点，则认为在旧石器时的古人类已经出现了足服，最早使用的材料为动物的皮、植物的茎。而且在其发展过程中，鞋履种类逐渐增多，材质及其所代表含义也逐渐增多。笔者运用古汉字字源学的方法去探究中国古代鞋履形制以及文化，更好地分析古代足服的发展历史。

第六章

中国古代足服的起源及其文化

足服，穿在脚上的服饰。段玉裁在《说文解字注》中指出：古曰屦，今曰履；古曰履，今曰鞾（鞋）。名之随时不同者也。《易》《诗》《礼》《春秋传》《孟子》皆言屦，不言履；周末诸子，汉人书乃言履。《诗》《易》凡三履，皆谓践也。然则履本训践，后以为履名，古今语异耳[1]。笔者通过查阅众多材料发现"屦"是上古时代就开始的称法，在有"鞋""履""屦"称谓的更早前，足服已经出现，并逐步发展。关于足服起源的学说，学术界主要的观点有保护说、保暖说、礼制说和身份说。然而这些观点大都未深入而系统地进行研究，对足服起源的时间、足服最初的形制、足服的出现与发展研究存在某些片面或不合理的地方。

第一节 │ 古汉字字源学视角下足服起源分析

笔者在常规研究路线的基础上进行再研究，并结合古汉字字源、人类进化进行推测演绎，推测出足服最初的形式与出现的下限时间，论证了足服的保护起源及其在早期起到了工具作用，并进一步对足服起源及其发展背后的动力与根本原因等进行了深入研究，从而填补足服起源的部分基础材料，让相关研究以新的视角了解鞋履的前身，为后期进行足服起源与发展的研究提供更有力的辅助材料。

一、足服起源研究现状的不足

目前足服起源常规研究路线主要有文献学、考古学研究路线。笔者通过查阅大量文献资料，发现关于足服起源的说明资料并不多，而且部分材料对足服起源的研究存在争议，其对足服起源的时间、足服最初的形制、足服的出现与发展研究存在某些片面或不合理的地方。而关于足服的出现时间与最初的形制，并没有统一而清晰的说法，部分观点甚至存在时间矛盾、内容漏洞、缺乏合理性等问题。

1. 文献学研究观点存在的不足

文献学是一门通过对文献的搜集、整理、归纳等总结出规律并运用于某个领域的研究，可以分为历史文献和古典文献。中国保存着成千上万的古文献，笔者总结其中与鞋履起源有关的文献资料，发现这些文献资料中主要包括鞋履起源保护说和保暖说的观点。

第一种观点认为，我国足服起源于黄帝时期。根据《靸鞋行孙祖殿碑》记载："盖闻盘古治世立民，以至天地黄均赤足而行。"自盘古立世以来，古人类都是赤脚的，"举步维艰，动必择路"说明当时地面路崎岖难走，给人们带来诸多不便和痛苦，"迫我黄帝，睹人民之困苦"说明足服产生的原因是黄帝发现了人们走得艰难困苦，进而"始创造屐履，借作护足之需"，足服的创造者就是黄帝，其以屐为履。屐指的是用木质材料做的鞋，所以该观点认为足服最初的形制是木质的，足服的出现改变了人们赤脚的状态，对古人类的脚进行了保护。第二种观点则认为，在旧石器时的古人类已经出现了足服，最早使用的材料为动物的皮、植物的茎。据《礼记·礼运篇》中"昔者先王未有宫室，冬则居营窟；未有火化，食草木之实、鸟兽之肉，饮其血，茹其毛；未有麻丝，衣其羽皮"❶，也许是本能地为了保护脚部不受伤害，旧石器的古人类学会了用动、植物的皮或茎来裹脚，形成了人类鞋的雏形[2]。另外沈从文提出了保暖说，最初的足服是由兽皮制成的。在经历了"不织不衣""禽兽之皮足衣也"的时代，人们逐渐学会利用骨针和骨锥将狩猎得来的兽皮缝制成"鞋"，因其质地坚韧耐磨，可防寒保暖[3]。以上观点无论是起源时间还是最初形制都存在着不小的差异。

从足服起源时间来看，以上两种观点存在巨大的差别。第一种观点认为足服出现在黄帝时期。从历史学范畴来看，黄帝、大禹是我们神话传说中的人物。黄帝生活于上古阶段三皇五帝时期。第二种观点认为，旧石器时的古人类已经出现了足服，该观点存在一定的可能性，但是文献记载有限，无法得到有力的证明。从足服最初形制来看，这两种观点也是存在明显的分歧。第一种观点认为足服最初形制是屐履，而第二种观点则认为足服最初形制是以动物皮或植物茎裹脚。商周后期关于足服形制的文献记载很多，足服在商周后各个时期因材质或穿者身份不同有了许多的特指名称。在商代记载的足服形制有"鞮""屦""履"等。《说文·革部》中提到"鞮，革履也"。"履"在上古时代是鞋子的通称，"履""屦"有个大体的分工，即丝帛制作的有底、帮、缘边的鞋子称"履"，麻、草编的鞋称"屦"。因为《方言》"丝作之者谓履"，《玉篇》"屦，履属，麻作谓之屦"。[1]然而对于足服的最初形制，文献的记载还是存在着内容记载不全面的缺陷。

2. 考古学研究观点存在的不足

考古学是根据古人类遗留的活动轨迹与遗物进行的研究。但由于目前科学技术有限，有许多遗迹、遗物未能发现，且部分被发现的遗迹或遗物有时未能很好保留或保存，造成部分材料缺失，使得一些材料未能系统地、完整地被收集与揭示出来。

对于足服的材料而言，无论是动物皮还是植物茎，两者都是不易保存的材料，所以要找到足服最早的古物，存在很大难度。局限于当前考古物的发现，我们更多是从考古角度对足服起源进行时间追溯，从而验证某些推测。

---

❶ 吕友仁，吕永梅.礼记全译孝经全译[M].贵阳：贵州人民出版社，1998：428.

根据考古发现，在旧石器时代的晚期智人已经掌握了用兽骨制作骨针、骨椎等工具。如1963年，于山西省朔州市朔城区的峙峪村附近，发现了一处距今2.9万年左右的原始人类遗址，在遗址中发现一件残缺一半的石制装饰品，该装饰品的中部曾经钻有一孔，侧面及边缘都经过了磨制[4]。这说明在距今2.9万年左右，晚期智人极有可能已经使用石针进行制作服饰了。根据石针的发现，笔者推测鞋履起源的下限应不晚于2.9万年以前。由于原始足服文物的缺失，我们无法直接知道鞋履起源的准确时间，只能对起源的下限时间进行推测。

二、文献学研究观点的再认识

文献学关于上古时期前的足服记录有所缺失，其中更多的是对夏商及以后时期鞋履的记载。上古时期即文字记载出现以前的历史时代，关于这时期文献材料有限，对于足服起源于黄帝的观点，笔者认为有托古之嫌。我国三皇五帝时期大致是公元前3000至公元前2100年间（距今约4000—5000年前）。根据考古学划分，该时期属于铜石并用时期，当时主要有石器工具，但出现了冷锻、冶铸两种技术，已经有铜器制品。说明在当时社会生产力具有突破性发展，原始人类应该已经具有相当不错的工艺技术，从而推测当时的人具备制鞋的能力是很有可能的。韩非在《五蠹》中讨论到"古者丈夫不耕，草木之实足食也；妇人不织，禽兽之皮足衣也"❶。另有《史记》十二本纪中的五帝本纪记载：遍告以言，明试以功，车服以庸❷。即舜帝到各处去宣讲治国之理，治理之道，了解他们的民情，考察他们的功绩，并依据功绩赏赐车马与服饰。能够以服饰奖赏，则说明当时的服饰生产相对富足，其制作应该有一定规模，可能已经具有相当不错的水平了。从而笔者推测，在黄帝时期，屦履的形制已经存在了，而鞋履起源时间与最早的形制有待进一步考究。

笔者认为之所以尊黄帝为鞋履的鼻祖，一则可能是出于对黄帝的一种敬仰之情，也有托古之嫌；二则可能是因为传说黄帝之妻嫘祖养蚕取丝对纺织服饰贡献带来的关联影响。三皇五帝时期我国的鞋履不但已经产生了，还可能已经具有了较完善的制作体系。

商周时期，我国奴隶社会制度高度发展，在这一时期，足服不但有了文化内涵，更是出现了身份等级区分情况，此时鞋统称作"屦"，并且设有专门主管鞋履的官员，称为"屦人"。《周礼·天官冢宰·叙官》：屦人，下士二人、府一人、史一人、工八人、徒四人❸。屦人，主要由两个下士负责担任，手下有一个府官，一个史官，八个工

❶ 韩非.韩非子全译[M].张觉，译注.贵阳：贵州人民出版社，1992：1028.
❷ 司马迁.史记[M].杨燕起，注译.贵阳：贵州人民出版社，2001：17.
❸ 孙诒让.周礼正义[M].北京：中华书局，1987：56.

匠，四个学徒，一共十六个人组成一个专门负责鞋履的部门。"衣服所以表贵贱，施章乃服明上下"，奴隶主与奴隶的阶层等级观念在衣冠鞋履中明显形成[5]。《礼记·月令》中指出：乃命司服具饬衣裳，文绣有恒，制有小大，度有长短。衣服有量，必循其故，冠带有常❶。命令妇官将丝帛染成彩色，染的各种颜色和花纹，无论是黑黄苍赤，还是黼黻文章，都要严格地遵循过去的成法，不许有一点差错。这样一来，染出的成品，件件合格，不敢欺骗作假。染好的丝帛，用来供给制作祭天祭祖的祭服，用来制作各种旗子和各种名号的标志，用来区别贵贱等级的不同[6]。《周礼·天官冢宰·内司服》：内司服掌王后之六服：褘衣、揄狄、阙狄、鞠衣、展衣、缘衣、素纱❷。

通过以上古典文献记载，我们不难发现，到了周代，不但有专门掌管服饰鞋履的官员"司服"，并且进一步体现了服饰制度的身份等级。《宋书·志·卷十八》："上古寝处皮毛，未有制度……周监二代，典制详密，故弁师掌六冕，司服掌六服，设拟等差，各有其序。"❸上古时期人居住在洞穴之中，生活在野外，用树叶兽皮遮蔽身体，还没有冠服制度……周借鉴夏代、商代，典章制度详尽严密，所以有弁师掌理六冕，司服掌理六服，设立等级差别，各有一定的次序。可见自夏商代开始，在帽子、服装、鞋子、配饰等方面已经体现了礼制，以严格的等级划分区别穿着者的身份高低。

另外，根据《后汉书·志·五行一》"延熹中，京都长者皆著木屐；妇女始嫁，至作漆画五采为系"❹可知，在汉代，木屐受到达官贵人的青睐，妇女在嫁人时穿着木屐，并以鲜艳的彩色带子作为系带，从而我们不难看出，在当时木屐是一个重要的身份象征与隆重庆典时刻的一个礼仪的文化符号。

三、考古学研究观点的再认识

依据考古学研究成果，笔者认为，上古时期已经存在多种足服形制。同时，帮底分离式足服是古人类的劳动智慧体现。

1. 上古时期已经存在多种足服形制

根据考古文献，1974年于贵州兴义猫猫山东侧的岩夏内，发现距今1.4万年左右的原始人类遗址中有数量较多的骨角器，包括骨椎、骨刀、角铲等。这些考古文物充分且明确说明晚期智人延续使用了打磨制作技术，完全掌握了摩擦改变物体形

---

❶ 孙希旦.礼记集解[M].北京：中华书局，1989：472.

❷ 孙诒让.周礼正义[M].北京：中华书局，1987：577.

❸ 杨忠.二十四史全译·宋书[M].上海：汉语大词典出版社，2004：420.

❹ 范晔.后汉书·舆服志[M].北京：中华书局，1965：3271.

状的原理，提高了工具的使用性能，在长期的劳动实践中探索生产工具的高效改造。1989年在浙江省慈湖遗址发现了新石器时代良渚文化时期的木板鞋（图6-1）[5]，上面有五个洞：前部一个，中间和后部各有两个孔洞，考古学家运用C[14]测定为5365年±135年前的古人遗物。笔者推测，该古物是屐的早期形制，充分说明在黄帝时期确实已经存在了屐履的形制，屐履出现的下限时间应该不晚于新石器时代。

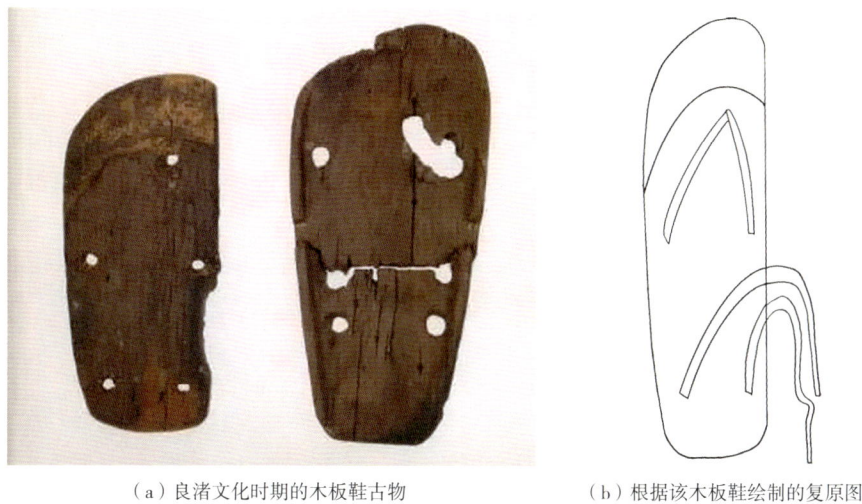

（a）良渚文化时期的木板鞋古物　　　　（b）根据该木板鞋绘制的复原图

图6-1　良渚文化遗址出土的木板鞋❶

基于新石器后期，已经是金石并用时期，冶炼技术已经出现，纺织业应该也会同步发展，那么在新石器时代与夏商之间的铜石并用时期，其社会生产力与纺织手工制造业极有可能又进一步发展了，故而笔者推测当时鞋子的形态并不单一，其工艺水平可能已经相当不错，主要有各种毛皮材料的靴和植物材料的平底鞋，鞋子的形态也不尽相同，鞋履的制作可能相当普遍了。

黄帝时期皮靴已经存在多种样式。据考古记载，考古学者在红山文化时期（距今约6000年）的遗址出土了一个陶人（图6-2），它脚穿中筒靴[6]。无独有偶，20世纪初在辽宁省凌原牛河梁红山文化❷（距今约5500年）遗址中，发现了一件高不过

---

❶ 图片来源：（a）钟漫天. 中华鞋文化[M]. 北京：中国轻工业出版社，2016：16.（b）王政手绘。

❷ 红山文化，发源于东北地区西南部。起始于五六千年前，分布范围在东北西部的热河地区，北起内蒙古中南部地区，南至河北北部，东达辽宁西部，辽河流域的西拉木伦河和老哈河、大凌河上游。内蒙古赤峰市敖汉旗境内有分布较为密集的红山文化遗址，被认为是红山文化时期社会上层统治者居住的核心区域，见证了红山文化孕育、形成、发展和演变的全过程。红山文化的社会形态初期处于母系氏族社会的全盛时期，主要社会结构是以女性血缘群体为纽带的部落集团，晚期逐渐向父系氏族过渡。经济形态以农业为主，兼以牧、渔、猎并存。它的遗存以独具特征的彩陶与之字形纹陶器共存，且兼有细石器的新石器时代文化。

10厘米的裸胸少女红陶塑像。这件少女红陶塑左腿完好，脚穿短筒的皮靴[3]。此外，在新疆温泉县阿尔卡特草原发现一尊高2米的石人像（距今约5000年），它穿着宽厚的翻领大衣，束腰带，脚上穿着高筒的皮靴[7]。出土的夏朝时期的睡美人脚穿中筒羊皮靴（距今3900±95年，图6-3）[6]，在一定程度上说明靴子的穿着可能较为普遍。从而，笔者推测，在该时期鞋子应该确实具有了成型的样式，并且不止一种。这时期的中筒靴、短筒靴、高筒靴等都是较为简单的，在后期有进一步发展的趋势。

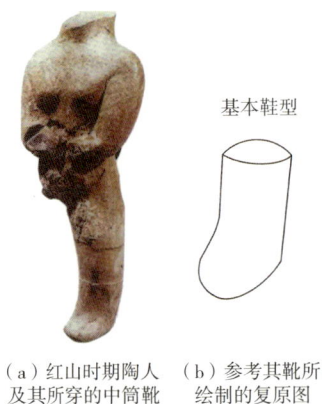

（a）红山时期陶人　　（b）参考其靴所
　及其所穿的中筒靴　　绘制的复原图

图6-2　红山文化遗址出土的中筒靴❶

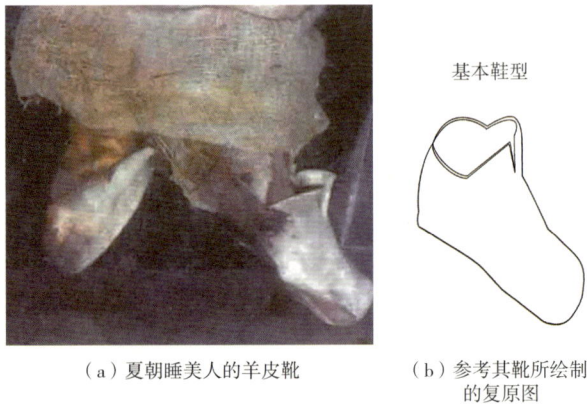

（a）夏朝睡美人的羊皮靴　　（b）参考其靴所绘制
　　　　　　　　　　　　　　　的复原图

图6-3　夏朝睡美人的羊皮靴❷

黄帝时期平底鞋已经出现。距今较早些的有1980年穆舜英于新疆罗布泊西北岸发掘出一具女性干尸，史称"楼兰美女"，是目前为止新疆出土古尸最早的一具（距今约4000多年）[8]。她脚穿的鞋子（图6-4）采用的是毛皮面料，类似现今的高帮皮靴，并且是帮底分离的样式。平底鞋的考古物也出土不少。马家窑文化属于新石器时代的文化，在1973年青海大通县孙家寨出土的马家窑文化（距今约5000—5800年）的陶器中，有一件陶俑脚穿鞋尖上翘的鞋子。另外在甘肃玉门火烧沟出土的四坝文化❸（距今约3900—3400年）中有一彩陶人形壶（图6-5），该人形壶为一裸胸

❶❷　图片来源：（a）骆崇骐.趣谈中华鞋史[M].上海：东华大学出版社，2014：16.（b）王政手绘。
❸　四坝文化主要分布在甘肃省河西走廊中西部地区，东起山丹，西至安西以及新疆东部哈密盆地一带。火烧沟遗址有4个碳测数据，东灰山遗址有1个数据，年代约为距今3900—3400年。相当于夏代晚期和商代早期。四坝文化内涵丰富，独具特色，是河西走廊最重要的一支含有大量彩陶的青铜文化。它的某些器型与彩绘图案和马厂类型、齐家文化较为接近，说明曾接受了它们的强烈影响。但三角形器盖、砷铜制品的大量存在，以及某些其他特点又与中亚文化接近。陶器质地较粗，多为夹砂陶，器形多样，以罐、壶为主，四耳带盖罐、腹耳壶是其代表性器物，有的造型较奇特。彩陶豆、方鼎、陶埙有强烈的地方风格。彩陶均施紫红色陶衣。彩陶比例较大，如火烧沟墓地彩陶超过半数以上，黑彩居多，红彩偏少，色彩浓重，有凸起感，既有烧窑前绘制的，又有出窑后绘制的，所以部分彩陶的彩已脱落。纹饰有三角纹、折线纹、条带纹、蜥蜴纹、回纹和圆点纹等。

女子，她所穿的鞋也是平底尖头大鞋，鞋头尖深而上翘。平底鞋形与皮靴是完全不同的形态，而且由出土的陶物，我们发现平底鞋其鞋型非常具有特色。该彩陶人是夏商时期的古物，她所穿的鞋形反映的是夏商时期的人所穿着的状态，该平底鞋的鞋尖上翘，鞋面宽扁，鞋子造型很大，类似船形。即使当时的工艺技术和生产水平很不错，其制作鞋子的材料也是有限的，而且不可能会有现今的制作鞋楦，定模固型的先进技术。故而要做出鞋尖上翘、宽平深长而不变形的鞋子，很有可能是通过足服的制材达到足服外形上翘的立挺效果。这样的鞋子一般要求所用材料本身具有一定的硬度，综合当时的材质状态，笔者认为该鞋所用材料是木材，即该彩陶人穿的是木制的船形鞋。

图6-4　新疆罗布泊西北岸出土的"楼兰美女"的
高帮皮靴❶

图6-5　四坝文化遗址出土
人形陶壶中的平底鞋❷

综上所述，通过对考古出土物较完整、较系统的串联分析，笔者认为，在上古时期（三皇五帝时期），不但已经具有多种制鞋方式，制鞋的材料主要有木质材料与皮革，而且鞋子的形制已经呈现多样性，如皮靴类、平底鞋类、木屐类等，皮靴类至少有短筒靴、中筒靴、高筒靴，平底鞋类至少有船形鞋、尖头形、鞋头上翘形等。

2. 帮底分离式足服是古人类的劳动智慧表现

足服的痕迹记载了历史的发展，定格每一段生活长廊中的片段，足服的形制、材质与工艺进一步陈述当时的生活环境、社会生产力、工艺技术与社会发展状态。

❶　图片来源：骆崇骐.中国历代鞋履研究与鉴赏[M].上海：东华大学出版社，2007：4.

❷　图片来源：搜狐网。

红山文化遗址（距今约5500年）中的裸胸少女红陶塑像，她脚穿短筒皮靴，靴形清晰，然而并没有底部。新疆出土的"楼兰美女"（距今约4000多年）所穿的靴子（图6-4），毛皮外翻，由靴筒和鞋底两部分组成，虽然制作简单，但鞋底有很明显的线缝，靴面和底用线缝接。从这些鞋履文物中不难发现，当时人们懂得靴筒和鞋底分离，并采用不同材料。由此可知，原始社会的人类在制鞋时有意或无意中运用了摩擦原理，他们可能已经掌握了制鞋中基本的帮底配合知识，选择不同牢度的皮制成帮和底。显然，帮底分离是鞋子发展的一个关键转折，更是原始人类实践发展的一大见证，反映了原始人类在长期劳动实践中积累的智慧，是一大创举。

人类在30000年前就已熟知刃口锋利、平面稳定、握持端须趁手和不伤手等形态。而这一制作过程就是在精准目标形态下的加工[9]。而猿人时期，已经有了石器打磨技术，这是猿人主动运用摩擦原理，即通过摩擦改变石器的物理状态成为工具的加工方法。在长期的行走奔跑等活动中，原始人类的脚部承受力度不断被加强，摩擦强度有所增强。应对这种状况，原始人类处于一种被动的状态，但随着原始人类的劳动实践积累与智慧的增长，这种被动的状态迟早是会被发现与改变的，增加鞋底厚度便是其中最大突破点，帮底分离式足服便是他们突破的关键一步。帮底分离并采用不同牢度的皮制鞋的方式是无意而为还是当时普遍的行为呢？熟悉某种范式的观察者与一般的观察者有所不同，他可以在人们熟悉的事物中发现别人所不能发现的东西[10]。笔者认为，帮底分离并加以不同厚度的制鞋方式是部分善于思考的手工劳动者在长期实践过程中的一个创举，即当时某些智者在经验积累的基础上偶然发现应对摩擦而对足服进行的必然改造，并推广给大众。

故有如下推测。第一，当时的手工制作水平相当不错，在制鞋技术方面有所突破。鞋子早已从原始鞋形态升级为较为高级的帮底分离形态。第二，鞋子的形态与制鞋材料的不同可能是由于所处时期不同、地域不同、气候环境不同等差异造成的。第三，铜石并用时期，原始人类由于劳动经验与体质不同而出现了能力水平与等级划分。第四，鞋履在该时期可能出现了身份等级与文化内涵。

四、古汉字字源学角度的分析

笔者认为，通过对与"足"有关的古汉字进行字源分析，可以辅助深入研究鞋履的起源意义，获取更多鞋履起源的信息。从商代（约前1600年开始）到秦代（前207年结束）使用的汉字都称为古汉字，包括甲骨文、金文、篆文这些象形表意文字，因其保留了象形特征，可以溯源这时期的文化，从而找到足服起源的新信息[11]。

在中国古代造字的"四体二用"之说中，象形、指事、会意能够反映造字的根本意图，尤其是甲骨文、金文、篆体中都有体现[12]。由表6-1，我们不难发现，在早期，脚是行军打仗的重要肢体，从而保护好脚，甚至在脚上做些措施都有可能更利于取得战争的胜利。在原始社会中，部落间进行物资与土地的争夺，避免不了战争。在这样的基础上，鞋履的出现与存在似乎是很合理的。

表6-1　与"足"有关的古汉字字源分析表

现代汉字	最早字源	字形分解	造字本义
足	♀（甲骨文）	◻（囗，村邑或部落）+✔（止，行军），表示军队归邑	动词，出征得胜，凯旋归邑。名词，腿、趾构成的脚
征（正）	♀（甲骨文）	◻（囗，城邑、方国）+✔（止，即"趾"，借代行军），表示行军征战，讨伐不义之地	动词，中央朝廷派兵长途行军，讨伐不义之地
赴	徙（金文）	⻊（走，奔跑、冲锋）+攴（攴，持杖击打），表示手持器械冲向战场拼杀	动词，持械的士卒奋不顾身冲锋陷阵
践	踐（篆文）	⻊（足，征伐）+戋（戋，戈戟相加，武力相残），表示武力征伐	动词，武力征伐，残杀虐待

进一步分析与鞋履相关的古汉字（表6-2），我们发现，鞋履最初的材料应该是皮革。笔者在对古汉字的"革"进行分析后，发现革早期确实和动物有关系，它强调用手对动物的皮毛进行处理。金文"革"是用手处理动物的动作或状态的象形。"亻"是"克"的变形，而"克"是"剋"的本字。甲骨文"克"在造字本义上是指古人杀人剔肉祭天，以消除巨大的天灾。蜷缩着的被祭天的受害者（即"人"的变形）在被剥皮时痛苦大叫"（张着大口惨叫）"的象形记载。以此类推，我们可以理解动物在被扒皮剔肉时惨叫的状态。而且革还强调在这一过程中人手持工具"（双手）"，对动物进行剋的动作。通过以上分析，我们可以知道原始人类已经懂得运用工具对兽皮进行加工处理，兽皮应该是鞋履制作最早使用的材料。

表6-2　与鞋履相关的古汉字字源分析表

现代汉字	最早字源	字形分解	造字本义
革	革（金文）	亻（是"克"的变形）+（双手），表示手持工具除去兽皮上的兽毛	动词，持刀剔除兽皮的兽毛
履	履（金文）	⻊（足，行走）+頁（页，头，代表思虑、职责），表示前往就任	动词，穿着船形鞋上任
鞄	鞄（篆文）	（突出双手形状）+亶（亶，粮仓，代财物）	（鞄）柔革也，柔当作鞣
屐	屐（篆文）	⻊（足，脚）+尸（尸，人）+彳（彳，出行）+支（支，支撑、承垫），表示出行时用来承垫脚板的东西	名词，保护脚板、有助于越野登山的鞋子，即古代的"运动鞋"

另外,"鞄(鞄)"是原始社会时期对兽皮处理相关的文字之一。"靣(指粮仓,代财物)",在原始社会时期没有货币,打的猎物与采摘的果实等相当于是他们的财物。金文"革(革)"突出双手形状"𠂤",用"𠂤(手)"将整下来的兽皮进行鞣制、敲打、晾晒,并做成衣服或足服。在后期,足服发展,鞋履出现了身份等级与文化意义,金文"屦(履)"中,"屦"指有身份、有职责的人,穿着船形鞋去就任。此时的船形鞋是一个代表身份符号的工具,说明鞋履在当时发展出了阶层等级的意义,具有特殊的文化含义。在考古文物中,也有出土过许多穿着鞋形的陶器、陶偶等,说明以鞋履区分身份等级的现象可能较为普遍了。篆文是在金文后面出现的一种文字,篆文"屦(屦)",用木块垫置于脚底,对脚板起保护作用,这说明原始阶段除了兽皮鞋之外,还有木质材料的鞋履,同时以木块垫脚对脚板进行保护的观点与神话学中鞋履起源保护说有相通之处,从而对保护说起到了辅证作用,也在一定程度上说明了木质形制的鞋履出现在皮制鞋履后面。

五、人类进化学角度的分析

每个事物的出现都有其合理性,鞋履的出现是人类进化的需要,而人类在进化过程中,内外环境发挥极其重要的作用。笔者从人类进化角度对始祖鞋履——足服起源进行分析,认为鞋履的出现其本质是古人类进化中对环境的一种适应。

1. 人类进化是鞋履起源的内在本质因素

事物的发展离不开事物本质的改变,内部的变化能从根本上影响事物的发展趋势。人类学者埃里克·特林考斯(Erik Trinkaus)推断,人类在距今4万—2.6万年的这段时期内就开始穿鞋了。他指出,在这段时期内人类脚趾的厚度开始明显变薄,这也许就意味着此时人类由于穿鞋导致脚趾被限制生长而变短变薄[13]。这显然是埃里克·特林考斯在有鞋履基础上,对脚趾厚度变薄的一种反推与假设。在他看来,原始人类先有了鞋子,才有了脚趾的变化,存在一定的辉格史观(以今观古)。

笔者对埃里克·特林考斯的观点持有不同看法。根据达尔文的观点,变化是由适应和调节带来的。笔者认为,原始人类的脚趾变化并不是为了适应鞋履发生了调节,而是由于原始人类的生存环境、气候地质、饮食习惯、生活与劳动方式等变化带来的进化。根据北京猿人(距今70万—20万年前)遗址出土的原始人类化石分析发现,数10万年间,原始人类逐渐显现现代人的体貌特征,高等灵长目动物身上的体貌特征在消失或减弱,其根本原因在于原始人类所从事的劳动与工具制作需要大脑思维活动与肢体合作,这促进人脑器官、肢体及体貌发生一系列的变化,而脚趾厚度变薄只是其中一个表现。在中华大地上,距今180万年前的巫山人已进化为直立行走，完成了由猿到人的进步[5]。生活在4万—1万年前的晚期智人，其体质特征与现代人类已没有多大差别[14]。原始人类完成直立行走的转变，脚就承受了人体的所有重量，面对复杂的地质环境，保护脚部成了一种需要。这一过程中，出于人体对环境的一种适应和调节，于是有了后期足服的出现。根据《经义述闻·墨子第一》："古之民，未知为衣服时，衣皮带茭。"笔者认为早期的鞋履应该是用动物的皮毛裹着脚、以草索为系带的足服形式。

故而笔者有两点大胆推测。一则，4万—2.6万年前原始人类已经出现保护脚的"足服"，即早期的鞋履。在2万多年前的石器时期，人类学会了简单的缝制，人类这种划时代的创作首先改进了"裹足皮"的鞋型[5]。鞋履起源的上限时间应该不晚于旧石器的古人（早期智人）时期（距今30万—5万年）。二则，原始人类进化促使脚部构造变化，进化过程中脚趾变薄，为适应环境从而更好地生存，产生保护脚的需求，而生产工具的使用与社会生产力的发展为足服的出现提供了物质基础。足服在保护脚的同时反作用于脚，进一步促进脚的变化。

2. 地质气候变化是鞋履起源的外在刺激因素

人类生存的外部环境是动态的，从而要求人类具备适应能力，并在变化中保持一定的平衡，足服的出现与发展是原始人类在外部环境相处中的平衡物之一。

地理环境处在不断变化之中，今天的地理环境并非自古就是如此的，而是过去的地理环境长期发展变化的结果[15]。智人阶段，处于第四纪冰河期，智人的体毛已逐渐退化，这时期的智人体质和现代人的差别不太大，那么他们面对寒冷的冰河期气候，需要身体保暖，这时脚部保暖就变得更重要了。现今生活在北美的因纽特人依然保持着原始的狩猎部落状态，直到19世纪，他们还在用石器、着兽皮，生活状态及服饰相当于新石器时代，而他们脚上穿的是用兽皮制作的"摺脸鞋"。这佐证了人类原始的成型鞋饰的形制，同时也说明气候是促使鞋履出现且发展的外在因素之一。

在远古时期，原始人类面对的地理环境可能更为恶劣。基于地理环境是社会物质生产和生活必要的和经常的条件之一，是人类赖以生存和发展的基础，人类存在着受制于地理环境的一面。所以原始人类在过去可能为了寻找更合适的生存环境，会出现一次次的规模性的迁移和重新定居。在我国，原始人类的遗址和遗迹遍布各地，其中主要分布在辽河、黄河、淮河、长江、珠江、雅鲁藏布江等江河流域，云贵高原、黄土高原、青藏高原，以及台湾、新疆等广域的地区（图6-6）。笔者对原始人类在猿人阶段、古人阶段、新人阶段代表性的人类遗址分布进行分析，发现这三阶段的原始人都存在流动性迁移（图6-7）。

（距今11.5万—10万年，古人阶段：早期智人）

（距今20万年左右，古人阶段：早期智人）大荔人

许家窑人 （距今3.4万—2.7万年，新人阶段：晚期智人）

山顶洞人

丁村人

新疆 （距今20万年前，古人阶段：早期智人）

北京人 （距今70万—20万年，猿人阶段：直立人）

（距今115万—65万年，猿人阶段：直立人）蓝田人

金牛山人

黄土高原

（距今31万—20万年，古人阶段：早期智人）

（距今4万—2万年，新人阶段：晚期智人）

（距今35万年左右，猿人阶段：直立人）

资阳人

南京人

（距今12万年左右，古人阶段：早期智人）

（距今20万—15万年，古人阶段：早期智人）

青藏高原

长阳人

和县人

巢县人

（距今20万—16万年，古人阶段：早期智人）

元谋人 —— 云贵高原

左镇人

（距今170万年左右，猿人阶段：直立人）

（距今3万—2万年，新人阶段：晚期智人）

柳江人

（距今4万—3万年，新人阶段：晚期智人） 马坝人

（距今12万年左右，古人阶段：早期智人）

■ （距今200万—30万年，猿人阶段：直立人）
■ （距今30万—5万年，古人阶段：早期智人）
■ （距今5万—1万年，新人阶段：晚期智人）

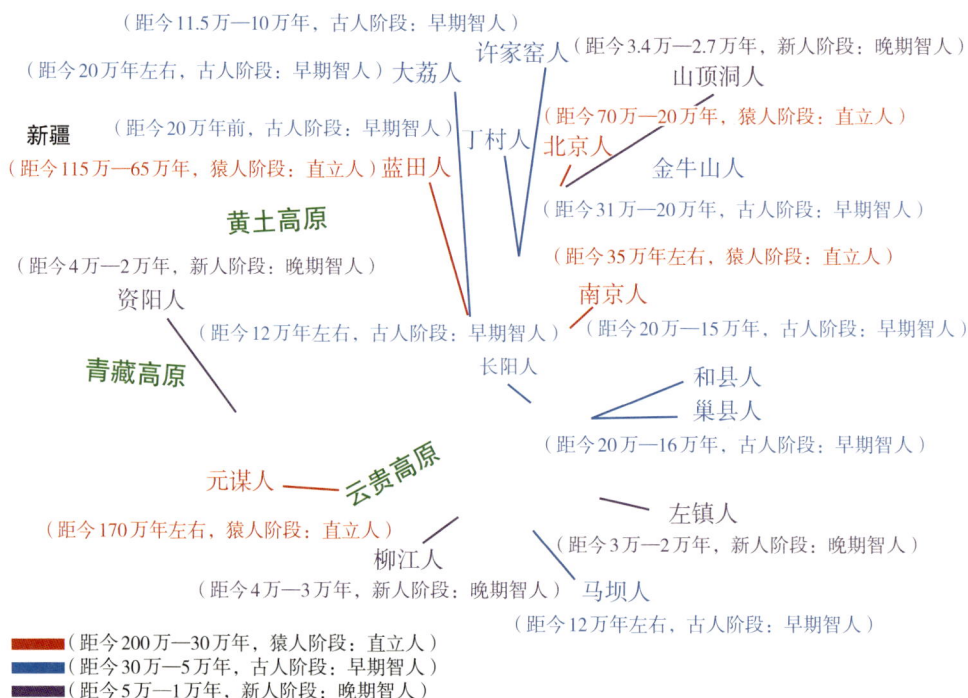

图6-6 各阶段代表性原始人类分布区域图❶

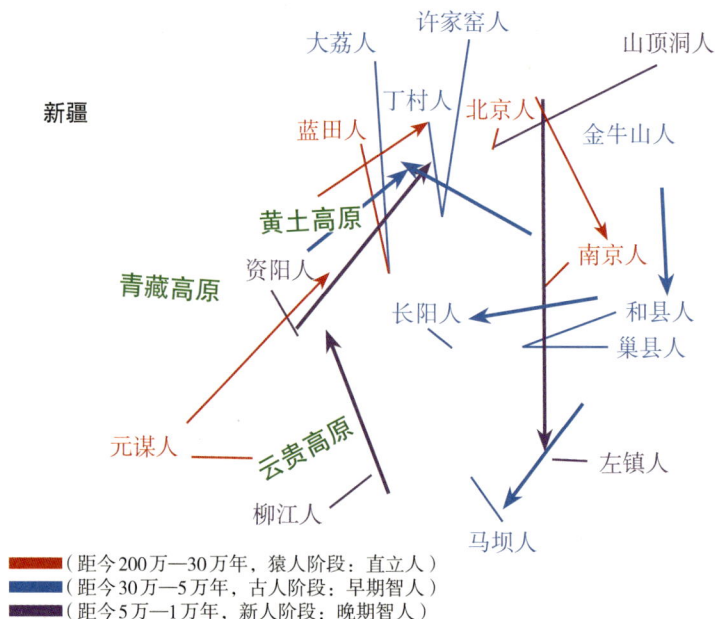

图6-7 各阶段代表性原始人类分布流动图❷

❶❷ 图片来源：邵晓煊手绘。

176

　　主要呈现往北迁移、而后沿海迁移的规律，在这样的长途迁移中，原始人类难免也会对足部进行保护。所以笔者认为，地质变化、环境迁移也是促使足服出现与发展的外在因素之一。综上所述，笔者认为鞋履是原始人类进化中的重要工具，它体现了原始人类的智慧，不但是社会生产力与生产工具发展的产物，更是原始人类对自身变化与环境适应的一个桥梁。

第二节 | 中国古代足服的类型与形制

　　古时鞋履分类众多，大致可分为屦、舄、履、屐、鞮等，笔者主要从古汉字字源学视角下分析它们的起源，即在造字之初所表达的含义，以及其随着时代发展不断衍生的新内涵。所谓古汉字，是指隶书成熟之前的文字，主要包括甲骨文、金文、篆文，这种象形兼表意的文字基本保留了象形特征，把与"鞋"有关的古汉字进行构形释义法分析，对于鞋履文化的研究有着重要的意义[16]。

一、古汉字字源学视角下"履"的起源分析

　　"履"是中国古代非常重要的足服，履的形制演变对于古代足服研究有着重大意义，古时鞋子大多称作"履"，其分类广泛，包含多种材质，除了形制上的变化，纹样、色彩等方面也有很多式样演变。

1. 古汉字字源学视角下"履"文化

（1）古汉字字源学视角下"履"的起源分析

　　甲骨文为" （履）"，其中" "表示"眉"，" "表示"脚掌"。故甲骨文" （履）"，表示因脚掌受到保护而眉开眼笑。因为在物资匮乏的远古时代，平民大多穿木屐、草鞋或赤足而行，穿皮鞋是少数上流社会阶层的特权享受，舒适安全且经久耐用，所以穿" （履）"是非常开心的事情，故而眉开眼笑。有的金文" （履）"，误将甲骨文字形中的"眉"（ ）写成"頁"（ ），并用"舟"（ ）代替甲骨文中的"止"，"舟"代表"船"，故表示用船形的鞋子保护脚板。有的金文" （履）"，用"足"（ ）代替甲骨文字形中的"止"。有的金文" "，将甲骨文" "写成" "，同时加"辵"，表示穿鞋护脚的目的在于行走（表6-3）。

表6-3 "履"字字形演变分析表

字	字源	字形分解	造字本义
履	（甲骨文）	（眉）+（脚掌）	因脚掌受到保护而眉开眼笑
	（金文）	（頁）+（"舟"船形）	用船形的鞋子保护脚板
	（金文）	（足）+（頁）	鞋子保护脚板
	（金文）	（甲骨文）+（行进）	穿鞋护脚的目的在于行走
	（籀文）	结合金文和	—
	（籀文）	省略金文字形中的（頁）	—
	（篆文）	尸（静坐的人）	坐着穿鞋
	（篆文）	（舟）写成	皮革制作的船型鞋子
	（楷书）	篆文尸写成尸，写成彳	鞋子

（2）古汉字字源学视角下"履"的内涵

"履"的造词本义是名词，远古时代皮革制作的船型鞋子。如《说文解字》中言："履，足所依也。从尸，从彳，从夂，舟像履形。一曰尸声。凡履之属皆从履。"[17]"顕"古文履，从頁从足。意思就是，履是脚在行路时所依赖的安全保护物，即鞋子。字形采用"尸、彳、夂、舟"会义。鞋子像"舟"的样子。另一种说法认为，"尸"是声旁。所有与履相关的字，都采用"尸"作偏旁。履的词性又有名词与动词之分。

作为名词，"履"主要指皮革鞋子。如《玉篇·履部》："履，皮曰履。"[18]即，履是古代皮革制作的船形鞋子。作为动词时"履"也有多重意思。①穿鞋之意。如《韩非子·外储说左下》中："故昭卯五乘而履屩。""屩"为草鞋，"履屩"即穿草鞋[19]。又如《史记·留侯世家》："良业为取履，因长跪履之。"[20]后半句译为"跪在地上为他穿鞋子"，此处第二个"履"即穿鞋之意。②行走，踩踏。如《玉篇·履部》："履，践也。"[18]又如《诗·小雅·小旻》："战战兢兢，如临深渊，如履薄冰。"[21]③实践，经历。如《诗·小雅·大东》："君子所履，小人所视。"[22]又如《礼记·表记》："处其位而不履其事，则乱也。"[22]

（3）古汉字字源学视角下"履"文化的延展

"履"在漫长的历史长河中又分化出"鞮"与"靸"，"鞮"是履的一种分类。篆文"鞮（鞮）"是"革（革，皮）"和"是（是，即'提'）"构造而成的，表示提拉皮鞋的鞋跟。隶化后楷书"鞮（鞮）"将篆文字形中的"革"写成"革"，将篆文字形中的"是"写成"是"（表6-4）。

表6-4 "鞮"字字形演变分析表

字	字源	字形分解	造字本义
鞮	鞮（篆文）	革（革，皮）+是（是，即"提"）	拉皮鞋的鞋跟
	鞮（楷书）	将篆文字形中的"革"写成"革"，将篆文字形中的"是"写成"是"	革履

不难看出，"鞮"最初为动词，但随着时代的变迁，"鞮"衍生出名词的含义。即鞋跟上有提扣的皮鞋。正如《说文解字·革部》所言："鞮，革履也。从革，是聲。"[17]鞮即皮革制的鞋。字形采用"刀革"作偏旁，采用"是"作声旁。后来"鞮"进一步细化，泛指平民男子所穿的单底短靿皮履，由薄的皮革制成，鞋帮长至脚踝处。当然，"鞮"与"屦"复合形成"鞮屦"，"鞮屦"又细化为三种鞋类。①革履。如清孙希旦（1737—1784）指出："鞮屦，革履也。"它是对"鞮"解释的延伸。②没有装饰、履头无絇的草鞋，它是对"屦"解释的延伸。③先秦少数民族舞者穿的皮鞋。

"靸"为拖鞋、小儿之履，履中的一种。及，既是声旁也是形旁，表示追赶、抓住。篆文"靸（靸）"是由"革（革，皮革）"和"及（及，追赶、抓住）"组成，表示抓住皮革。隶化后楷书"靸"将篆文字形中的"革"写成"革"，将篆文字形中的"及"写成"及"（表6-5）。

表6-5 "靸"字字形分析表

字	字源	字形分解	造字本义
靸	靸（篆文）	革（革，皮革）+及（及，追赶、抓住）	抓住皮革
	靸（楷书）	将篆文字形中的革写成革，将篆文字形中的及写成及	只有前帮没有后帮的拖鞋

由此可知，"靸"造字之初本为动词，即用脚趾抓住只有前帮没有后帮的皮革拖鞋，拖着行走。然而，随着鞋履种类不断分化，"靸"开始特指只有前帮没有后帮的拖鞋，以皮革为之，平底无跟，头深而锐。古时男女用于燕居[23]。如汉史游❶（前48—33）《急就篇》言："靸鞮印角褐襪巾。"[24]唐颜师古注："靸谓韦履，头深而兑，平底者也。今俗呼谓跣子。"汉刘熙《释名·释衣服》指出："靸，韦履深头者之名也。

---

❶ 史游（前48—33），汉元帝时官黄门令。生卒年和生平事迹不详，精字学，善书法。曾解散隶体粗书之，存字之梗概，损隶之规矩，纵任奔逸，赴速急就，作《急就篇》，后人称其书体为章草。

靸，袭也，以其深袭覆足也。"[25]。又如宋戴侗❶（1200—1285）《六书故》曰："靸，今人以履无踵直曳之者为靸。"[26]另一种解释，"靸"为小儿所穿之履。如《说文解字·革部》中言："靸，小儿履也。从革，及聲。读若沓。"[17]

2. 古汉字字源学视角下"履"的分类

根据材质"履"可分为丝履、革履、木履、帛履等。根据样式又有凤头履、聚云履、重台履、五色云霞履、玉华飞头履等。

（1）珠履。也作"珍珠履"。缀有珠饰的鞋履。多用于贵族男女。因春申君❷（？—前238）门客故事，亦代指诸侯或达官贵人的门客、宾客。如《史记·春申君传》："赵使欲夸楚，为玳瑁簪，刀剑室以珠玉饰之，请命春申君客。春申君客三千余人，其上客皆蹑珠履以见赵使，赵使大惭。"[20]

（2）草履。以蒲草或芒草等编织而成的鞋履。有粗细之分：粗者一般用于平民百姓，亦称"不借"；制作精细者常用于贵族，质如绫縠，其上多织有花样。如《孟子·尽心上》："舜视弃天下，犹弃敝蹝也。"汉赵岐注："蹝，草履也。敝喻不惜。"又如唐王睿❸《炙毂子录》引《实录》："单底曰履，重底曰舄。朝祭之服，自始皇二年，遂以蒲为之……晋永嘉元年，始用黄草为之，宫内妃御皆著之。始有伏鸠头履……至陈隋间，吴越大行，而模样差多，及唐大历中，进五朵草履子。至建中元年，进百合草履子。至今其样转多差异。"❹

（3）繐履。无跟的鞋子。如《庄子·让王》："原宪华冠繐履，杖藜而应门。"❺清

---

❶ 戴侗（1200—1285），字仲达，浙江永嘉人。登来理宗淳祐元年（1241年）进士第，由国子监主簿知台州。德祐初由秘书郎迁军器少监，辞病不起。元至元二十二年（1285年）卒，终年八十五岁，著有《周易家说》，佚，有《六书故》一书传世。

❷ 黄歇（？—前238），战国时期楚国人（具体籍贯有争议，一说荆州监利人，一说河南潢川人，一说四川达州人），楚国大臣，曾任楚相。黄歇游学博闻，善辩。楚考烈王元年（前262年），以黄歇为相，赐其淮河以北十二县，封为春申君。与魏国信陵君魏无忌、赵国平原君赵胜、齐国孟尝君田文并称为"战国四公子"。公元前238年，楚考烈王病逝，黄歇奔丧时，李园令人埋伏于棘门之内，杀死春申君及其全家。又据《越绝书》则称黄歇是在楚幽王之时为楚幽王所杀。

❸ 王睿，自号炙毂子，生卒年不详。王梦鸥《炙毂子及其诗格考》，根据《北梦琐言》，知其为蜀中新繁县（今四川省彭州市东南）人。又杜光庭《神仙感遇传》有云："进士王睿，渔猎经史之士也。孜孜矻矻，穷古人之所未穷，得先儒之所未得，著《炙毂子》三十卷。六经得失，子史差谬，未有不针其膏而药其肓矣……年八十矣，殂于彭山道中。"（《云笈七签》卷一百一十二）据此可以推知，王睿当活动于唐宣宗至僖宗之时。《炙毂子诗格》引及李郢诗，据《唐才子传》卷八载，李郢为唐宣宗大中十年（856年）进士，可知此书当成于其后。

❹ 中华文库网。

❺ 庄周.庄子全译[M].张耿光，译注.贵阳：贵州人民出版社，1991：523.

郭庆藩集释引李颐曰："緉履，谓履无跟也。"

（4）丝履。以丝帛做成的鞋履。通常以皮、麻为底，丝帛为面。尤以妇女所著为多，富贵者在鞋面施以彩绣，或缀以珠宝。如汉桓宽《盐铁论·散不足》载："古者庶人鹿菲草芰，缩丝尚韦而已。及其后，则綦下不借，鞔鞮革舄。今富者革中名工，轻靡使容，纨里紃下，越端纵缘；中者邓里间作蒯苴，蠢竖婢妾，韦香丝履。"[27]又如汉刘歆❶（？—23）《西京杂记》卷二："庆安世年十五，为（汉）成帝侍郎，善鼓琴，能为《双凤》《离鸾》之曲。赵后悦之，白上，得出入御内，绝见爱幸，尝着轻丝履。招风扇，紫绨裘，与后同居处。"❷说明古代丝履为富贵之人穿用。

（5）皮履。指单皮制成的鞋履，男女均可穿用，多着于秋冬之季（图6-8）。在周代，皮制鞋履已经流行。在我国湖南长沙楚墓出土了一双西周时用皮缝制的鞋，距今已有2000多年，它的帮底采用经过简单鞣制的皮革，以皮线手工缝制而成，鞋底是挑选比帮料坚硬多的皮革。由前盖、前尖、后尾三块皮革部件组成鞋面。鞋头呈方形，套式为无带。另一双由新疆塔里木盆地扎洪鲁克古墓出土的西周革靴，全系革制成，鞋形清晰美观，鞋头有皱纹，全鞋帮底相连，前面打褶与鞋面缝合成型。鞣革柔软，缝制平整，显然是经过仔细搭配缝制而成，这说明当时制鞋设计工艺已具较高的水平。

图6-8　皮履❸

（6）麻履。即麻鞋。如《仪礼·丧服》："不杖，麻屦。"[28]又如《后汉书·逸民传·梁鸿》中言："女求作布衣、麻屦，织作筐缉绩之具。"[29]

（7）命履。穿命服时所配用的单底礼鞋。如《周礼·天官·屦人》中载："辨外内命夫命妇之命屦、功屦、散屦。"汉郑玄笺："命夫之命屦，纁屦。命妇之命屦，黄屦以下。功屦，次命屦，于孤卿大夫则白屦、黑屦。九嫔、内子亦然。"[30]由此可知，命屦分为命夫与命妇之命屦，其色彩有着严格的规定。

（8）散履。不加装饰的鞋子。与王、后所用"素屦"相对，臣下所用，在礼服

---

❶ 刘歆（？—23），字子骏，后改名秀，字颖叔。西汉沛郡（今属江苏）人。高祖弟楚元王（刘交）五世孙，刘向之子。中国汉代经学家、校雠学家、目录学家，曾任黄门郎、中垒校尉。汉成帝时，刘歆任黄门郎。河平三年（前26年），受诏与其父刘向校理秘书。刘向死后，歆继父任中垒校尉。建平元年（前7年），大司马王莽举歆为侍中大夫，迁都骑尉，奉车都尉、光禄大夫。初始元年（9年），刘歆任国师，帮助王莽实施带有强烈复古色彩的政治改革。后因莽杀其子，刘歆谋弑，事败自杀。

❷ 葛洪.西京杂记全译[M].成林，程章灿，译注.贵阳：贵州人民出版社，1993：60.

❸ 图片来源：豆瓣网。

中等级最低。通常于大祥（为父母去世两周年而举行的祭祀仪式）时所著。如《周礼·天官·屦人》："凡四时之祭祀，以宜服之。"汉郑玄注："散屦亦谓去饰。"[30]

（9）丝屦。饰有绚、繶、纯的鞋子。因其上绚、纯以丝为之，故名。据《礼记·少仪》所言："国家靡敝，则车不雕几，甲不组滕。食器不刻镂，君子不履丝屦。"唐孔颖达疏："丝屦谓绚、繶、纯之属。不以丝饰之，故云不履丝屦。"[31]

（10）苞屦。凶服的一种。齐衰❶时穿的一种用蔍草编制的鞋。较绳履低一等，夫为妻、母为长子、男子为伯叔父母、已嫁女子为父母等服丧时所穿，期限视与死者关系亲疏远近而定，有一年、三年之别。如《礼记·曲礼下》中言："苞屦，扱衽，厌冠，不入公门。"汉郑玄注："此皆凶服也。苞，蔍也。齐衰蔍蒯之菲也。"唐孔颖达疏："苞屦，谓蔍蒯之草为屦，杖齐衰之丧履也。"[31]

（11）屝屦。省称"屝"。草鞋，后泛指旅行时所用物品。

（12）葛屦。以葛草编成的草鞋，质地稀疏，春夏时节穿着凉爽，无论贵贱均有用。如《诗经·齐风·南山》中言："葛屦五两，冠緌双止。"[32]

（13）纠屦。一种草鞋，用粗麻绳编成。多用于庶民。如《荀子·富国》指出："布衣纠屦之士诚是，则虽在穷阎漏屋，而王公不能与之争名。"故知纠屦是用麻绳编织的鞋子[33]。

（14）小屦。历史上小屦有两种不同的解释。①制作较精细的鞋。如《孟子·滕文公下》："巨屦小屦同贾，人岂为之哉！"汉赵岐注："巨，类屦也；小，细屦也。"清焦循❷（1763—1820）《正义》："巨为大，即为粗也；小为精，即为细也。粗疏易成，细巧功密。"[34]②粗陋的鞋子。如汉史游《急就篇》："裳韦不借为牧人。"唐颜师古注："不借者，小屦也。以麻为之，其贱易得。"[35]

（15）蔺屦。也作"菅茅"，草绳编制的鞋，服丧期间所穿最重的一种。如《荀子·礼论》："卑冕……菲繐、菅屦，是吉凶忧愉之情发于衣服者也。"[33]

二、古汉字字源学视角下"屐"文化

木屐是一种木制的鞋，一般底和屐齿为木制，也有全木制成者。相传始于春秋

---

❶ 齐衰亦作"齐缞"（zīcuī）。丧服。"五服"中列位二等，次于斩衰。其服以粗疏的麻布制成，衣裳分制，缘边部分缝缉整齐，故名。有别于斩衰的毛边。具体服制及穿着时间视与死者关系亲疏而定。

❷ 焦循（1763—1820），清哲学家、数学家、戏曲理论家。字理堂（一字里堂），江苏扬州黄珏镇人，嘉庆举乡试，与阮元齐名。阮元督学山东、浙江，俱招往游。后应礼部试不第，托足疾不入城市者十余年。构一楼名"雕菰楼"，读书著述其中。博闻强记，于经史、历算、声韵、训诂之学都有研究。有《里堂学算记》《易章句》《易通释》《孟子正义》《剧说》等。

晋文公时。东汉以后流行，男女日常均可穿着，雨雪天也可用来防滑防泥湿。

1. 古汉字字源学视角下“屐”的起源分析

籀文“屐（屐）”由“足（足，脚掌）”“尸（尸，人体）”“彳（彳，行走）”和“支（支）”构造而成。“彳（支）”，既是声旁也是形旁，是“歧”的省略，表示叉开脚趾。“屐（屐）”表示“尸（人）”行走时“彳（支）”叉开脚趾穿的鞋子。篆文“屐（屐）”省去籀文字形中的“足（足）”。隶化后楷书“屐”将篆文字形中的“尸（尸）”写成“尸”，将篆文字形中的“彳（彳）”写成“彳”，将篆文字形中的“支（支）”写成“支”。楷书“屐”误将篆文字形中的“支（支）”写成“支（支）”（表6-6）。

表6-6　“屐”字字形分析表

字	字源	字形分解	造字本义
屐	屐（籀文）	足（足，脚掌）+尸（尸，人体）+彳（彳，行走）+支（支，即“歧”的省略，叉开脚趾）	行走时叉开脚趾穿的鞋子
	屐（篆文）	省去籀文字形中的“足（足）”	
	屐（楷书）	将篆文字形中的“尸（尸）”写成“尸”，将篆文字形中的“彳（彳）”写成“彳”，将篆文字形中的“支（支）”写成“支”	

由此可知，“屐（屐）”作为名词，一方面，指代远古时期简易耐用的木制休闲拖鞋，行走时用叉开的脚拇指和脚食指，夹住鞋板上的提带，木板常常在地上拍打出清亮的“哒哒”声。因为具备防水防刺的作用，木屐后来也由休闲鞋发展成户外用鞋。木屐传入日本后流传至今。据《说文解字》所言：屐，屩也。从履省，支聲[17]。即木屐，字形采用省略了“复”的“履”作偏旁，采用“支”作声旁。另一方面，指装有木齿的鞋子，鞋底一般以木为之，鞋面可以用木、麻、布、皮等制成。初时雨天穿着，用以防滑防潮，后晴天亦可穿着。隋唐之后，社会中穿屐之风渐衰，仅见于少数妇女。相传晋文公臣介子推❶被烧死在山林中，晋文公十分悲痛，将其死时所抱之树制成木屐，每日向木屐深深鞠躬。汉刘熙《释名·释衣服》：“屐搘也，为

❶ 介子推（？—前636），又名介之推、介推，后人尊为介子，中国春秋时期晋国大臣。晋骊姬之乱后，公子重耳出逃至翟国，介子推同狐偃、赵衰、魏犨、司空季子等人追随一同逃亡。晋文公归国后，赏赐那些一同跟从流亡者，介子推没有向晋文公索要俸禄，晋文公也没有给介子推赏赐俸禄。介子推同母亲说明情况后，就携母隐匿在山林之中，最终隐居而死。晋文公到处寻找介子推而未得，最终将棉上山封为介子推之田。《庄子·盗跖》和《楚辞·九章·惜往日》是最早叙述这类故事的文献。介子推割股救主、抱木燔死以及同寒食节的关系，均是传说和演绎。

两足搋，以践泥也。"❶徐珂❷（1869—1928）《清稗类钞·服饰》："木屐，履类，底以木为之。"

2. 古汉字字源学视角下"屐"文化的延伸

此外，"橇"为木屐中的一种。毳，既是声旁也是形旁，表示细密的兽毛。橇，甲骨文、金文、篆体、隶书字形暂缺，楷书"橇"是"木（木，板块）"和"毳（毳，细密的兽毛）"构造而成，表示用毛皮包裹的木板（表6-7）。

表6-7 "橇"字字形分析表

字	字源	字形分解	造字本义
橇	橇（楷书）	木（木，板块）+毳（毳），细密的兽毛	用毛皮包裹的木板

由文字的字形分析可知，橇作为名词，表示底部包裹了顺滑毛皮的木板，可在雪地上快速滑行的木制乘具。当然，橇的形态也可制成鞋子状。鞋头高翘，两侧翻卷如箕。以绳束系结于足，着之便于行走泥地。据《史记·夏本纪》指出："泥行乘橇。"❸南朝宋裴骃《史记集解》引孟康曰："橇形如箕，擿行泥上。"❹据明代王圻《三才图会》所记，其形制如图6-9所示。

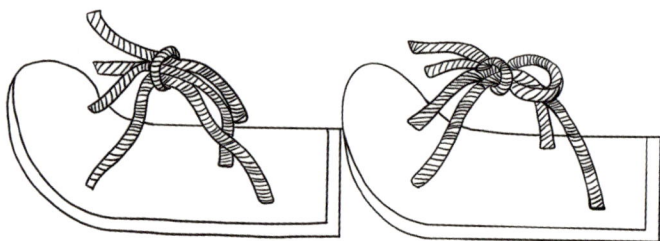

图6-9 《三才图会》中"橇"的形制❺

---

❶ 刘熙.释名[M].北京：中华书局，2016：76.

❷ 徐珂（1869—1928），原名昌，字仲可，浙江杭县（今杭州市）人。光绪年间（1889年）举人。后任商务印书馆编辑。参加南社。曾担任袁世凯在天津小站练兵时的幕僚，不久离去。1901年在上海担任了《外交报》《东方杂志》的编辑，1911年，接管《东方杂志》的"杂纂部"。与潘仕成、王晋卿、王辑塘、冒鹤亭等友好。编有《清稗类钞》《历代白话诗选》《古今词选集评》等。

❸ 司马迁.史记[M].北京：中华书局，1999：38.

❹ 司马迁.史记[M].北京：中华书局，1999：39.

❺ 图片来源：王政手绘。

三、古汉字字源学视角下"舄"文化

"舄"为复底鞋，鞋底为两层，上层用麻或皮，下层用木，行礼时不畏泥湿。是古时尊贵的鞋，通常多为帝王、大臣所穿。舄又分为赤舄、玄舄等，皆代表等级制度。

1. 古汉字字源学视角下"舄"的起源分析

从古汉字字源的角度看，"舄"字形本与鞋履无关。金文"舄（舄）"由"（右翼、左翼构成的双翼）"与"（厶，是'厷'的省略，即'雄'的省略）"构成（表6-8）。然而，据《广雅·释器》中所言：舄，履也。《释名·释衣服》：复其下曰舄[36]。说明"舄"与"履"形成了一种对应关系，而这种对应关系是与繁殖相关联。否则，没有理由将"舄"指代特殊的"履"。古人将在祭祀、朝会时用的复底鞋称为"舄"。"舄"以皮、葛为面，上饰绚、繶。鞋底通用双层，上层用麻或皮，下层用木，行礼时不畏泥湿。笔者认为，（舄）象征着繁殖，而中国古代对祖先的崇拜本质是对繁衍的崇拜。因此，在祭祀时穿"（舄）"就不难理解了。古籍有时假借"舄"代替"鞋"。鞋子的统称。如《史记·淳于髡传》："日暮酒阑，合尊促坐，男女同席，履舄交错，杯盘狼藉。"[37]又如《太平广记》卷七三："有侍童一人，年甚少，总角衣短褐。白衣纬带革舄。"❶

表6-8　"舄"字字形分析表

字	字源	字形分解	造字本义
舄	舄（金文）	（右翼、左翼构成的双翼）+（厶，是"厷"的省略，即"雄"的省略）	雄性鸟禽骑在雌性鸟禽背上，拍动双翅，交配泻殖

天子、诸侯的吉服有九种，舄有赤舄、白舄、黑舄三等，赤舄为上，天子、诸侯穿冕服时，必穿赤舄；王后吉服六种，有玄舄、青舄、赤舄三等，穿袆衣时必着玄舄。如《诗经·小雅·车攻》："赤芾金舄，会同有绎。"❷《周礼·天官·屦人》："掌王及后之服屦，为赤舄、黑舄、赤繶、黄繶、青句、素屦、葛屦。"又如汉郑玄注："复下曰舄，禅下曰屦……王吉服有九，舄有三等。赤舄为上冕服之舄。"[30]《明史·舆服志二》："舄用黑绚纯，以黄饰舄首。"❸

❶ 李昉，等.太平广记[M].北京：中华书局，1961：459.

❷ 郭超，夏于全.传世名著百部之诗经[M].北京：蓝天出版社，1998：118.

❸ 章培恒，喻遂生.二十四史全译·明史[M].上海：汉语大词典出版社，2004：1249.

2. 古汉字字源学视角下"舄"的分类

根据历史文献资料，可将"舄"分为豹舄、赤舄、金舄、黑舄、玄舄。

（1）豹舄

豹舄用豹皮制成的复底鞋子，被视为一种奢华的鞋子。如《左传·昭公十二年》所载："雨雪，王皮冠，秦复陶，翠被，豹舄。"❶晋杜预注："豹舄，以豹皮为履。"

（2）赤舄

赤舄为红颜色的复底鞋，里面一层底为革，外面一层底为木。在帝王参与的祭祀及朝聘仪式中赤舄与冕服配合使用。按周礼规定：帝王的赤舄专用于冕服，最为尊贵；帝后的赤舄专用于阙翟，位列第三。汉、唐、宋、明历代沿袭，各有损益，入清后其制废除。上士或下大夫以上的各级贵族在君主的祭祀仪式及朝聘天子的仪式或诸侯在自祭家庙时穿用的鞋子。如《诗经·大雅·韩奕》中所言："玄衮赤舄。"❷又如《周礼正义》中指出，卿大夫及王之命士亦得服冕服者，亦得服赤舄。[30]

（3）金舄

金舄为周代诸侯行礼时所穿的黄竹色复底鞋。一说是一种加有金饰于绚上的复底礼鞋。如《诗·小雅·车攻》所言："赤芾金舄，会同有绎。"[32]

（4）黑舄

黑舄为与冠弁服配用的黑色双层底礼鞋，商周时开始使用，秦汉以来历代沿袭。天子君王、诸侯、百官及仪卫均有使用。

（5）玄舄

玄舄为黑色的双层底礼鞋。以革为底，而以木为重底，不畏泥湿。周代通常用于王后，与袆衣配用。魏晋南北朝时为皇太子的礼鞋。如《周礼·天官·屦人》："屦人掌王及后之服屦，为赤舄、黑舄、赤繶、黄繶、青句、素屦、葛屦。"[30]汉郑玄注："王后吉服六，唯祭服有舄，玄舄为上，袆衣之舄也。下有青舄、赤舄。"又如《隋书·礼仪志六》中指出："大朝所服，亦服进贤三梁冠，黑介帻，皂朝服，绛缘中单，玄舄。"❸

四、古汉字字源学视角下鞋履配饰的分析

众所周知，鞋履配饰在鞋履的穿着过程中表现出了极为重要的地位。如"绚"

---

❶ 洪亮吉.春秋左传诂[M].北京：中华书局，1987：701.

❷ 郭超，夏于全.传世名著百部之诗经[M].北京：蓝天出版社，1998：187.

❸ 孙雍长.二十四史全译·隋书[M].上海：汉语大词典出版社，2004：214.

为鞋头上的一种装饰，据称鞋上用此有提醒穿履者谨慎之意。先秦时多用于成人履
舄。周代天子、后妃、百官士庶，祭祀礼见均可用之。服丧之人及未冠童子则无此
饰。南北朝后其制渐失，宋代曾仿制，入元后废止。又如"鞔"为鞋带，联结在鞋
帮上，用于将鞋子固定在脚上。属于后跟，以两端向前与絇相连，于脚踝前足面处
系结。

1. 古汉字字源学视角下"绳"的分析

篆文"繩（绳）"由"糸（糸，麻线）"和"黽（黽，疑为'蛇'字的变形）"构
造而成的。

一是表示蛇形缠绕的麻线。造字本义为名词，蛇形的带状柔韧织物，用麻线或
其他纤维交织缠绕而成，比线粗比索细。隶化后楷书"繩"将篆文字形中的"糸"写
成"糸"，将篆文字形中的"黽"写成"黽"。合线为"绳"，分线为"纱"。如《说
文解字》：繩，索也。从糸，蝇省聲[1]（表6-9）。

表6-9 "绳"字字形分析表

字	字源	字形分解	造字本义
绳	繩（篆文）	糸（糸，麻线）+黽（黽，疑为"蛇"字的变形）	蛇形缠绕的麻线
	繩（楷书）	将篆文字形中的糸写成糸，将篆文字形中的黽写成黽	

二是表示中国古代服丧期间所穿的草鞋。以麻草之绳编织而成，质地粗糙。多
用于斩衰[2]，是丧履中最重的一种。凡子为父，父为长子，诸侯为天子，妻妾为夫等
服丧时穿着。如《仪礼·丧服》中言："公士大夫之众臣，为其君布带绳屦……绳屦
者，绳菲也。"[28]绳菲，即"绳屦"。

2. 古汉字字源学视角下"鞵"的分析

"鞋"是"鞵"的异体字。奚，既是声旁也是形旁，是"蹊"的省略，表示践
踏。鞵，篆文"鞵"是"革（革，皮）"和"奚（奚，即"蹊"的省略，践踏）"构
造而成的，表示供践踏的皮革。隶化后楷书"鞵"将篆文字形中的"奚（奚）"写成
"奚"。篆文异体字"鞋"鞋用"圭"圭（"跬"的省略，一小步）代替"奚"奚（蹊，
践踏），表示便于步行的穿着用品。古籍多以"鞋"代替"鞵"（表6-10）。

---

❶ 许慎.说文解字[M].北京：九州出版社，2001：769.

❷ 斩衰，亦作"斩缞"（音同催），是"五服"中最重的丧服。是用最粗的生麻布制作，断处
外露不缉边，丧服上衣叫"衰"。表示毫不修饰以尽哀痛，服期三年。

表6-10 "鞻"字字形分析表

字	字源	字形分解	造字本义
鞻	鞻（篆文）	草（革，皮）+戻（奚，即"蹊"的省略，践踏）	供践踏的皮革、革履
	鞻（楷书）	将篆文字形中的"奚"戻写成奚	
	鞋（篆文异体字）	鞋用圭（"畦"的省略，一小步）代替戻（蹊，践踏），古籍多以"鞋"代替"鞻"	便于步行的穿着用品

根据"鞻（篆文）"的造字本义应为名词，意指穿在脚上保护脚板、提高行走效率的穿着用品。如《说文解字》所载："鞻，革生鞻也，从革，奚聲。"[17]鞻，生皮革制的鞋子。字形采用"革"作偏旁，采用"奚"作声旁。鞻，革鞻也。

3. 古汉字字源学视角下"絇"的分析

絇，篆文"絇（絇）"是"絲（糸，丝绳）"和"句（句，即"拘"，限制、控制）"构造而成的，表示起控制作用的丝绳。隶化后楷书"絇"将篆文字形中的"絲"写成"糸"，将篆文字形中的"句"写成"句"（表6-11）。

表6-11 "絇"字字形分析表

字	字源	字形分解	造字本义
絇	絇（篆文）	絲（糸，丝绳）+句（句，即"拘"，限制、控制）	起控制作用的丝绳
	絇（楷书）	篆文字形中的絲写成糸，将篆文字形中的句写成句	

（1）其造字本义为名词，系鞋的丝绳。如《说文解字》：絇，纑繩絇也。从糸，句聲。讀若鳩[17]。系鞋的丝绳。字形采用"糸"作偏旁，采用"句"作声旁。读音像读"鳩"字。

（2）絇，也作"句"。鞋头上的一种装饰。据称鞋上用此，有提醒穿履者谨慎之意。先秦时多用于成人履舄。周代天子后妃、百官士庶，祭祀礼见均可用之。服丧之人及未冠童子则无此饰。南北朝后其制渐失，宋代曾仿制，入元后废止。据《周礼·天官·屦人》所载："屦人掌王及后之服屦，为赤舄、黑舄、赤繶、黄繶、青句、素屦、葛屦。辨外内命夫命妇之命屦、功屦、散屦，以宜服之。"[30]又如《仪礼·士冠礼》："玄端黑屦，青絇繶纯，纯博寸。素积白屦，以魁柎之，缁絇繶纯，纯博寸。爵弁缥屦，黑絇繶纯，纯博寸。"❶

（3）絇屦。也作"絇履""句履""句屦。"为成年男女所穿的一种鞋头缀有絇饰的礼鞋。专用于祭祀。其制始于春秋时期。

---

❶ 彭林.仪礼全译[M].贵阳：贵州人民出版社，1997：32.

4. 古汉字字源学视角下"屣"的起源分析

"屣",甲骨文、金文、篆体、隶书字形暂缺,楷书"屣(屣)"是"尸(尸,即'履'的省略,鞋子)"和"徙(徙,长途迁移)"构造而成的,表示在鞋子上移动(表6-12)。

表6-12 "屣"字字形分析表

字	字源	字形分解	造字本义
屣	屣(楷书)	尸(尸,即"履"的省略,鞋子)+徙(徙,长途迁移)	在鞋子上移动

根据造字本义,"屣"为动词,指脚未穿进鞋子,踩着鞋子、拖鞋而走。如《广韵·纸韵》所言:屣,履不蹑跟。又如《后汉书·崔骃传》:"骃由此候宪,宪屣履迎门。"[38]后来,"屣"衍生为名词,特指鞋子,拖鞋。如《汉书·地理志》唐颜师古注:"屣谓小履之无跟者也。"[39]《玉篇·履部》:屣,履也❶。《广雅·释器》:屣,属也。有时"屣"泛指鞋履。多指粗劣之草鞋。如《孟子·尽心上》中:"舜视弃天下,犹弃敝蹝也。"汉赵岐注:"蹝,草履也。敝喻不惜。"❷又如《汉书·郊祀志》:"于是天子曰:'嗟乎!诚得如黄帝,吾视去妻子如脱屣耳。'"[40]

5. 古汉字字源学视角下"綦"的分析

金文"綦(綦)"是"糸(糸,丝线)"和"其(其,即'基'的省略,墙底、底部)"构造而成,表示底部的丝线,即鞋带。篆文"綦(綦)"将金文字形中的"其(其)"写成"其",将金文字形中的"糸(糸)"写成"糸"。隶化后楷书"綦"将篆文字形中的"其(其)"写成"其",将篆文字形中的"糸(糸)"写成"糸"(表6-13)。

表6-13 "綦"字字形分析表

字	字源	字形分解	造字本义
綦	綦(金文)	糸(糸,丝线)+其(其,即"基"的省略,墙底、底部)	底部的丝线,即鞋带
	綦(篆文)	将金文字形中的"其(其)"写成"其",将金文字形中的"糸(糸)"写成"糸"	鞋带,联结在鞋帮上,用于将鞋子固定在脚上
	綦(楷书)	将篆文字形中的"其(其)"写成"其",将篆文字形中的"糸(糸)"写成"糸"	

❶ 胡吉宣.玉篇校释[M].上海:上海古籍出版社,1989:2221.

❷ 焦循.孟子正义[M].北京:中华书局,1987:931.

由此可知,一方面,"繶(金文)"为名词,指鞋带,联结在鞋帮上,用于将鞋子固定在脚上。属于后跟,以两端向前与绚相连,于脚踝前足面处系结。据《礼记·内则》所载:"屦者綦。"汉郑玄注:"綦,屦系也。"[31]又如《仪礼·士丧礼》中指出:"夏葛屦,冬白屦,皆繶缁绚纯;组綦系于踵。"[28]郑玄注:"綦,屦系也。所以拘止屦也。"唐贾公彦❶疏:"綦当属于跟后,以两端向前与绚相连于脚跗踵足之上合结之。"另一方面,"綦"又指履上刺绣而成的纹饰。据《后汉书·刘盆子传》所载:"侠卿为制绛单衣、半头赤帻、直綦履。"唐李贤❷(655—684)注:"綦,履文也。盖直刺其文以为饰也。"[41]

6. 古汉字字源学视角下"鞔"的分析

篆文"鞔(鞔)"是"革(革,鞋子)"和"兔(免,即'挽')"构造而成,表示拉、引鞋子,即提拉鞋跟。隶化后楷书"鞔"将篆文字形中的"革"写成"革",将篆文字形中的"兔"写成"免"(表6-14)。

表6-14 "鞔"字字形分析表

字	字源	字形分解	造字本义
鞔	鞔(篆文)	"革"(革,鞋子)+"兔"(免,即"挽")	拉、引鞋子,即提拉鞋跟
	鞔(楷书)	将篆文字形中的"革"写成"革",将篆文字形中的"兔"写成"免"	

不难看出,"鞔(鞔)"造字本义为动词。一方面,意指提拉鞋跟,使鞋跟扣上脚跟。如《广韵·桓韵》:鞔,鞔鞋履。另一方面,指使皮革紧绷地固定蒙在鼓面上或鞋帮。据《说文解字·革部》言:"鞔,履空也。从革,免声。"[17]清段玉裁注:"按空、腔古今字。履腔,如今人言鞋帮也。"此外,"鞔(鞔)"也是鞋履统称。如《吕

---

❶ 贾公彦(生卒年不详,活动期为公元7世纪中叶)唐朝儒家学者,经学家。洺州永年(今河北永年区)人,官至太学博士。撰《周礼义疏》50卷、《仪礼义疏》40卷,均收入《十三经注疏》。

❷ 李贤(655—684),字明允,陇西成纪(今甘肃省秦安县)人。唐朝宗室、大臣,唐高宗李治第六子,女皇武则天次子。永徽五年腊月(655年1月)出生,初封潞王。自幼得到良好教育,以"初唐四杰"之一的王勃作为太子侍读。容貌俊秀,举止端庄,才思敏捷,深得父皇李治喜爱。上元二年(675年),太子李弘猝死后,册立为皇太子,期间三次监国,得到唐高宗称赞、朝野拥戴和武后猜忌。调露二年(680年),以谋逆罪名废为庶人,流放巴州。文明元年(684年),武则天废帝主政后,为酷吏丘神勣逼令自尽,年仅二十九岁。

氏春秋·召类》中言："南家，工人也，为鞔者也。"❶汉高诱❷（生卒年代不详）注："鞔，履也。"

第三节 ｜ 鞋履文化内涵

作为器物文化中的一个小的分支，古代中国的鞋履文化能在一定的程度上反映出中华文明的整体风貌。鞋履是服饰的一个组成部分，同样被纳入"礼治"的范畴，是成人礼仪不可缺少的表现形式。在《周礼·犬官》中记载：管理鞋履的职官叫"屦人"，他负责掌管周王和王后的鞋屦，其种类在当时已经很丰富。古代鞋履按材料区分有革靴、布鞋、绣花鞋、丝鞋、草鞋、木屐等。其中仅靴的形制就有高筒靴、低筒靴、薄底靴、厚底靴、圆头靴、尖头靴、方头靴、虎头靴、套靴、钉靴、六合靴、错络缝靴等，造型多样。它们大多以表现自然物为主，富于变化，又不失鞋履的基本形态。鞋与服饰一样，除了保护人的身体之外，在人们创造力的作用下，有了复杂而绚烂的文化内涵。笔者认为，鞋履所代表的文化内涵有以下六个方面。

一、美好寓意

在鞋履文化中，图案装饰虽然不是鞋履中的重要组成部分，但许多鞋履却依赖于图案的装饰为其增加丰富性。就装饰"喻物比兴"的象征性而言。可以说："一切景语皆情语。"

在古代鞋履文化漫长悠久的发展中，吉祥寓意不断地与表现形式、整体造型相融合，所以有了龙凤纹、长寿纹、莲花纹，缠枝纹等，极富圆满、喜庆、绵延不断等吉祥意义的纹样形式。也有了诸如婚鞋、寿鞋、凤鞋、孝鞋、福字鞋、黄道鞋等极富民俗意味的鞋履样式，流传至今为我国人民所喜闻乐见[42]。古代鞋履图案的形态构造是从生产劳动、日常生活中积累而成的，古人在劳动中创造生活用品和用具的同时，创造了点、线、方、圆等几何形象，运用这些几何图形，古代劳动人民将此运用于鞋履的装饰过程中来，中国古代鞋履不是为了表现形式而表现，而是通过形式表现出其一定内涵意义，并且使内涵意义与表现形式达到完美的统一。我们可以发现古代鞋履装饰纹样大多取材于植物、动物、人物、民间故事、神话传说、喜

❶ 郭超，夏于全.传世名著百部之吕氏春秋[M].北京：蓝天出版社，1998：127.

❷ 高诱，东汉涿郡涿县（今河北涿州市）人。少受学于同县卢植。高诱于建安十年（205年）任司空掾，旋任东郡濮阳（今属河北）令，后迁监河东。所著有《孟子章句》（今佚）、《孝经注》（今佚）、《战国策注》（今残）及《淮南子注》（今与许慎注相杂）、《吕氏春秋注》等。

庆节令等。它与各地人文风俗相结合，蕴含着当地人民的民族精神，具有浓郁的民俗风情，成为人们寄托美好愿望的载体。为了歌颂积极美好的事物以表达对生活的热爱，在纹饰装饰中，一般也表现美丽、美好的事物。如给婚鞋绣上一枝梅花，上面站着喜鹊，寓意喜上梅（眉）梢；祈盼风调雨顺的莲（连）年有鱼（余）；还有对人类生命繁衍赞美的石榴、蛇、龙、凤等，表达了对美好生活的憧憬，同时也强化了图案的吉祥意象。

二、追求自然和谐

中国文化属于典型的农耕文化，对大自然有着无比的崇敬和热爱。因此，其审美观念的形成也与大自然密不可分，鞋履的设计元素也来源于自然的启发，与当地的人文精神、民族力量密不可分。先秦时，诸子百家典籍中"天地人和""阴阳相合"等思想都体现了追求人与自然的和谐相处的理念。太极图更是完美地体现了万物阴阳平衡、相生相息的哲理。中国古代思想家对于人与自然关系的探索，将其文化内涵运用于鞋履装饰之上，增强了鞋履文化与自然的关系。

三、追求整体搭配

追求整体搭配也是中国古代鞋履文化的内涵之一。据《旧唐书·舆服志》中描写道："朱衣、裳素、革带、乌皮履，是为公服。"[43]这是对古人穿着状态的一种描述。从这段描述中就能发现，古代人在利用服装配饰做整体形象塑造时，就已经十分考究，不追求单一美观，而在整体的装饰中寻求搭配和谐。这一点在一些具有民族特色的服饰中也有体现。如满族妇女着花盆底，源于其民族服饰整体风格的一致性。这些具体的现象都表示中国审美观念还是追求整体搭配的和谐与整体美观念。反映在追求整体衣冠、服饰、鞋帽的整体搭配上，以追求一种集零为整的完美形象。根据人的视觉习惯，远看一个人时看一个大致的整体形象，近看人时则从头到脚扫视。

四、表现形式美

秦汉鞋饰称作"翘头履"，原因是这些鞋子多为翘首，这种履的鞋头向上翘起，与整只鞋的鞋身产生一定的弧度，使足部具有流线型的美感。而汉代以后，鞋履的造型变化则更为丰富。汉代妇女多着圆头履，男子着方头履，至西汉时期，女性则常穿鞋头呈分叉状态的双尖歧头履，这些鞋履的造型都能给穿着鞋履的身形起到一定的修饰作用[44]。鞋子的构成元素有点、线、面等，线能够给人带来强烈的心理反应。直线具有干脆利落的特点，一般用于表现鞋履结构鞋口部位。曲线又具有波澜起伏的特点，一般用作鞋面装饰。无论是直线还是曲线，都给人们带来视觉上的享受，这也是古代鞋履艺术对线的完美运用。因此，点、线、面、色彩的合理搭配与运用，构筑了我国古代鞋履艺术特有的装饰韵味。

古代鞋履的装饰图案在艺术形式上是对立统一的，古代鞋履装饰图案按组织形式可以划分为单独图案、角隅图案、适合图案、边缘图案和连续图案。其中二方连续和四方连续即属于连续图案，也是具有民族艺术风格的传统图案。四方连续则是上下、左右四方无限反复、扩展的纹样。由于鞋履创作面积的限制，四方连续一般使用不多。二方连续是指以一个或一组单位纹样向上下、左右循环往复、无限延长的连续纹样。一般二方连续纹样呈带状，上下连续称为"纵式"，左右连续称为"横式"，对角连续称为"斜式"。

五、礼教影响

士人穿靴，百姓着草鞋，体现出礼教制度对鞋履文化的影响。自殷商时期，鞋履的制造就已经较为成熟。用材、施色以及图案装饰也形成了严格的等级制度。这种封建礼教的影响在明朝更为严厉，上至天子下至草民，每个人的鞋服穿着都有成文的规范作为约束。此外，各种不同场合的鞋履穿着也有不同的规定。如祭祀、堂会等正式场合，出游、骑射等活动场合，鞋子的选择都颇为讲究。中国封建时期的礼教制度对于人们日常的仪态、交往的方式都是有一定约束作用的，虽然在某种程度上对于不同阶层的意识形态上有了很大的限制，但整体来说对于中国，亚洲乃至全世界，都是有一定的贡献的。

六、色彩语言

与古代服饰用色制度相同，古代鞋履的用色是用来区别官位高低、尊卑、贵贱的象征，有一套严格的鞋履等级制度。除此之外，汉族与少数民族的用色习惯也有不同。汉族的民族性格趋于保守和崇尚礼制，这在鞋履的用色上也有突出的反映，如汉族视青、赤、黄、白、黑等五种颜色为"正色"。一般是夏黑、商白、周赤、秦黑、汉赤、唐靴色黄、旗帜赤，到了明代，定以赤色为宜。从唐代以后，黄色曾经长期被视为尊贵的颜色，"黄者，中之色，君之服也"。因为在黄帝时是土气胜，黄色象征大地，所以往往天子权贵才能穿用。

关于古代鞋履的配色，可以分为以下三个方面。①重原色、互补色的对比。如红色与绿色的对比、黄色与紫色的对比等，互补色的对比产生视觉冲击力很强，给人视觉冲击。②重中性色的调和。中性色的加入是传统配色中重要的调和手段。③重同色系、同色相、色度明度的变化。貌似普通的鞋履艺术在中国古代艺术史上有着其特有的位置。其最大的特点就是艺术性与技术性并重，在实用功能的平台上突显装饰、色彩等艺术品质。中国古代鞋履大多是手工制作。我们欣赏时，要结合实用功能领略其造型美、装饰纹样的韵律美、材料质地的肌理美和制作工艺的精致美，并通过这些美的感受去理解中华民族的文化精神和审美意蕴。

足服篇小结

　　针对中国足服起源的研究，文献学、考古学研究路线都存在不足之处，笔者通过在常规研究路线上进行再研究，并结合古汉字字源学、人类进化学两个研究路线拓展了新的结论，发现不同的研究路线在内容上可以互相补充说明或者进一步辅助佐证。从整体分析，文献学研究路线在足服起源时间上存在分歧，但对足服起源的动机上观点合理，而且该研究路线侧重于研究足服形制发展的等级区分与文化内涵。基于考古文物有限的状态，考古学研究路线对足服起源的上限时间与足服起源的动机陈述相对苍白无力。而笔者认为，在此两条研究路线基础上，将古汉字字源学与古人类进化学研究路线融入中国足服起源的研究中，一则能形象有力地说明足服起源的保护、保暖动机；二则通过推测演绎，得出鞋履起源的下限时间，进一步证明足服与社会生产力、生产工具发展、人类进化、气候地理环境等因素的关系；三则有效地说明了后期足服发展的等级划分与文化意义。基于以上路线的综合分析，笔者支持足服作为古人类劳动实践中的智慧结晶，起源于保护、保暖的观点，而足服最早的形制应为兽皮做的裹脚式足服，并在一段时间里是帮助古人类争夺生存资源的有力工具。而后随着社会生产力发展，更多生产工具的使用，足服出现了木质材料与其他形制，并在后期的奴隶部落、封建国家社会中出现了等级与文化符号的表征。

　　在对古代足服文字研究发现，古代足服大多为"履""屦""舄""屐""鞮"等，古时鞋子的名称随着时间的变化而有不同，正如段玉裁在《说文解字注》中说：古曰屦，今曰履；古曰履，今曰鞵（鞋）。名之随时不同者也。履在古时作为鞋子的称谓出现非常普遍，大多数鞋子皆称作履。履亦被等同于屦，多数时候履皆为屦，其材质、类型皆相同。《易》《诗》《礼》《春秋传》《孟子》皆言屦，不言履；周末诸子，汉人书乃言履。"履"又有材质的区分，分为草履、革履、丝履等，根据地位的不同来确认所穿履的材质。平民大多穿草履、麻履，贵族阶级则类型众多。"舄"作为复底鞋，下雨时不畏泥湿，是古时最珍贵的鞋履，一般都是帝王、大臣所穿。古时拖鞋为屐，是一种只有前帮没有后帮的拖鞋，一般是平底无根的，有时屐也作为小儿之履出现。鞋履样式多种多样，品类众多。众所周知，鞋履的穿着不仅表现在其外在形态，更表现在它内在的文化内涵以及艺术构造，在周代等级制度森严，鞋履所蕴含的等级寓意也极强。从古汉字中看鞋履文化，更能增加对鞋履形制的理解。总的来说，鞋履的装饰图案艺术，丰富多彩，源远流长，其美学价值也显得十分突出，古代的鞋履艺术既注重造型的审美愉悦性，又关注鞋履整体的功能性，既注重装饰纹样形式美的创造，又重视情感意念的传达。

参考文献

[1] 王功龙. 中国古代的鞋及其称谓 [J]. 文化学刊, 2007（6）: 178-192.

[2] 周莹. 中国古代鞋履风尚变迁史研究 [J]. 丝绸, 2012（10）: 70-76.

[3] 沈从文. 中国古代服饰研究 [M]. 上海: 上海书店出版社, 2011: 3, 14.

[4] 朱筱新. 文物讲读历史 [M]. 北京: 学苑出版社, 2006: 19.

[5] 钟漫天. 中华鞋文化 [M]. 北京: 中国轻工业出版社, 2016: 12-13, 15-16.

[6] 骆崇骐. 趣谈中华鞋史 [M]. 上海: 东华大学出版社, 2014: 16.

[7] 李婕. 足下生辉—鞋子图话 [M]. 天津: 百花文艺出版社, 2004: 8.

[8] 骆崇骐. 中国历代鞋履研究与鉴赏 [M]. 上海: 东华大学出版社, 2007: 4.

[9] 武琼琳, 于伟东, 周胜. 基于新旧石器划分依据的断代及纺器的作用 [J]. 服饰导刊, 2018
（6）: 4-9.

[10] 林超然. 现代科学哲学教程 [M]. 杭州: 浙江大学出版社, 1988: 170.

[11] 郑璐, 李斌, 江学为. 中国帽子起源的研究 [J]. 服饰导刊, 2019（4）: 1-9.

[12] 李斌, 杨振宇, 李强. 服装起源的再研究 [J]. 丝绸, 2018（9）: 98-105.

[13] 陈琦. 鞋履正传 [M]. 北京: 商务印书馆, 2003: 4.

[14] 冯泽民, 刘海清. 中西服装发展史 [M]. 北京: 中国纺织出版社, 2008: 4.

[15] 陈代光. 中国历史地理 [M]. 广州: 广东高等教育出版社, 2004.

[16] 文娟. 足服的起源与设计演变研究 [J]. 工业设计, 2021（3）: 135-136.

[17] 许慎. 说文解字 [M]. 北京: 九州出版社, 2001: 157, 488, 769.

[18] 胡吉宣. 玉篇校释 [M]. 上海: 上海古籍出版社, 1989: 2219.

[19] 韩非. 韩非子全译 [M]. 张觉, 译注. 贵阳: 贵州人民出版社, 1992: 648.

[20] 司马迁. 史记全译（全八册）[M]. 杨燕起, 注译. 贵阳: 贵州人民出版社, 2001: 2374,
2971.

[21] 袁愈荌. 诗经全译 [M]. 唐莫尧, 注释. 贵阳: 贵州人民出版社, 1991: 272, 291.

[22] 姜亦刚.《礼记》成书于西汉考 [J]. 齐鲁学刊, 1990（2）: 21-24.

[23] 周汛, 高春明. 中国衣冠服饰大辞典 [M]. 上海: 上海辞书出版社, 1996: 306.

[24] 张传官. 急就篇校理 [M]. 北京：中华书局，2017.

[25] 刘熙. 释名 [M]. 北京：中华书局，2016：77.

[26] 戴侗. 六书故 [M]. 上海：上海社会科学院出版社，2006：435.

[27] 陈桐生. 全本全注全译丛书·盐铁论 [M]. 北京：中华书局，2015：325.

[28] 彭林译. 仪礼全译 [M]. 贵阳：贵州人民出版社，1997：377，382，432.

[29] 范晔. 后汉书 [M]. 北京：中华书局，1965：2766.

[30] 孙诒让. 周礼正义 [M]. 北京：中华书局，1987：620，624，630-631.

[31] 孙希旦. 礼记集解 [M]. 北京：中华书局，1989：115，725-726，955.

[32] 郭超，夏于全. 传世名著百部之诗经 [M]. 北京：蓝天出版社，1998：67，118.

[33] 荀况. 荀子全译 [M]. 蒋南华，罗书勤，杨寒清，注译. 贵阳：贵州人民出版社，1995：197-198，408.

[34] 焦循. 孟子正义 [M]. 北京：中华书局，1987：400.

[35] 史游. 急就篇 [M]. 曾仲珊，校点. 长沙：岳麓书社，1989：151.

[36] 刘熙. 释名 [M]. 北京：国际文化出版公司，1993.

[37] 司马迁. 史记 [M]. 北京：中华书局，1999：2424.

[38] 范晔. 后汉书·舆服志 [M]. 北京：中华书局，1965：1719.

[39] 班固. 汉书 [M]. 颜师古，注. 北京：中华书局，1999：1320.

[40] 班固. 汉书 [M]. 北京：中华书局，1962：1228.

[41] 范晔. 后汉书 [M]. 李贤，等注. 北京：中华书局，1965：481.

[42] 李运河，王璐琨. 中国古代鞋履艺术的美学品格 [J]. 皮革科学与工程，2010，20（1）：56-60.

[43] 孙机. 中国古舆服论丛（增订本）[M]. 北京：文物出版社，2001：345.

[44] 欧阳娴，胡熔. 中国古代鞋履的审美表现及成因探讨 [J]. 西部皮革，2017，39（12）：282.

附
录

附录一 | 中国服装起源及其文化相关的古汉字字源分析

中国服装起源及其文化相关的古汉字字源分析包括辅证服装起源于工具的部分古汉字字源分析表、服装种类与材料相关的部分古汉字字源分析表、原始服装形制相关的部分古汉字字源分析表、甲骨文中与皮革处理相关的文字字源学分析表、"衣""裘""褐"的古汉字字源分析表、古汉字中反映佩挂包裹相关文字字源分析表、服装起源文明教化功用的部分古汉字字源分析表、反映先秦时期服装种类的部分古汉字字源分析表、反映先秦时期首服足服的部分古汉字字源分析表（附表1–1～附表1–9）。

附表1-1 辅证服装起源于工具的部分古汉字字源分析表

现代汉字	字源	字形分解	造字本义
衣	仓（甲骨文）	人 + 丫（两片弯折的片状物）	装东西的盛器
裹	裹（篆体）	仓（衣）+ 果（果）	古人用衣服包从山上采的野果
奋	奞（金文）	仓（衣）+ 隹（鸟）+ 田（田）	用衣物全力捕捉田野草丛中的鸟雀
装	裝（篆体）	壮（男人）+ 仓（衣）	古代男子为远行打包束袋

附表1-2　服装种类与材料相关的部分古汉字字源分析表

现代汉字	字源	字形分解	造字本义
裘	（甲骨文）	（衣）+（毛）	毛皮大衣
衷	（篆体）	（衣）+（中，里面）	穿在里面的内衣
衫	（篆体）	（衣）+（彡，布条）	无袖管的开衩上衣
裳	（篆体）	（高级）+（衣）	正式服装，下身类似裙的衣物
裙	（篆体）	（男子）+（巾，布）	古代男子的下装
衮	（篆体）	（衣）+（公，王侯）	古代王公侯爵穿的礼服
衰	（篆体）	（衣）+（大量向下披垂的棕毛）	古人将棕毛朝下的棕片连缀成"棕衣"
褐	（篆体）	（衣）+（藤）	用葛、麻制作的粗布短衣

附表1-3　原始服装形制相关的部分古汉字字源分析表

现代汉字	字源	字形分解	造字本义
巾	（甲骨文）	|（带子）+（一块下垂的面料）	遮挡前胯部的遮羞布
带	（甲骨文）	（前巾）+（后巾）+（前巾和后巾之间有扣结的皮条）	扎在腰间用以系裙的扁长的皮条

附表1-4　甲骨文中与皮革处理相关的文字字源学分析表

现代汉字	字源	字形分解	造字本义
克	（甲骨文）	①（张着大口惨叫）+（"人"的变形，指身体蜷缩的人）②（兽腿割开的口子）+（长撇代表兽皮，小圈即吹气时兽皮鼓起的形状）	①古人杀人剔肉祭天，祈求消除天灾②兽腿处开口吹气剥皮的方法
皮	（甲骨文）	①（抓住）+（蜷曲着人）+（惨叫）②（"克"字的变形）+（使皮肉分离）	①受刑者遭受活剥的酷刑②将吹气后的兽类的皮肉分离
革	（金文）	（是"克"字的变形）+（双手）	手持工具除去兽皮上的兽毛

附表1-5　"衣""裘""褐"的古汉字字源分析表

现代汉字	字源	字形分解	造字本义
衣	（甲骨文）	∧+（两片弯折的片状物）	装东西的盛器
裘	（甲骨文）	（衣）+（毛）	毛皮大衣
褐	（篆文）	（衣，衣服）+（曷，即"葛"，葛藤）	葛布制作的衣服

附表1-6　古汉字中反映佩挂包裹相关文字字源分析表

现代汉字	字源	字形分解	造字本义
裹	裹（篆体）	仐（衣）+果（果）	古人用衣服包从山上采的野果
佩	佩（金文）	亻（反写的"人"）+卪（"卩"的变形，执持）+巾（巾，遮羞）	佩戴遮羞巾
挂	挂（金文）	厂（厂，即"石"）+圭（圭，玉串）+又（又，用手抓）	将石制串联的工具，系挂起来

附表1-7　服装起源文明教化功用的部分古汉字字源分析表

现代汉字	字源	字形分解	造字本义
初	初（甲骨文）	仐（衣）+刀（人）	原始人制衣穿衣，遮羞保暖，开启人类文明
卒	卒（甲骨文）	仐（衣，服装）+乂（爻，交错捆绑）	死亡后敛尸备葬
裸	裸（篆体）	亾（亡，无，没有）+口（口）+丮（执，抓）+仐（衣，服装）+月（月，肉，代身体）	脱光衣服，暴露身体
亵	亵（金文）	執（执，抓、摸）+仐（衣）	在别人衣服里面即身体上抓摸，调戏作弄。在古人眼里，触摸他人身体，是极不尊重的行为
袂	袂（篆文）	仐（衣，袖）+夬（"诀"的省略，开口道别）	作揖告别时两只袖口连在一起
哀	哀（金文）	仐（衣，孝服）+口（口，哭）	披麻戴孝哭丧

附表1-8　反映先秦时期服装种类的部分古汉字字源分析表

现代汉字	字源	字形分解	造字本义
衮	衮（金文）	仐（衣）+公（公，王侯）	古代王公侯爵穿的礼服
希	希（篆文）	乂（爻，交织状）+巾（巾，布帛）	古代专门为帝王权贵精工纺织的经线宽疏、轻软透气的细葛布
裳	裳（篆体）	尚（受欢迎的）+仐（衣）	受欢迎的下裙
裙	裙（篆体）	君（男子）+巾（巾，布）	古代男子的下装
布	布（金文）	父（父，持斧劳动的男子）+巾（巾，麻棉织物）	远古劳动的男子衣不蔽体，仅以一块麻织品勉强遮蔽下体
袍	袍（篆体）	仐（衣）+包（包，裹）	古代一种包裹全身的连体装
衷	衷（篆体）	仐（衣）+中（中，里面）	穿在里面的内衣
衫	衫（篆体）	仐（衣）+彡（彡，布条）	无袖管的开衩上衣

附表1-9　反映先秦时期首服足服的部分古汉字字源分析表

现代汉字	字源	字形分解	造字本义
冒	（甲骨文）	⋔带球结的角饰＋头套的形状	戴在头上的帽子
冠	（篆体）	（冃，即"冒"，帽子）＋（人）＋（寸，抓）	古代男子成年（20岁）礼，手持帽子戴在头上
兜	（篆体）	（兒，即脸部）＋（包裹起来）	古代头盔中的一种，环护头部的护具
屐	（金文）	（足，脚）＋（尸，人，出行）＋（支，支撑、承垫）	保护脚板，有助于越野登山的鞋子
履	（金文）	（足，行走）＋（页，头，代表思虑、职责）	穿着船形鞋上任

附录二　中国古代首服的起源及其文化相关的古汉字字源分析

中国古代首服的起源及其文化相关的古汉字字源分析包括反映先秦时期"冕（免）"的部分古汉字字源分析表、反映先秦时期"弁"的部分古汉字字源分析表、反映"冠"的部分古汉字字源分析表、反映先秦时期"帽"的部分古汉字字源分析表、反映先秦时期"巾"的部分古汉字字源分析表（附表2-1～附表2-5）。

附表2-1　反映先秦时期"冕（免）"的部分古汉字字源分析表

现代汉字	字源	字形分解	造字本义
免	（甲骨文）	（帽子）＋（人）	戴在头上的帽子
	（甲骨文）	（帽子）＋（人）	人头上戴着有角饰的帽子
	（甲骨文）	（帽子）＋（角饰）＋（人）	表示"免"比"帽"高级。有角饰的高级帽子
	（金文）	（帽子）＋（人）	承续甲骨文字形
	（篆文）	（人，误写）＋（头套）＋（人）	误将甲骨文（帽）的角饰写成"人（）"
	（隶书）	缺	帽形完全消失
冕	（篆文）	（糸，蚕线）＋	以""糸代""冃，强调帽子的丝品流旒
	（篆文）	（免）＋（冃）	古代官员有旒的礼帽
	（隶书）	将篆文的写成，将篆文的写成免	当"免"的"帽子"本义消失后，篆文再加""另造"冕"代替

附表2-2 反映先秦时期"弁"的部分古汉字字源分析表

现代汉字	字源	字形分解	造字本义
弁	𦥯（甲骨文）	𦥑（双手持举）+〇（帽子）	双手持举帽子戴在头上
	𦥯（金文）	°（帽子）+𦥑（双手）	承续甲骨文字形
	𦥯（篆文-籀文）	🞊（囊袋状的东西）+𦥑（双手）	双手举起囊袋状的东西戴在头上
	𦥯（篆文）	⺌（帽饰）+凵（帽子）+几（人）	人戴着有帽饰的帽子
	𦥯（篆文）	人（套入）+𦥑（双手）	双手把帽子套入在头上

附表2-3 反映"冠"的部分古汉字字源分析表

现代汉字	字源	字形分解	造字本义
冠	𡊄（楚简）	冃（帽子）+亣（头）	帽子戴在人头上
	𡊄（篆文）	冂（帽子）+几（人）+寸（寸，抓）	手持帽子戴在头上
	𡊄（隶书）	冖（帽子）+元（头）+寸（手）	用手戴帽子
	冠（楷书）	冖（帽子）+元（头）+寸（手）	用手戴帽子
未知字	𠆳（甲骨文）	𠆢（帽子）+𠂆（人）	人头顶着帽子

附表2-4 反映先秦时期"帽"的部分古汉字字源分析表

现代汉字	字源	字形分解	造字本义
帽	𡉠（甲骨文）	∩∩（有带球结的角饰）+冂（头套的形状）	带球结角饰的头套
	𡉠（甲骨文）	⺌（角饰）+网（网）	头套形状冂写成"网"网（罩），强调"冒"的"头罩"功用
	𡉠（甲骨文）	⺌（角饰）+冂（头套）+━（指事符号，表头部）	强调帽子在头上
	𡉠（金文）	⌒（头套）+𑀫（目）	表示半套头部露出眼睛、戴在头上没有角饰的帽子
	𡉠（诅楚文）	冂（头套）+𑀫（目）	承续金文字形
	𡉠（篆文）	冂（头套）+目（目）	承续金文字形

附表2-5 反映先秦时期"巾"的部分古汉字字源分析表

现代汉字	字源	字形分解	造字本义
巾	巾（甲骨文）	Ψ（草），即倒写的草	表示倒垂的草，即远古先民用于遮羞的草裙
	巾（金文）	Ψ（草），即倒写的草	延续甲骨文
	巾（篆文）	Ψ（草），即倒写的草	延续甲骨文

附录三　中国古代礼服的起源及其文化相关的古汉字字源分析

中国古代礼服的起源及其文化相关的古汉字字源分析见附表3-1。

附表3-1　甲骨文和金文“衣”字暗含的服饰信息表

“衣”字的甲骨文	“衣”字的金文	暗含服饰信息	
		衽的结构	服饰的形制
	—	右衽	深衣式
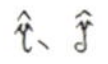	—	左衽	
—		右衽	短襦式
		左衽	
		—	对襟式

附录四　中国古代兵服的起源及其文化相关的古汉字字源分析

中国古代兵服的起源及其文化相关的古汉字字源分析见附表4-1。

附表4-1　反映先秦时期兵服的部分古汉字字源分析表

现代汉字	最早字源	字形分解	造字本义
韦	（甲骨文）	用三“止”代替两“止”（两个“止”，即两个“趾”，借代两只脚），表示警哨围绕城邑南、北、东三面巡逻、把守	动词，士兵围绕城邑巡逻守护
弁	（甲骨文）	（双手持举）加上（冂，像帽子），表示手举帽子戴在头上	动词，古代男子年满二十岁时必须在宗庙中举行加冠的仪式，标志进入成年，从此享有成年人的社会权利与义务
扞	（籀文）	（旱，即“悍”，刚烈勇猛，无所畏惧）加上（攴，持械击打），表示持械搏杀，无所畏惧	动词，刚烈勇猛、无所畏惧地持械搏杀
拾	（篆文）	（手，捡）加上（合，并、连）表示将散落在地面的东西捡在一起	动词，将零星散落在地面的东西捡在一起

续表

现代汉字	最早字源	字形分解	造字本义
遂	（金文）	（辵，行进）加上（又，抓），手上几点指事符号，表示远行采集	动词，上山采集
跗	（小篆）	（足，脚）加上（伏，趴地）表示手足伏地	动词，手足伏地
注	（金文）	（水，液体）加上（主，即"柱"的省略），比喻液体直流如柱	动词，液体直流如柱，由上往下灌入器皿
厉	（金文）	（厂，石崖）加上（萬，两螯多足的毒蝎），表示石间毒蝎	名词，两螯多足的蜘蛛类节肢动物，一种大量分布在山涧石崖的剧毒蝎子
均	（金文）	（匀，使齐平、使相等）加上（土，泥土），表示使土地高低平整	动词，在播种前松土整地，使庄稼地平展
常	（金文）	（尚，崇尚、流行）加上（巾，布），表示人们崇尚的服饰	名词，古代长期流行的服饰
戎	（甲骨文）	（戈，有钩刃的长柄战具）加上（十，盾牌的握柄，代盾牌），表示戈戟与盾牌	名词，戈戟与盾牌，古代士兵的基本装备
甲	（甲骨文）	（口，抵御矛枪的方形坚硬盾牌）加上（十，是"又"的变形，抓握），表示可持握的陆战士兵护身的坚硬盾牌	名词，古代士兵作战时手持的庇护身体的坚硬盾牌，有握柄，可以抵御矛枪进攻；士兵一手持盾牌抵御防守，一手持戈戟展开进攻
介	（甲骨文）	指事字，字形在"人"的四周加四点指事符号，表示裹在身上的护革	名词，裹在士卒身上的护革
函	（甲骨文）	（带系扣的盛器）加上（倒写的"矢"，箭头朝下的箭支），表示装箭的箭筒	名词，有系扣的箭筒
铠	（篆文）	（金，金属）加上（豈，即"凯"），表示确保战胜的金属甲衣	名词，古代军队用金属薄片连缀成的护身甲衣，可以防御刀箭攻击

附录五 | 中国古代足服的起源及其文化相关的古汉字字源分析

中国古代足服的起源及其文化相关的古汉字字源分析包括与"足"有关的古汉字字源分析表、与鞋履相关的古汉字字源分析表、"履"与"鞮"字形演变分析表、"靫""屦""橇""舃""绳""鞻""絇""屣""綦""鞔"等字字形分析表（附表5-1～附表5-14）。

附表5-1 与"足"有关的古汉字字源分析表

现代汉字	最早字源	字形分解	造字本义
足	（甲骨文）	⊓（囗，村邑或部落）+（止，行军），表示军队归邑	动词，出征得胜，凯旋归邑。名词，腿、趾构成的脚
征（正）	（甲骨文）	⊏（囗，城邑、方国）+（止，即"趾"，借代行军），表示行军征战，讨伐不义之地	动词，中央朝廷派兵长途行军，讨伐不义之地
赴	（金文）	（走，奔跑、冲锋）+（攴，持杖击打），表示手持器械冲向战场拼杀	动词，持械的士卒奋不顾身冲锋陷阵
践	（篆文）	（足，征伐）+（戔，戈戟相加，武力相残），表示武力征伐	动词，武力征伐，残杀虐待

附表5-2 与鞋履相关的古汉字字源分析表

现代汉字	最早字源	字形分解	造字本义
革	（金文）	（是"克"的变形）+（双手），表示手持工具除去兽皮上的兽毛	动词，持刀剔除兽皮的兽毛
履	（金文）	（足，行走）+（页，头，代表思虑、职责），表示前往就任	动词，穿着船形鞋上任
靶	（篆文）	（突出双手形状）+（亯，粮仓，代财物）	（靶）柔革也，柔当作鞣
屐	（篆文）	（足，脚）+（尸，人）+（彳，出行）+（支，支撑、承垫），表示出行时用来承垫脚板的东西	名词，保护脚板，有助于越野登山的鞋子，即古代的"运动鞋"

附表5-3 "履"字字形演变分析表

字	字源	字形分解	造字本义
	（甲骨文）	（眉）+（脚掌）	因脚掌受到保护而眉开眼笑
	（金文）	（頁）+（"舟"船形）	用船形的鞋子保护脚板
	（金文）	（足）+（頁）	鞋子保护脚板
	（甲骨文 ）+（行进）	穿鞋护脚的目的在于行走
履	（籀文）	结合金文 和	—
	（籀文）	省略金文字形中的（頁）	—
	（篆文）	尸（静坐的人）	坐着穿鞋
	（篆文）	（舟）写成	皮革制作的船型鞋子
	（楷书）	篆文尸写成尸，彳写成彳	鞋子

附表5-4　"鞮"字字形演变分析表

字	字源	字形分解	造字本义
鞮	鞮（篆文）	⚊（革，皮）+⚊（是，即"提"）	拉皮鞋的鞋跟
	鞮（楷书）	将篆文字形中的"⚊"写成"革"，将篆文字形中的"⚊"写成"是"	革履

附表5-5　"靸"字字形分析表

字	字源	字形分解	造字本义
靸	鞮（篆文）	⚊（革，皮革）+⚊（及，追赶、抓住）	抓住皮革
	靸（楷书）	将篆文字形中的⚊写成革，将篆文字形中的⚊写成及	只有前帮没有后帮的拖鞋

附表5-6　"屐"字字形分析表

字	字源	字形分解	造字本义
屐	蹜（籀文）	⚊（足，脚掌）+⚊（尸，人体）+⚊（彳，行走）+⚊（支，即"歧"的省略，叉开脚趾）	行走时叉开脚趾穿的鞋子
	屐（篆文）	省去籀文字形中的"⚊（足）"	
	屐（楷书）	将篆文字形中的"⚊（尸）"写成"尸"，将篆文字形中的"⚊（彳）"写成"彳"，将篆文字形中的"⚊（支）"写成"支"	

附表5-7　"橇"字字形分析表

字	字源	字形分解	造字本义
橇	橇（楷书）	⚊（木，板块）+⚊（毳），细密的兽毛	用毛皮包裹的木板

附表5-8　"䳑"字字形分析表

字	字源	字形分解	造字本义
䳑	⚊（金文）	⚊（右翼⚊、左翼⚊构成的双翼）+⚊（厷，是"厷"的省略，即"雄"的省略）	雄性鸟禽骑在雌性鸟禽背上，拍动双翅，交配泻殖

附表5-9　"绳"字字形分析表

字	字源	字形分解	造字本义
绳	繩（篆文）	⚊（糸，麻线）+⚊（黽，疑为"蛇"字的变形）	蛇形缠绕的麻线
	繩（楷书）	将篆文字形中的⚊写成糸，将篆文字形中的⚊写成黽	

附表5-10　"鞵"字字形分析表

字	字源	字形分解	造字本义
鞵	鞵（篆文）	革（革，皮）+奚（奚，即"蹊"的省略，践踏）	供践踏的皮革、革履
	鞵（楷书）	将篆文字形中的"奚"写成奚	
	鞋（篆文异体字）	鞋用圭（"跬"的省略，一小步）代替奚（蹊，践踏），古籍多以"鞋"代替"鞵"	便于步行的穿着用品

附表5-11　"絇"字字形分析表

字	字源	字形分解	造字本义
絇	絇（篆文）	糸（糸，丝绳）+句（句，即"拘"，限制、控制）	起控制作用的丝绳
	絇（楷书）	篆文字形中的糸写成糸，将篆文字形中的句写成句	

附表5-12　"屣"字字形分析表

字	字源	字形分解	造字本义
屣	屣（楷书）	尸（尸，即"履"的省略，鞋子）+徙（徙，长途迁移）	在鞋子上移动

附表5-13　"綦"字字形分析表

字	字源	字形分解	造字本义
綦	綦（金文）	糸（糸，丝线）+其（其，即"基"的省略，墙底、底部）	底部的丝线，即鞋带
	綦（金文）	将金文字形中的"其（其）"写成"其"，将金文字形中的"糸（糸）"写成"糸"	鞋带，联结在鞋帮上，用于将鞋子固定在脚上
	綦（篆文）	将篆文字形中的"其（其）"写成"其"，将篆文字形中的"糸（糸）"写成"糸"	

附表5-14　"鞔"字字形分析表

字	字源	字形分解	造字本义
鞔	鞔（篆文）	"革"（革，鞋子）+免（免，即"挽"）	拉、引鞋子，即提拉鞋跟
	鞔（楷书）	将篆文字形中的"革"写成"革"，将篆文字形中的"免"写成"免"	

后记

时光如白驹过隙，一晃已经数年，《古汉字中服饰文献整理与研究》一书书稿已近完成。在书稿完成之际，心中有诸多感慨与期许。下定决心运用古汉字字源学对中国服饰文献进行整理与研究源于笔者与李斌博士对古汉字字源学的交流，当时笔者已经意识到甲骨文、金文、篆体等古汉字将是一把解析中国先秦时期服饰文化的利器，它就像"庖丁"手中的"牛刀"一样。只要组织好与自己志同道合的"庖丁"们，我们就可以解剖先秦时期中国服饰艺术与文化这头巨兽。因此，笔者组建了以自己、李斌博士、刘安定博士为核心成员，众多硕士研究生（王政、肖蝶、赵南南、陈娜、张慧欣、严雅琪、秦雨萱、孙婉莹、郑璐、邵晓煊等）为研究组员的研究团队，共同向这一研究方向发起总攻。

本书的资料收集工作由多名同学完成，其中，王政收集整理了第二章的第二节、第三节，赵南南收集整理了第三章的第一节、第四节，张慧欣收集整理了第四章的第二节，肖蝶收集整理了第五章的第一节、第二节，陈娜收集整理了第六章的第二节、第三节，以上几位同学为本书的资料收集整理工作做出了一定的贡献。

笔者撰写这本专著的初衷是希望能够对古汉字中的服饰文献进行全面的整理与研究，以期能够揭示古代华夏人民的服饰文化，为后人了解和研究我们民族的历史与文化提供一些参考。在整理与研究的过程中，我们遇到了许多困难和挑战。

首先，是文献的收集与整理，由于古代的文献流传有限，我们需要深入各大图书馆、博物馆和文献档案馆进行查阅和研究。感谢这些机构提供的便利与支持，使我们能够顺利地完成这项工作。

其次，是对文献的解读与分析，古代汉字的书写方式和用词习惯与现代有所不同，需要我们具备扎实的汉字学和古代文献学的基础知识。同时，由于服饰文化的复杂性和多样性，我们还需要对古代的社会、经济、政治等方面有一定的了解，以便更好地理解文献中所蕴含的信息和意义。

最后，是对研究结果的整理与呈现，我们希望能够将研究成果以一种系统、完整且易于理解的方式呈现给读者。我们尽可能地还原了先秦时期祖先们的着装方式、服饰风格和时尚趋势，同时也对文献中所记录的社会习俗、礼仪规范等进行了分析和解读。

在整个研究过程中，笔者深深地感受到了华夏文化的博大精深和历史的厚重。华夏先民们对服饰的追求和热爱，不仅体现了他们对美的追求和审美观念的传承，更反映了他们对生活的态度和对自身文化的自信与自豪。

这本专著的完成离不开各位前辈、同仁和朋友们的关心、支持和帮助，在此向他们表示衷心的感谢。希望这本专著能够为读者提供一些有价值的信息和启示，同时，也希望能够激发更多的学者和爱好者对古代汉字中服饰文献的研究与探索。笔者相信，只有通过对古代文化的深入了解和研究，我们才能更好地传承和发展民族的优秀传统文化，为中华民族的复兴贡献自己的力量。

陶辉

2024 年 2 月 8 日于南湖寓所